Mia Couto

Imani

Zu diesem Buch

Das Mädchen Imani muss den portugiesischen Offizier Germano unterstützen, weil sie die Sprache und die Sitten der Europäer kennt. Der Offizier soll in Mosambik den Vormarsch des großen Herrschers Ngungunyane gegen die Kolonialherren aufhalten. Schon bald wird Imani für ihn unentbehrlich, und zwischen den beiden entwickelt sich eine vorsichtige Nähe. Imanis Dorf aber steht zwischen den Fronten: Ihre Brüder kämpfen auf unterschiedlichen Seiten, während Onkel und Vater um die Vorherrschaft streiten. Das Land wird vom Krieg der Männer heimgesucht, zu einer Zeit, in der das Wort einer Frau nicht zählt. Doch die Frauen ihrer Familie nutzen eigene Mächte, um die Pfade der Männer zu lenken.

»Erinnerungen, Legenden und Fabeln legen sich farbenprächtig ineinander. Imanis Bericht nimmt in der einfühlsamen Übersetzung von Karin von Schweder-Schreiner schon im ersten Absatz gefangen.« *Ulrike Baureithel, Der Tagesspiegel*

Der Autor

Mia Couto (*1955) gehört zu den herausragenden Schriftstellern des portugiesischsprachigen Afrika. Mehrere Jahre war er als Journalist und Chefredakteur tätig. Für sein Werk wurde er mehrfach ausgezeichnet, zuletzt 2013 mit dem Prémio Camões und mit dem renommierten Neustadt-Literaturpreis 2014.
Im Unionsverlag sind außerdem lieferbar: *Unter dem Frangipanibaum; Das schlafwandelnde Land* und *Das Geständnis der Löwin.*

Die Übersetzerin

Karin von Schweder-Schreiner (*1943) hat in Deutschland und Portugal studiert und mehrere Jahre in Brasilien gelebt. Zu den von ihr übersetzten Autoren aus dem portugiesischen Sprachraum zählen Jorge Amado, Antonio Callado, Bernardo Carvalho, Rubem Fonseca, Lídia Jorge und Moacyr Scliar.

Mehr über den Autor und sein Werk auf *www.unionsverlag.com*

Mia Couto

Imani

Roman

Aus dem Portugiesischen von
Karin von Schweder-Schreiner

Unionsverlag

Die Originalausgabe erschien 2015 bei Editorial Caminho, Alfragide.
Erster Band der Trilogie *As Areias do Imperador.*
Die Übersetzung aus dem Portugiesischen wurde vom SüdkulturFonds
in Zusammenarbeit mit LITPROM e.V. unterstützt.
Der Auszug aus dem Gedicht *Der Neger spricht von Strömen* von
Langston Hughes wurde von Eva Hesse aus dem Englischen übersetzt.

Im Internet
Aktuelle Informationen, Dokumente und Materialien
zu Mia Couto und diesem Buch
www.unionsverlag.com

Unionsverlag Taschenbuch 831

Diese Ausgabe erscheint in Vereinbarung mit Literarische Agentur Mertin
Inh. Nicole Witt e. K., Frankfurt am Main
Originaltitel: Mulheres de Cinza

Neptunstrasse 20, CH-8032 Zürich
Telefon +41 44 283 20 00
mail@unionsverlag.ch

Die erste Ausgabe dieses Werks im Unionsverlag erschien 2017
Reihengestaltung: Heinz Unternährer
Umschlagfoto: Yann
Umschlaggestaltung: Peter Löffelholz
Druck und Bindung: CPI – Clausen & Bosse, Leck
ISBN 978-3-293-20831-5

Der Unionsverlag wird vom Bundesamt für Kultur mit einem
Verlagsförderungs-Strukturbeitrag für die Jahre 2016–2020 unterstützt.

Auch als E-Book erhältlich

In einer Zeit, in der Ängste geschürt und Mauern und Grenzen errichtet wurden, waren das Leben und das Werk von Henning Mankell eine Reise durch die Vielfalt der Menschen und Kulturen. Er sagte gern, er stehe mit einem Bein im Sand und mit dem anderen im Schnee. In Wirklichkeit schuf er eine Brücke zwischen verschiedenen Welten. Dieses Buch ist diesem Mann gewidmet, der in bewundernswerter Weise Träume umsetzen konnte.

Mia Couto

Inhalt

»Doch scheint es, dass Gott wegen unserer Sünden oder aus einem unerforschlichen Ratschluss in sämtliche Einfahrten zu diesem großen Äthiopien, in die wir segeln könnten, einen Engel mit dem flammenden Schwert todbringenden Fiebers gesetzt hat, der uns daran hindert, in die Gefilde seiner Gärten vorzudringen, aus denen die Flüsse von Gold entspringen und zum Meer hin fließen …«

João de Barros

Die Landstraße ist ein Schwert. Wie eine Klinge zerschneidet sie den Leib der Erde. Bald schon wird unsere Nation ein einziges Geflecht von Narben sein, eine Landkarte von so vielen Schnitten, dass wir auf die Wunden stolzer sein werden als auf den Leib, den wir unversehrt noch werden retten können.

Vorbemerkung

Dies ist der erste Band einer Trilogie über die letzten Tage des sogenannten Gaza-Reiches, des zweitgrößten afrikanischen Staates unter der Führung eines Afrikaners. Ngungunyane (oder Gungunhane, wie die Portugiesen ihn nannten) war der letzte Regent, der über die gesamte Südhälfte des Territoriums von Mosambik herrschte. 1895 von den portugiesischen Streitkräften unter Mouzinho de Albuquerque besiegt, wurde Ngungunyane auf die Azoren deportiert, wo er 1906 starb. Seine sterblichen Überreste wurden angeblich 1985 nach Mosambik überführt. Anderen Versionen zufolge waren es jedoch nicht die Gebeine des Herrschers, die in der Urne zurückkehrten. Sondern Sandklumpen. Übrig geblieben von dem großen Gegner Portugals ist Sand von portugiesischem Boden.

Dieses Werk ist eine durch reale Personen und Fakten inspirierte belletristische Nachschöpfung. Als Informationsquelle dienten eine umfangreiche, in Mosambik und Portugal erstellte Dokumentation und – wichtiger noch – zahlreiche in Maputo und Inhambane geführte Interviews. Von allen Gesprächspartnern verdient besondere Erwähnung Afonso Silva Dambila, dem ich zutiefst dankbar bin.

Ausgegrabene Gestirne

Sagt die Mutter: Das Leben gestaltet sich wie ein Seil. Man muss so lange flechten, bis man die Fäden nicht mehr von den Fingern unterscheidet.

Jeden Morgen gingen über der Ebene von Inharrime sieben Sonnen auf. Damals war das Firmament wesentlich größer, alle Gestirne hatten darin Platz, die lebenden und die schon gestorbenen. So nackt, wie sie geschlafen hatte, ging unsere Mutter mit einem Korbsieb in der Hand aus dem Haus. Sie wollte für den Tag die schönste Sonne aussuchen. Die anderen sechs Sonnen sammelte sie in dem Sieb, nahm sie mit ins Dorf und begrub sie beim Termitenhügel hinter unserem Haus. Das war unser Friedhof für himmlische Geschöpfe. Eines Tages würden wir, falls wir sie brauchten, Sterne ausgraben können. Dank diesem Schatz waren wir nicht arm. Das sagte unsere Mutter, Chikazi Makwakwa. Oder einfach *mame,* in unserer Muttersprache.

Wer uns besuchte, konnte einen weiteren Grund dafür erfahren, dass wir dies glaubten. Denn beim Termitenhügel wurde auch die Plazenta der Neugeborenen vergraben. Über dem Termitenhügel war ein Mahagonibaum gewachsen. An seinem Stamm banden wir weiße Tücher fest. Dort sprachen wir zu unseren Toten.

Der Termitenhügel war jedoch keineswegs ein Friedhof. Er war der Hüter des Regens, in ihm lebte unsere Ewigkeit.

Einmal, nachdem der Morgen bereits gesiebt war, trat ein Stiefel auf die Sonne, genau jene Sonne, die unsere

Mutter ausgesucht hatte. Es war ein Soldatenstiefel, wie die Portugiesen sie trugen. Doch dieser Stiefel saß am Fuß eines Nguni-Soldaten. Der Soldat kam auf Befehl des Herrschers Ngungunyane.

Die Herrscher haben Hunger auf Land, und ihre Soldaten sind Mäuler, die das Land verschlingen. Dieser Stiefel zertrat die Sonne in tausend Scherben. Und der helle Tag wurde dunkel. Alle anderen Tage auch. Die sieben Sonnen starben unter den Soldatenstiefeln. Unser Land wurde aufgefressen. Ohne Sterne als Nahrung für unsere Träume lernten wir, arm zu sein. Und wir gingen der Ewigkeit verloren. Wissend, dass Ewigkeit nur ein anderes Wort für das Leben ist.

Ich heiße Imani. Dieser Name, den sie mir gegeben haben, ist kein Name. In meiner Muttersprache bedeutet *Imani* so viel wie *Wer ist da?*. Man klopft an eine Tür, und von drinnen fragt jemand: »Imani?«

Ja, diese Frage habe ich als Namen bekommen. Als wäre ich ein Geist ohne Körper, das ewige Warten auf eine Antwort.

In Nkokolani, unserem Dorf, heißt es, der Name eines Neugeborenen kommt von einem Flüstern, das man vor seiner Geburt hört. Im Mutterleib entsteht nicht nur ein neuer Körper. Es formt sich auch die Seele, der *moya.* Noch im Halbdunkel des Bauches entwickelt sich dieser *moya* aus den Stimmen der schon Verstorbenen. Einer der Vorfahren bittet das neue Lebewesen, seinen Namen anzunehmen. In meinem Fall wurde mir Layeluane, der Name von meiner Großmutter väterlicherseits, eingeflüstert.

Wie es die Tradition verlangt, befragte unser Vater einen Zauberkundigen. Er wollte wissen, ob wir den Willen des Geistes richtig verstanden hatten. Es geschah, was er nicht erwartet hatte: Der Seher bestätigte die Rechtmäßigkeit der Namensgebung nicht. Es musste ein zweiter

Wahrsager befragt werden. Dieser versicherte ihm freundlich und gegen Zahlung eines Pfunds Sterling, dass alles seine Ordnung habe. Dennoch, da ich in den ersten Monaten meines Lebens ohne Unterlass weinte, kam die Familie zu dem Schluss, dass man mir den falschen Namen gegeben hatte. Man befragte Tante Rosi, die Seherin der Familie. Nachdem sie die Wahrsagerknochen geworfen hatte, verkündete unsere Tante: »Nicht ihr Name ist falsch, ihr Leben muss auf den richtigen Weg gebracht werden.«

Vater hielt sich aus meiner Erziehung heraus. Meine Mutter sollte sich um mich kümmern. Was sie dann auch tat, als sie mich »Cinza« nannte, »Asche«. Warum sie mir diesen Namen gab, verstand niemand, aber es blieb auch nicht lange dabei. Nachdem meine Schwestern in den großen Überschwemmungen umgekommen waren, wurde ich »die Lebende« genannt. So sprachen sie von mir, als wäre die Tatsache, dass ich überlebt hatte, das einzig Besondere an mir. Unsere Eltern schickten meine Brüder immer auf die Suche nach »der Lebenden«. Es war kein Name. Es war ihre Art, nicht zu sagen, dass die anderen Töchter tot waren.

Der Rest der Geschichte ist noch eigenartiger. Irgendwann überdachte mein Vater die ganze Sache und sprach ein Machtwort. Ich sollte einen Namen bekommen, der überhaupt kein Name ist: *Imani*. Endlich herrschte wieder Ordnung in der Welt. Einen Namen verleihen heißt Macht ausüben, es ist die erste und endgültige Inbesitzname eines fremden Territoriums. Mein Vater, der so sehr gegen die Herrschaft der anderen protestierte, benahm sich erneut wie ein kleiner Herrscher.

Ich weiß nicht, warum ich mich so lange mit diesen Erklärungen aufhalte. Denn ich bin nicht dafür geboren, eine Person zu sein. Ich bin eine Rasse, ein Volk, ein Geschlecht, ich bin alles, was mich daran hindert, ich selbst zu sein. Ich bin schwarz, ich bin von den VaChopi, einem kleinen Volk an der Küste von Mosambik. Meine Leute haben es gewagt, sich den eindringenden VaNguni zu widersetzen, diesen Kriegern, die aus dem Süden gekommen sind und sich breitgemacht haben, als wären sie die Herren des Universums. In Nkokolani sagt man, die Welt ist so groß, dass darin für einen einzigen Herrn kein Platz ist.

Um unsere Heimat aber stritten sich zwei angebliche Besitzer: die VaNguni und die Portugiesen. Sie hassten sich so sehr und führten Krieg gegeneinander, weil sie sich in ihren Absichten so sehr ähnelten. Das Heer der VaNguni war wesentlich größer und mächtiger. Viel stärker waren auch seine Geister, die auf beiden Seiten der Grenze herrschten, die unser Land in der Mitte zerschnitt. Auf der einen Seite das Gaza-Reich unter dem Führer der VaNguni, dem Herrscher Ngungunyane. Auf der anderen Seite die Ländereien der Krone, wo ein Monarch regierte, den kein Afrikaner jemals zu Gesicht bekommen sollte: Dom Carlos I., König von Portugal.

Die anderen Völker, unsere Nachbarn, hatten die Sprache und Sitten der schwarzen Invasoren aus dem Süden übernommen. Wir, die VaChopi, zählen zu den wenigen, die auf dem Gebiet der Krone leben und sich mit den Portugiesen gegen das Gaza-Reich verbündeten. Wir sind wenige, geschützt durch den Wall unseres Stolzes und die *kokholos,* die Palisaden, die wir um unsere Dörfer bauen. Durch diesen Schutz war unser Dorf so klein geworden, dass sogar die Steine einen Namen trugen. In Nkokolani tranken wir alle aus demselben Brunnen, ein einziger Tropfen Gift hätte genügt, um das ganze Dorf zu töten.

Unzählige Male wurden wir von den Schreien unserer Mutter geweckt. Schreiend wankte sie wie eine Schlafwandlerin durch das Haus. In ihren nächtlichen Wahnvorstellungen führte sie die Familie auf einer endlosen

Reise, überwand Sümpfe, Wasserläufe und Schimären. Und kehrte in unser früheres Dorf am Meer zurück, wo wir zur Welt gekommen waren.

In Nkokolani gibt es ein Sprichwort: Willst du einen Ort kennenlernen, sprich mit den Abwesenden; willst du einen Menschen kennenlernen, frag ihn nach seinen Träumen. Der einzige Traum unserer Mutter war, dorthin zurückzukehren, wo wir glücklich gewesen waren und in Frieden gelebt hatten. Ihre Sehnsucht kannte keine Grenzen. Gibt es überhaupt eine Sehnsucht, die nicht grenzenlos ist?

Meine Wahnvorstellung ist ganz anders. Ich schreie nicht und schlafwandle auch nicht durch das Haus. Aber es vergeht keine Nacht, in der ich nicht träume, Mutter zu werden. Heute habe ich wieder geträumt, ich sei schwanger. Die Wölbung meines Bauches wetteiferte mit der Rundung des Mondes. Doch was dieses Mal geschah, war die Umkehrung einer Entbindung: Mein Kind trieb mich aus. Vielleicht ist es dies, was die Kinder bei der Geburt tun – sie befreien sich von der Mutter, trennen sich ab von dem unterschiedslosen, einheitlichen Körper. Denn mein geträumtes Kind, dieses gesichts- und namenlose Geschöpf, befreite sich in heftigen und schmerzhaften Krämpfen von mir. Ich wachte schweißgebadet und mit furchtbaren Schmerzen in den Beinen und im Rücken auf.

Dann begriff ich. Es war kein Traum. Es war ein Besuch meiner Vorfahren. Mit einer Botschaft – sie machten mich darauf aufmerksam, dass ich mit meinen fünfzehn Jahren längst Mutter sein müsste. Alle Mädchen meines Alters in Nkokolani waren schon schwanger geworden. Nur mir war anscheinend Fruchtlosigkeit bestimmt. Ich war also nicht nur eine Frau ohne Namen. Ich war auch ein Name ohne Mensch. Eine Hülse. Leer wie mein Leib.

Wenn in unserer Familie ein Kind geboren wird, schließen wir die Fenster nicht. Das ist das Gegenteil von dem, was das übrige Dorf macht. Selbst in der größten Hitze wickeln die anderen Mütter ihre Babys in dicke Tücher und sperren sich im dunklen Zimmer ein. Nicht so bei uns, Türen und Fenster bleiben weit geöffnet, bis das Neugeborene zum ersten Mal gebadet wird. Indem man es so brutal allem aussetzt, wird das Kind letztlich geschützt, denn es wird von Lichtern, Klängen und Schatten durchdrungen. So ist es seit Anbeginn der Zeit. Nur das Leben schützt uns vor dem Leben.

An jenem Januarmorgen im Jahr 1895 weckten die Fenster, die ich offen gelassen hatte, den Eindruck, ein Kind sei geboren. Zum wiederholten Male hatte ich geträumt, ich sei Mutter, und das ganze Haus rieche nach einem Neugeborenen. Nach einer Weile hörte ich das rhythmische Scharren eines Besens. Nicht nur ich wurde wach. Das leise Geräusch weckte das ganze Haus. Es war unsere Mutter, die für Sauberkeit im Hof sorgte. Ich ging an die Tür und betrachtete sie, wie sie sich, schlank und elegant, leicht nach vorn gebeugt wiegte, als tanzte sie und würde so selbst zu Staub.

Die Portugiesen verstehen nicht, warum wir rund ums Haus so sorgfältig fegen. Für sie ist es nur sinnvoll, innerhalb der Häuser zu kehren. Sie kämen nie auf die Idee, den losen Sand auf dem Grundstück zu fegen. Die Europäer verstehen das nicht. Für uns ist draußen auch drinnen. Unser Zuhause ist nicht das Gebäude. Unser Zuhause ist der Ort, den die Toten gesegnet haben, für sie gibt es weder Türen noch Wände. Deshalb fegen wir das Grundstück.

Mein Vater war mit dieser Erklärung nie einverstanden, er fand sie zu übertrieben. »Wir fegen den Sand aus einem anderen, viel praktischeren Grund. Wir wollen wissen, wer in der Nacht gekommen und gegangen ist.«

An diesem Morgen fand sich als einzige Spur die Fährte eines *simba*. Diese Raubkatzen wittern nachts unseren Hühnerstall. Mutter schaute sofort nach. Keine Henne fehlte. Zum Misserfolg der Wildkatze kam unser Versagen, denn wäre sie gesehen worden, hätte man sie sofort erjagt. Das gefleckte Fell der Wildkatzen galt als Zeichen für hohes Ansehen und war deshalb sehr begehrt. Mit keinem Geschenk konnte man die großen Herrscher mehr erfreuen. Vor allem die Befehlshaber des feindlichen Heeres, die sich schmückten, bis sie ihre menschliche Gestalt verloren. Das ist der Zweck von Uniformen – sie sollen den Soldaten von seinem Menschsein abbringen.

Der Besen beseitigte energisch die Spur des nächtlichen Besuchs. Die Erinnerung an die Wildkatze wurde sekundenschnell gelöscht. Dann ging unsere Mutter auf den Pfad zur Wasserstelle. Ich sah ihr nach, wie sie schwungvoll und aufrecht in ihren bunten Tüchern im Wald verschwand. Meine Mutter und ich waren die einzigen Frauen, die keine *sivanyula* trugen, Stoffe aus Baumrinde. Unsere Bekleidung, in der Ladenkneipe des Portugiesen gekauft, bedeckte unseren Körper, weckte aber in anderen Frauen Neid und in Männern Begierde.

Als Mutter den Fluss erreichte, klatschte sie in die Hände, womit sie um Erlaubnis bat, näher treten zu dürfen. In den Flüssen wohnen die Geister. Über das Ufer gebeugt, blickte sie prüfend entlang der Böschung, ob da ein Krokodil lauerte. Alle im Dorf glauben, dass die großen Echsen »Herren« haben und nur deren Befehl gehorchen. Mutter schöpfte Wasser, die Öffnung des Kruges zur Flussmündung hin gewandt, um sich nicht der Strömung zu widersetzen. Als sie sich auf den Heimweg machen wollte, schenkte ein Fischer ihr einen schönen Fisch. Sie wickelte ihn in ein Tuch, das sie um die Hüfte geschlungen hatte.

Sie war schon fast zu Hause, da geschah es. Aus dem dichten Busch stürmten Soldaten der VaNguni. Chikazi wich ein paar Schritte zurück und dachte: Den Krokodilen bin ich entkommen, dafür schnappen mich jetzt noch grausamere Ungeheuer. Seit dem Krieg von 1889 hatten sich Ngungunyanes Truppen nicht mehr in unserem Gebiet herumgetrieben. Ein halbes Dutzend Jahre hatten wir den Frieden genossen und geglaubt, er würde für immer währen. Aber Frieden ist ein Schatten auf Elendsboden, die Zeit braucht nur zu kommen, schon verschwindet er.

Die Soldaten umringten unsere Mutter und merkten schnell, dass sie sie verstand, wenn sie *xizulu* sprachen. Chikazi Makwakwa war im Süden geboren. Die Sprache ihrer Kindheit war der Sprache der Invasoren sehr ähnlich. Ihre Mutter war eine *mabuingela*, also eine von denen, die vorangehen, um das Steppengras vom Tau zu säubern. So nannten die Invasoren die Leute, von denen sie sich die Pfade in der Savanne schlagen ließen. In meinen Geschwistern und mir mischten sich diese Geschichten und Kulturen.

Nach vielen Jahren waren die Invasoren zurück, genauso bedrohlich und überheblich wie zuvor. Alte Ängste lebten wieder auf, als die Männer meine Mutter umringten, so seltsam machtberauscht wie alle jungen Männer, sobald sie viele sind. Mit gestrecktem Rücken, kraftvoll und geschmeidig, trug Chikazi den Wasserkrug auf dem Kopf. Damit bewies sie ihre Würde angesichts der Bedrohung durch die Fremden. Die Soldaten verstanden die Herausforderung, und ihr Bedürfnis, sie zu demütigen, wuchs. Sie stießen ihr den Krug vom Kopf und johlten vor Freude, als er auf dem Boden zerschellte. Sie lachten, weil das Wasser über ihren schlanken Körper lief. Danach brauchten die Soldaten keine Gewalt anzuwenden, um ihre abgewetzte und längst durchsichtige Kleidung zu zerreißen.

»Bitte tut mir nichts«, flehte sie. »Ich bin schwanger.«

»Schwanger? In deinem Alter?« Sie starrten auf die kleine Erhebung unter den Tüchern, wo sie den Fisch versteckt hatte. Und wieder wurde ihr die Frage ins Gesicht geschleudert: »Schwanger? Du? Im wievielten Monat?«

»Ich bin im zwanzigsten Jahr.«

Am liebsten hätte sie gesagt, dass die Kinder niemals aus ihr herausgekommen seien. Dass sie noch alle ihre fünf Kinder im Leib habe. Aber sie beherrschte sich. Stattdessen schob sie die Hände unauffällig zwischen den Tüchern zu dem eingewickelten Fisch. Die Soldaten sahen zu, wie sie sich unter der *capulana* über ihre Scham strich. Von den Soldaten unbemerkt, nahm sie die Rückenflosse des Fischs in die linke Hand und schnitt sich damit die Ader der rechten Hand auf. Sie ließ das Blut laufen und spreizte leicht die Beine, als wollte sie gebären. Dann zog sie den Fisch unter den Tüchern hervor, hielt ihn auf ihren blutbeschmierten Armen hoch und rief: »Hier ist mein Kind! Jetzt ist mein Kind geboren!«

Die VaNguni-Soldaten wichen entsetzt zurück. Das war keine normale Frau, das war eine *noyi*, eine Zauberkundige. Und sie hatte das Unheilvollste hervorgebracht, was man sich denken konnte. Ein Fisch war für die Invasoren tabu. Zu dem verbotenen Tier kam gleichzeitig die schlimmste Unreinheit: Frauenblut, dieser Schmutz, der das Universum besudelt. Die dicke, dunkle Flüssigkeit rann ihr die Beine hinunter, bis der Erdboden ringsum dunkel verfärbt war.

Der Bericht über diesen Vorfall verunsicherte die Streitkräfte der Feinde. Viele Soldaten sollen desertiert sein, aus Angst vor der Zauberkundigen, die Fische gebar.

Mit zerfetzter Kleidung und verletztem Herzen kam Chikazi Makwakwa gegen Mittag nach Hause. In der Tür berichtete sie unaufgeregt und ohne Tränen, was geschehen war. Das Blut troff ihr vom Handgelenk, als würde ihr Bericht Tropfen für Tropfen buchstabiert. Mein Vater und ich hörten ihr ratlos zu. Schließlich murmelte meine Mutter, während sie sich die Hände wusch, mit nicht wiederzuerkennender Stimme: »Man muss etwas tun.«

Mein Vater Katini Nsambe runzelte die Stirn und entgegnete, nichts tun und nichts sagen sei die beste Reaktion. Wir seien ein besetztes Volk, und da sei es am klügsten, sich nicht bemerkbar zu machen. Wir, die VaChopi, hätten das Land verloren, das uns und unseren Vorfahren gehörte. Bald schon würden die Invasoren auf dem Friedhof stehen, wo wir Plazentas und Sterne begruben.

Unsere Mutter erwiderte entschieden: »Im Dunkeln lebt der Maulwurf.«

Mein Vater schüttelte den Kopf und gab kleinlaut zurück: »Ich mag die Dunkelheit. Im Dunkeln sieht man die Mängel der Welt nicht. Ein Maulwurf sein, davon habe ich immer geträumt. So wie die Welt ist, können wir Gott nur dafür danken, dass wir blind sind.«

Verärgert seufzte Mutter geräuschvoll, während sie sich über die Feuerstelle beugte und in der *ushua* rührte. Damit es so aussah, als wollte sie überprüfen, ob der Kochtopf heiß genug war, tauchte sie die Fingerspitze hinein.

»Eines Tages werde ich wie der Maulwurf sein. Dann liegt die ganze Erde über mir«, flüsterte mein Vater, schon im Voraus bekümmert über sein künftiges Schicksal.

»Richtig, so ergeht es uns dann allen«, sagte Mutter.

»Bald mache ich mich auf zu den Minen. Ich mache es wie mein Vater, ich geh weg von hier, ich gehe nach Südafrika. Ja, das mache ich.«

Das war keine Ankündigung. Es war eine Drohung. Er holte eine Prise Tabak und ein altes Zigarettenpapier aus der Tasche. Akkurat wie ein Chirurg drehte er sich eine Zigarette. Kein Schwarzer im ganzen Dorf konnte sich damit brüsten, dass er sich seine Zigaretten selbst fabrizieren konnte. Nur er. Mit geschwellter Brust ging er zur

Feuerstelle und nahm ein Scheit heraus, um die Zigarette anzuzünden.

Dann, aufgerichtet und mit hochgerecktem Kinn, blies er den Rauch seiner gleichmütigen Frau ins Gesicht. »Du, meine liebe Chikazi, beleidigst die Maulwürfe, aber weißt genau, dass du damit meinen verstorbenen Vater triffst.«

Meine Mutter summte ein altes Lied, einen traditionellen *ngodo*. Das Klagelied einer Frau, die beweint, dass sie schon als Witwe zur Welt gekommen ist.

Missgelaunt verzog sich mein Vater. »Ich gehe weg von hier«, erklärte er. Er wollte zeigen, dass er verletzt war, dass nicht nur seine Frau blutete. Er trennte sich von seinem eigenen Schatten und begab sich zu dem großen Termitenhügel, wo er glaubte, in seiner Abwesenheit sichtbarer zu werden.

Dann sahen wir noch, wie er einmal rund um das Haus ging und sich schließlich auf den Weg ins Tal machte. Der kleine Glutfleck seiner Zigarette tanzte in der Dunkelheit, als wäre es das letzte Glühwürmchen dieser Welt.

Wir, meine Mutter und ich, blieben sitzen und schwiegen miteinander, wie nur Frauen es können. Ihre schlanken Finger scharrten im Sand, als wollten sie sich vergewissern, dass ihnen der Boden vertraut war. Ihre Stimme hatte einen erdigen Klang, als sie fragte: »Hast du Wein mitgebracht, da vom Portugiesen?«

»Es waren noch ein paar Flaschen da. Hast du Angst, dass Vater dich schlägt?«

»Du weißt doch, wie es ist. Wenn er trinkt, schlägt er.«

Ein unbegreifliches Rätsel – wie konnte Vater so gegensätzliche Seelen in sich vereinen? Nüchtern war er von engelsgleicher Sanftmut. Im Alkoholnebel verwandelte er sich in das bösartigste aller Geschöpfe.

»Es ist unglaublich, dass Vater niemals Verdacht geschöpft hat, dass du lügst.«

»Lüge ich denn?«

»Natürlich lügst du, Mutter. Wenn er dich schlägt und du vor Schmerzen weinst. Ist das nicht gelogen?«

»Diese Krankheit ist ein Geheimnis, dein Vater darf nichts davon ahnen. Wenn er mich schlägt, glaubt er, dass meine Tränen echt sind.«

Die Krankheit war angeboren. Chikazi Makwakwa spürte keinen Schmerz. Ihr Mann wunderte sich über die Narben von zahlreichen Verbrennungen auf ihren Händen und Armen. Trotzdem glaubte er, ihre Unempfindlichkeit beruhe auf Amuletten, die sie sich von ihrer Schwägerin Rosi hatte geben lassen. Nur ich wusste, dass es ein angeborener Fehler war.

»Und der andere Schmerz, Mutter?«

»Welcher andere?«

»Der Schmerz in der Seele.«

Sie lachte und zuckte die Achseln. Welche Seele? Was war ihr denn als Seele geblieben, nachdem ihre beiden Töchter umgekommen und die beiden Söhne ausgezogen waren?

»Wurde deine Mutter auch geschlagen?«

»Ja, deine Großmutter, deine Urgroßmutter und deine Ururgroßmutter. Das ist so, seit es Frauen gibt. Mach dich darauf gefasst, dass du auch geschlagen wirst.«

Eine Tochter stellt die Überzeugungen der Älteren nicht infrage. Ich tat es ihr gleich, füllte die Handmuschel mit Sand und ließ ihn nach einer Weile wie einen Wasserfall hinunterrieseln. Dieser rote Sand war nach alter Sitte unseres Volkes Nahrung für Schwangere. Die Vergeudung meines Daseins zerrann mir zwischen den Fingern.

Chikazi Makwakwa unterbrach mich in meinen Gedanken: »Weißt du, wie deine Großmutter gestorben ist?« Sie wartete keine Antwort ab. »Vom Blitz getroffen. So ist sie gestorben.«

»Und warum denkst du jetzt daran?«

»Weil ich auch so sterben möchte.«

So ein Ende war ihr am liebsten: kein Körper, kein Gewicht, nichts zu beerdigen. Als könnte ein schmerzloser Tod die Schmerzen eines ganzen Lebens auslöschen.

Immer wenn ein Gewitter niederging, lief unsere Mutter hinaus auf die Felder und stellte sich mit hochgereckten Armen hin, als wäre sie ein trockener Baum. Sie wartete auf den vernichtenden Blitz. Zu Asche, Staub und Ruß zu werden, davon träumte sie. Feines, leichtes Pulver, so leicht, dass der Wind es um die Welt tragen würde. Auf diesem Wunsch beruhte mein früherer Name. Und daran hatte meine Mutter mich erinnern wollen.

»Asche gefällt mir«, sagte ich. »Ich denke dabei an Engel, warum, weiß ich nicht.«

»Ich habe dir diesen Namen gegeben, um dich zu beschützen. Wer Asche ist, den kann nichts schmerzen.«

Die Männer konnten mich schlagen, aber keiner würde mir jemals Schmerz zufügen. Das hatte sie mit diesem Namen beabsichtigt.

Ihre Hände scharrten auf dem Erdboden, vier Sandbäche rannen zwischen ihren Fingern herab. Ich blieb stumm, unter dem Staub begraben, der von ihren Händen aufstieg.

»Jetzt geh deinen Vater holen. Er ist auf uns eifersüchtig.«

»Eifersüchtig?«

»Auf mich, weil ich ihm nicht alle Aufmerksamkeit schenke; auf dich, weil du bei den Priestern in der Schule warst. Du gehörst zu einer Welt, zu der er niemals Zugang finden wird.«

So sind die Männer, erklärte sie, sie haben Angst vor den Frauen, wenn diese sprechen, und noch mehr, wenn sie schweigen. Ich müsse verstehen, mein Vater sei ein guter Mann. Er habe nur Angst, nicht die Größe der anderen Männer zu haben.

»Dein Vater ist verärgert weggegangen. Merk dir eins, mein Kind. Das Schlimmste, was eine Frau zu einem Mann sagen kann, ist, dass er etwas tun soll.«

»Ich gehe jetzt Vater holen.«

»Denk an den Wein.«

»Keine Sorge, Mutter. Ich habe die Flaschen schon versteckt.«

»Umgekehrt, meine Tochter. Nimm eine Flasche für ihn mit.«

»Hast du keine Angst, dass er dich dann schlägt?«

»Der alte Dickkopf darf nicht draußen im Busch schlafen. Hol ihn zurück, egal, ob nüchtern oder betrunken. Alles andere sehen wir dann.«

Danach versank meine Mutter wieder in Traurigkeit, wie ein Haustier, das in den Stall zurückkehrt. Ich war schon auf dem Weg, da sagte sie noch: »Bitte ihn, mit uns nach Makomani zu ziehen, bitte ihn, mit uns wieder ans Meer zu ziehen. Auf dich hört er. Bitte ihn, Imani, um Gottes willen!«

Erster Brief des Sargento

Lourenço Marques, 21. November 1894

Sehr geehrter Senhor
Conselheiro José d'Almeida

Der Verfasser dieses Berichts ist Ihr unbedeutender Untergebener Sargento Germano de Melo, abgeordnet, den Posten Nkokolani zu befehligen und an dieser Grenze zu dem verfeindeten Gaza-Reich die portugiesischen Interessen zu vertreten. Dies ist mein erster Bericht an Sie. Ich werde Sorge tragen, Sie nicht zu belästigen, und mich auf Tatsachen beschränken, von denen ich glaube, dass Sie davon Kenntnis haben sollten.

Ich bin am Vorabend der Angriffe der Landim-Rebellen in Lourenço Marques eingetroffen. Es geschah in der Nacht. Es fielen Schüsse, und in der Stadt gerieten Schwarze, Inder und Weiße in Aufregung. Ich befand mich in der Pension einer Italienerin, genau im Zentrum der Ortschaft. Die Pensionsgäste klopften an meine Zimmertür und verlangten schreiend und jammernd, ich solle sie am Eingang zur Pension verteidigen. Sie hatten mich am Abend bewaffnet und in Uniform ankommen sehen. Für sie war ich ein vom Himmel gesandter Schutzengel.

Die Pensionswirtin, eine Italienerin, die auf den Namen Dona Bianca hört, übernahm das Kommando, schickte die erschrockenen Gäste alle zusammen auf einen Dachboden und schloss sie dort ein. Dann ließ sie sich von mir auf eine Terrasse begleiten, von der man den größten Teil der Stadt überblickt. Hier und da stiegen Rauchsäulen auf, in der Nähe der Bucht gab es Schüsse und Detonationen. Es war zu erkennen, dass dem Überfall durch die Eingeborenen von unserer Seite kaum Widerstand entgegengebracht wurde.

Binnen kurzer Zeit war der einzige Ort, an dem Gegenwehr geleistet wurde, die Festung. Die Angreifer – es waren Landins und nicht Vátuas, wie behauptet wird – bewegten sich ungehindert in den Straßen. Nachdem sie sämtliche Verteidigungslinien der Stadt durchbrochen hatten, überfielen sie Geschäfte, plünderten die Marktstände und töteten nur deshalb nicht noch mehr Menschen, weil dies nicht in ihrer Absicht lag. Wir in dem Gasthaus entgingen der Raserei der Kaffern, weil sie glaubten, alle Portugiesen hätten in der Festung Zuflucht gesucht.

Von der Terrasse aus, wo wir unserem Ende entgegensahen, war ich Zeuge einer Szene, die mich tief beeindruckte. Aus den dichten Rauchschwaden tauchten zwei galoppierende Pferde auf. Geritten wurden sie von zwei Portugiesen, der eine in Uniform, der andere in Zivil. Vor allem der Zweite weckte meine Neugier, denn da ihm ein Arm fehlte, hielt er sich lediglich mit der Kraft seiner Beine auf dem Pferd. In seiner einzigen Hand hielt er die Zügel und eine Waffe, mit der er mehr oder weniger zufällig schoss. Die Pensionswirtin identifizierte ihn als Silva Maneta, Einarm-Silva, der nach Transvaal desertiert war und dort beim Hantieren mit einer Dynamitladung einen Unfall gehabt hatte. Dann war er nach Mosambik zurückgekehrt, und aufgrund erwiesener Tapferkeit war ihm die Desertion vergeben worden.

Hinter besagtem Silva ritt der Soldat auf einem Schimmel, der wesentlich vorschriftsmäßiger galoppierte. Kaum war zwischen den beiden Reitern eine Lücke entstanden, wurde der stattliche Soldat von einer Horde Schwarzer umzingelt, die ihre Schilde und Lanzen schwenkte. Verzweifelt gab der Soldat etliche Schüsse ab, bis ihm die Munition ausging. Da er immer enger eingekreist wurde und ahnte, welches Ende ihm bevorstand, schoss der Reiter sich in den Kopf. Von dem Schuss erschrocken, ging das Pferd durch und jagte davon. Ein Stück weiter verfiel es in Schritt, wodurch der Reiter praktisch kopflos im Sattel sitzen bleiben konnte, während sein Blut wie aus einem kräftigen Brunnen sprudelte. So lief das Pferd weiter, bis es in den Rauchschwaden verschwand. Mir kam der Gedanke, dass dieser Todesritt aus der Stadt hinaus in den afrikanischen Busch fortdauern kann, bis der Leichnam des Selbstmörders nur noch als Skelett im Sattel des einsamen Tieres wankt.

Kanonenschüsse weckten mich aus diesen finsteren Gedankenspielen. Es waren unsere Schiffe, die von der Espírito-Santo-Bucht aus die Stadt bombardierten. Das war unsere letzte Verteidigung. Und sie war erfolgreich, Gott sei es gedankt. Schließlich traten die Kaffern den Rückzug an und hinterließen Chaos und eine Spur der Verwüstung.

Doch sei der Widersinn vermerkt: Um einen Feind abzuwehren, mussten wir unsere eigene Stadt bombardieren, eine der größten Siedlungen an der portugiesischen Ostküste. Die Pension, in der ich mich befand, wurde von einer Kanonenkugel getroffen. Angesichts der zerstörten Mauer weinte die Pensionswirtin verzweifelt, denn sie wusste, dass sie für diesen Schaden von niemandem Ersatz verlangen konnte. Bianca weinte so bitterlich, dass sie die Leiche eines portugiesischen Soldaten an der zerstörten Mauer gar nicht wahrnahm. Ich kniete mich neben den Toten, um ihn mit einem Tuch zu bedecken. Da sah ich das auf seinen Unterarm tätowierte Herz und quer darüber das Wort: »Mutterliebe!« Das war für mich bewegender als der Anblick des Toten.

Sie werden über präzisere Berichte über dieses Unglück verfügen, das Lourenço Marques getroffen hat. Ich schlage vor, zu versuchen, die wahren Gründe in Erfahrung zu bringen, die zu dem Aufstand der Stammesgebiete im Umkreis der Stadt geführt haben. Doch sollten Sie sich nicht an die üblichen Quellen halten. Ich habe auf Umwegen erfahren, dass der Königliche Kommissar von einem Schweizer Missionar namens Henri Junod einen Bericht angefordert hat. Dieser Bericht basiert auf Aussagen von christlichen Schwarzen, in denen als Keim für den Aufstand Gründe angeführt werden, die für uns nicht sehr angenehm sind. Ich schlage Ihnen vor, diesen Bericht zu konsultieren.

Wie auch immer die wahre Erklärung lauten mag, Tatsache ist, dass mein Aufenthalt in Afrika den denkbar schlechtesten Anfang genommen hat. Auf der Terrasse des Gasthauses führte die Italienerin mir binnen Minuten vor Augen, was ich bereits vermutet hatte: Unsere Besitzungen, die wir so großartig als »Ländereien der Krone« bezeichnen, sind Misswirtschaft und Sittenlosigkeit geweiht. In der Mehrzahl dieser Gebiete haben wir im Laufe der Jahrhunderte niemals wirklich Präsenz gezeigt. Und dort, wo wir präsent waren, war es noch schlimmer, denn fast immer haben wir uns von Verbannten und Kriminellen vertreten lassen. Unter unseren Offizieren besteht keinerlei Glaube daran, dass wir in der Lage wären, Gungunhane und sein Gaza-Reich zu besiegen.

Der neue Königliche Kommissar António Enes hat eine äußerst schwierige Mission, er ist umringt von Widersachern und Widrigkeiten. Der Kommissar ist bei der Mehrheit der Militärangehörigen unbeliebt, sie sehen in ihm lediglich die Fähigkeiten eines Zivilisten, noch dazu ist er Schriftsteller und Journalist. Obendrein wird unser Kommissar seitens des Palastes weder Unterstützung noch eine Reaktion erwirken. Die Monarchisten sind viel zu sehr um ihr Überleben besorgt. Und die Militärberater, die ihm vom Ministerium der Marine und der Kolonien zugeteilt wurden, wissen nichts über Afrika. Für uns ist von Wert, dass es Personen wie Sie gibt, mit langjähriger Erfahrung in Mosambik, Angola und Guinea. Ich bitte in aller Bescheidenheit darum, mir stets Ihre wertvollen Ratschläge zu gewähren.

Wegen all dieser Sorgen begebe ich mich klammen Herzens nach Nkokolani, fünfhundert Meilen von hier in dem riesigen Buschland von Inhambane. Ich hoffe, dass die Zusagen, den provisorischen Posten zu einer richtigen Kaserne auszubauen, auch eingehalten werden. Ich vertraue darauf, dass man mir ein Kontingent *angolas* schickt, damit ich meinen Auftrag erschöpfend erfüllen kann.

Die Italienerin, die viele unserer Offiziere persönlich kennt, hat mir gesagt, ich solle vergessen, was man mir versprochen hat. Denn ihr zufolge bin ich nur äußerlich ein Militär. Um zu dieser Überzeugung zu gelangen, hat ihr, wie sie sagte, die Ernsthaftigkeit meines Blicks genügt. Von der Leichtfertigkeit dieses Urteils einmal abgesehen, hat Dona Bianca noch weitere Gründe für ihre schnelle Einschätzung genannt. Sie hat gefragt, wem gegenüber ich verantwortlich sei, und ich habe mir erlaubt zu sagen, dass Sie, der Conselheiro José d'Almeida, der Vorgesetzte sind, dem ich Rechenschaft ablegen müsse. Sie lachte. Und dann bemerkte sie leicht zynisch: »Sie werden keinen einzigen Schuss abgeben. Und von Glück sagen können, wenn man nicht auf Sie schießt!«

Dann fuhr sie fort, sie kenne andere Fälle, da habe man ewig auf den versprochenen Militärposten gewartet. Beim Abschied versprach die Italienerin, sie werde mich in Nkokolani besuchen. Sie will die Reise unternehmen, weil sie erfahren hat, dass Mouzinho zu dem Regiment von Inhambane versetzt worden ist. Sie will den Reiter wiedersehen, als hätte sie in ihrem Leben kein anderes Ziel.

Ich habe über Biancas Prophezeiung nachgedacht und fürchte, dass sie zum Teil begründet ist. Alle hier wissen von meiner Republikanervergangenheit, alle wissen, warum ich mich hier auf afrikanischem Boden befinde. Dass ich an der Revolte vom 31. Januar in Porto beteiligt war, dürfte auch für Dona Bianca kein Geheimnis sein. Ich kann mich nicht darüber beklagen, was mir als Strafe auferlegt wurde, angesichts der Verurteilung der meisten Aufständischen zu Kerkerhaft von unbestimmter Dauer. In meinem Fall entschied man sich für die Verbannung in die ferne Wildnis von Inhambane. Man ließ sich dabei von der Hoffnung leiten, ich würde dort ein Gefängnis vorfinden, das keine Gitter habe und deshalb weit erdrückender als jeder Kerker sei. Doch hatte man vorsichtshalber daran gedacht, mich mit einer vorgeblich militärischen Mission zu beauftragen. Die Italienerin hat vollkommen recht – in dieser Uniform steckt kein Soldat. Darin steckt ein Verbannter, der trotz alledem seinen Auftrag ernst nimmt. Doch habe ich keinerlei Absicht, mein Leben für dieses armselige, verstaubte Portugal zu geben. Für dieses Portugal, das mich aus Portugal verbannt hat. Mein Vaterland ist ein anderes, doch das muss erst noch entstehen. Ich weiß, meine Klagen gehen weit über den Ton hinaus, der diesen Bericht leiten sollte. Doch hoffe ich, dass Sie verstehen, in welch absoluter Einsamkeit ich mich befinde, und dass diese Abgeschiedenheit mir allmählich den Verstand raubt.

Nur als abschließende Anmerkung: Heute früh wurde ich zu einem kurzen Höflichkeitsbesuch vom Königlichen Kommissar empfangen. Zwar äußerte der Kommissar António Enes sich knapp, doch gestand er, dass er sich auf zwei Offiziere seines Vertrauens stütze, die er für die Arbeit in Mosambik ausgewählt habe: den Hauptmann Freire de

Andrade und den Leutnant Paiva Couceiro. Des Weiteren kündigte er an, gleich nach unserer Begegnung würden er und seine getreuen Berater den sogenannten Aktionsplan für die südlichen Verwaltungsbezirke der Kolonie ausarbeiten. Weder Ayres de Ornelas noch Eduardo Costa waren dazu eingeladen. Mir schien dieses Detail etwas zu sein, das ich Ihnen zur Kenntnis bringen sollte.

Trotz seiner Sorgen leuchtete auf António Enes' Gesicht für einen Moment Freude auf, ein sehr kurzes Funkeln hinter der Brille, die das leichte Schielen seiner Augen nicht verbirgt. Diese Freude trat zutage, als er ein Telegramm von Paiva Couceiro präsentierte, aus dem hervorging, dass die Ortschaft Marracuene zu Ehren der geliebten Tochter des Kommissars auf den Namen Vila Luiza umbenannt worden ist. Das gleiche Leuchten entflammte sein Herz, als er davon sprach, dass wir weiter im Norden eine Siedlung mit dem Namen der Königin Dona Amélia gegründet haben. Dem Vernehmen nach denkt von allen Persönlichkeiten in Lissabon einzig die Königin daran, dem im Stich gelassenen Kommissar Mut zuzusprechen. Von unserem König und anderen Lissabonner Würdenträgern kommt kein einziges Wort des Trostes. Unsere arme Herrschaft, die weder hier noch in Portugal herrscht. Armes Portugal.

Ich bitte, Exzellenz, diese lange, traurige Anreihung von Mitteilungen persönlicher Natur zu entschuldigen. Doch glaube ich, Sie werden verstehen, dass ich in Ihnen die beschützende Gestalt eines Vaters sehe, der, ich gebe es zu, mir immer gefehlt hat.

Die Seite der Erde

Dies ist die Falle des Ruhms: Je größer der Sieg, umso mehr wird der Held von der Vergangenheit verfolgt und in die Enge getrieben. Die Vergangenheit wird die Gegenwart verschlingen. Ganz gleich, wie viele Auszeichnungen er erhalten hat oder noch erhalten wird, der einzige Orden, der ihm am Ende bleibt, ist die traurige, unabwendbare Einsamkeit.

Die Schatten waren schon lang, als ich mich auf die Suche nach meinem Vater machte, am Arm einen Korb, in dem eine Weinflasche gluckste. Auf ihrem Etikett stand in dicken Buchstaben: *Negerwein.* Der Vollmond beleuchtete die schlafende Landschaft. Meine Füße traten in die frischen Fußabdrücke des alten Katini im Sand. Wer sonst im Dorf trug Stiefel? Allmählich wunderte ich mich, warum er so weit weggegangen war. Meine zaghaften Rufe verhallten ohne Echo und ohne Antwort. »Vater! Vater!?«

Schließlich gelangte ich auf eine offene Fläche, so weit das Auge reichte. Es schien ein Acker zu sein. Zur Bestätigung, dass dieses Stück Land dafür bestimmt war, scharrte mein Vater in der Erde. Die VaChopi-Männer sind die Einzigen, die Seite an Seite mit ihren Frauen auf dem Feld arbeiten. Mein Vater allerdings arbeitete mehr am Destillierapparat.

Als ich näher kam, merkte ich: Was mir vorher nach einer Hacke ausgesehen hatte, war ein am Ende zugespitzter Stock. Er jätete also nicht, sondern kratzte in der Erde, so als zeichnete er auf einer endlosen Leinwand.

»Ich schreibe«, sagte er, als er mich in der Nähe bemerkte.

»Du schreibst?«

»Du bist nicht die Einzige, die schreiben kann …«

»Und was schreibst du da so viel, Vater?«

»Die Namen von allen, die im Krieg gestorben sind.«

Ich blickte zu Boden und sah, dass die Erde bis über den Horizont hinaus von ihm aufgewühlt worden war. Doch selbst im hellen Mondschein war das Geschriebene nicht zu lesen.

»Und wer soll das alles lesen?«

»Gott!« Er wies mit dem Stock irgendwohin, eine vage Bewegung, noch unbestimmter als seine Stimme. Stammelnd wiederholte er: »Gott! Gott wird das hier lesen!« Er drehte sich einmal um sich selbst, dann sackte er wie von einem unsichtbaren Stoß getroffen zu Boden. »Deine Mutter, diese …«

Der Satz blieb unvollendet. Er war wortblind geworden. Diese Blindheit überkam ihn jedes Mal, wenn er von seiner Frau sprechen wollte. Er kaute auf seinem Schweigen wie auf einer bitteren Frucht. Und so blieb er sitzen, bewegungslos und besiegt.

Vorüberziehende Wolken bedeckten den Mond. Die in den Erdboden geschriebenen Namen der Toten waren von der Dunkelheit verschluckt worden, als mein Vater weitersprach: »Du willst mich holen? Dann sag deiner Mutter, dass ich nicht zurückkomme. Sie muss lernen, Respekt zu haben. Außerdem bin ich der Älteste der Nsambe.«

»Ich habe dir das hier mitgebracht, Vater, Mutter hat es mir für dich mitgegeben.« Ich reichte ihm die Weinflasche.

Ein Strahlen leuchtete in seinem Gesicht auf. Er zog mit den Zähnen den Korken heraus und träufelte feierlich und ganz langsam die ersten Tropfen auf die Erde. Dann setzte er geräuschvoll genießend die Flasche an. Und trank, als gäbe es nichts anderes auf der Welt zu tun, als zu trinken. Die knochigen Hände ließen die Flasche unaufhörlich kreisen, als wollte er den Wein schon in seiner Wiege zum Schwanken bringen. Auf dem handgemachten Etikett verwischten inzwischen die Buchstaben, nur das Wort *Neger* war noch zu lesen. Mein Vater war nicht besonders dunkelhäutig, doch während er trank, wurde er immer schwärzer. Ich bekam Angst, er würde auch von der Nacht verschluckt. Ich streckte ihm die Hand entgegen, um ihn zu retten. Als er meine Finger spürte, fragte er: »Hast du Angst, Imani?«

Ich nickte. Gerührt wollte er mich beruhigen. Fürchtete ich so wie meine Mutter, dass er zu viel trank? »Ich bin ein Trinker, das sagen alle. Was glaubst du, was ich trinke, du kennst mich ja.«

»Ich weiß nicht, Vater. Du trinkst Wein, du trinkst *nsope*. Du trinkst so vieles.«

So vieles war noch viel zu wenig. Mein Vater Katini trank alles. Einmal hatte er einen ganzen Flakon Kölnischwasser gekippt, den er beim Sargento gestohlen hatte. Wir mussten ihn wiederbeleben, und sein süßlicher Atem verpestete die ganze Nacht. Offenbar sah er das alles ganz anders: »Ich bin ein einsamer Mann und habe Angst. Deine Mutter versteht das nicht. Ich trinke nur Menschen. Ich trinke die Träume der anderen.«

Alkohol hatte in unserer Familie uralte Wurzeln. Wir tranken, um einem Ort zu entfliehen. Und wurden zu Trinkern, weil wir nicht vor uns selbst fliehen konnten.

Schließlich übermannte der Schlaf meinen Alten. Ich kauerte mich an ihn, achtete nicht auf seinen Alkoholatem. Ich suchte bei ihm Schutz, doch es war umgekehrt, er war von uns allen der Schwächste, der Hilfloseste.

Ein Rudel Hyänen wurde zutraulicher und schlich um unser Versteck herum. Tiere machen uns umso mehr

Angst, je ähnlicher sie den Menschen sind. Und die Hyänen wirkten viel betrunkener als mein Vater.

Der beängstigende Chor der *quizumbas* muss in Katinis unterirdischen Bereichen einen Alarm ausgelöst haben. Tatsache ist, dass er schlaftrunken aufschreckte. Er ging in den Busch, stellte sich mit dem Rücken zu mir und urinierte ausgiebig. Er kam nicht nur einem körperlichen Bedürfnis nach. Mit dem Urin markierte er die Grenzen seines kleinen Imperiums. Dann fuchtelte er wild mit den Armen und stieß ein paar Schreie aus. Die Hyänen mit ihrem Klatschweibergekicher suchten das Weite.

Wer die Nächte meiner Heimat kennt, der weiß, dass eine zweite Nacht beginnt, wenn die Zikaden verstummen. Diese zweite Dunkelheit ist so undurchdringlich, dass die Träume sich verirren. Mein Vater lauschte der Stille und sagte: »Jetzt ist Gott eingeschlafen.«

»Komm, Vater. Lass uns nach Hause gehen. Ich habe Angst.«

»Erst muss ich mich um den Letzten kümmern.«

»Welchen Letzten?«

»Den letzten Toten.« Langsam und sorgfältig schrieb er den Namen seines Vaters, Großvater Tsangatelo.

Ein Schaudern überlief meine Seele, und ich beeilte mich in meiner Verzweiflung, seine langen Arme festzuhalten: »Tu das nicht, Vater.«

»Sei still, Imani. Das hier ist eine Zeremonie, du bist noch zu klein, um dabei zu sein …«

»Großvater ist nicht tot!«

»Doch. Daran gibt es keinen Zweifel.«

»Hat jemand seine Leiche gesehen?«

»In den Minen gibt es keine Leichen. Da ist alles Erde, Stein und Menschen, lebende wie tote. Alles Erde, in der Erde.«

Er murmelte so etwas wie eine Litanei, bevor wir auf einem Pfad losgingen, der sich im Dämmerlicht der Nacht abzeichnete. Wir hatten gerade die erste Lichtung erreicht, als uns Stimmen aus dem Busch überraschten. Innerhalb weniger Sekunden umringte uns ein halbes Dutzend Männer, die auf *xizulu* schrien. Sie hätten gar nichts zu sagen brauchen, die durchlöcherten Ohren und die Wachsringe an den Haaren verrieten genug. Es waren VaNguni-Soldaten, und sie hatten die deutliche Absicht, uns zu ängstigen. Mein Vater flüsterte mir zu: »Du hast dich vor den Tieren gefürchtet? Jetzt sind die richtigen Hyänen da.«

Unsere größte Sorge war, es könnte sich um *timbissi* handeln, die berüchtigten Brigaden, die der Herrscher für seine Gemetzel einsetzte. *Timbissi* ist das Zulu-Wort für Hyäne. Doch diejenigen, die uns hier aufgelauert hatten, trugen nicht den typischen Zierrat dieser vermaledeiten Brigaden – zwei Ziegenbockshörner als Anhänger auf der Brust. Zu unserem Glück waren die Wegelagerer nur einfache Soldaten. Sie wollten den Wegezoll eintreiben, der ihnen angeblich zustand.

Da er sich nicht sicher war, ob wir sie verstanden hatten, hielt der Korpulenteste seine Hand dicht an Katinis Gesicht und verkündete: »Hör zu, du Hund, wir sind hier, um die Felle zu holen.«

»Die Felle, für wen?«

»Für wen wohl? Für den Herrn über diese Ländereien, den König Ngungunyane.«

»Aber wir haben die Felle schon übergeben.«

»Wem?«

»Den Weißen.«

»Welchen Weißen?«

»Den Portugiesen.«

»Die Portugiesen haben hier nichts mehr zu sagen.«

»Das wussten wir nicht. Der portugiesische *Intendente*

war hier und hat die Felle eingesammelt. Jetzt haben wir keine mehr. Es sei denn, ihr wollt unser eigenes Fell.«

»Seht genau nach. Ngungunyane wird es nicht gefallen, dass ihr nicht gehorcht habt. Und diese Kleine da«, fragte der Soldat und wies auf mich, »zu wem gehört die?«

Die Soldaten umringten mich, schubsten mich hin und her und griffen mir an die Beine. Zu meiner Überraschung trat mein Vater dazwischen, mit so stark geblähter Brust und die Arme so weit ausgebreitet, dass er auf mich wie der Schutzwall unseres Dorfes wirkte.

»Das ist meine Tochter!«

»Kann sein, dass sie deine Tochter ist, aber ihr Körper blüht schon auf. Was habt ihr eigentlich da im Dunkeln gemacht?«

»Keiner fasst meine Tochter an!«

Katini Nsambes zunehmend wütende Haltung war eine nicht zu duldende Beleidigung. Einer der VaNguni ging auf uns los, Hass im Gesicht. Er grunzte, während er Anlauf nahm, um meinen Vater zu treten. Doch plötzlich wurde er langsamer und sackte dann hilflos zu Boden. Einen Moment lang lag er zuckend auf der Erde und konnte nicht aufstehen. Die anderen mussten ihm helfen, sich wieder aufzurappeln. Da stellte ich fest, dass der Angreifer gestürzt war, als er auf die Stelle getreten hatte, wo die Namen geschrieben standen. Auch die anderen VaNguni merkten, dass es mit der Erde etwas Seltsames auf sich hatte. Einmütig trampelten sie auf dem Erdboden herum. Noch einmal wiesen sie auf mich und verkündeten: »Das nächste Mal nehmen wir die als Geschenk für Ngungunyane mit. Ihr wisst doch: Der *Ngonyamo* hat an jeder Ecke eine Jungfrau. Oder muss man euch daran erinnern?«

Sie spuckten aus und zogen laut fluchend davon. Der Speichel brodelte auf der Erde wie eine giftige Verwünschung. Aus der Ferne hörte man noch das Gelächter der

Soldaten. Es gab keinen Zweifel: Sie waren Hyänen. Oder noch schlimmer: Sie gehörten zu den Lebewesen, die sich nur im Tötungsrausch lebendig fühlen.

Als wir schließlich allein waren, wurde mein Alter, von Zorn gepackt, immer größer, drehte sich auf den Zehenspitzen und rief auf Portugiesisch: »Mag sein, dass ihr Waffen habt, aber ich habe diesen ganzen Erdboden, auf den ich die Namen der Verstorbenen schreibe. Nehmt euch in Acht vor mir …« Er brummelte vor sich hin, als kaute er auf Gift: »Satansbrut, nicht mal ein Wort für ›Papier‹ gibt es in eurer Sprache.« Dann stützte er sich auf seinen Stock und machte sich flink auf den Heimweg. In flottem Tempo lief ich hinter ihm her über die taubenässten Pfade.

»Erzähl nichts davon zu Hause, das regt Mutter nur auf. Und steigert die Kriegslust von Onkel Musisi.«

Einen kurzen Moment dachte ich, es wäre doch nicht so schlecht, wenn sie mich entführten. Und dahin brächten, wo ein König mich zur Gemahlin nähme. Dann würde ich endlich zur Frau. Würde endlich Mutter. Als Königin und Mutter hätte ich Macht über die VaNguni. Ich könnte unseren Völkern Frieden bringen. Meine Brüder würden nach Hause kommen, meine Schwestern würden wieder zum Leben erwachen, meine Mutter würde nicht mehr in der Dunkelheit schlafwandeln.

Vielleicht litt dieser Herrscher, den alle fürchteten, nur unter Einsamkeit, als er sein riesiges Reich errichtete. War womöglich die Liebe das einzige Reich, nach dem Ngungunyane strebte? Oder war vielleicht in all diesen Jahren des Krieges sein Ziel ein anderes gewesen: eine Frau wie mich zu finden, die zu grenzenloser Liebe fähig war. Damit erklärten sich seine unzähligen Ehen. Es hieß, der Herrscher habe so viele Frauen, dass er glaubte, sämtliche Kinder auf der Welt seien seine. Die Frage war: Wenn ich an seinen Hof käme, würde er mich dann zur Frau oder zur Tochter nehmen? Oder mich umbringen lassen, um die Angst zu festigen, auf die sich sein Thron stützt?

In unserer Heimat erkennen wir an den Stimmen, Liedern und dem Weinen von Kindern, dass wir uns einer Siedlung nähern. Genau das war in diesem Augenblick zu hören, noch ein gutes Stück vom Dorf entfernt. Das Geschrei der Kinder drang zu uns, lange bevor wir das Dorf erreichten.

Chikazi Makwakwa erwartete uns an der Tür. Schon von Weitem merkte ich, dass sie dieses Mal auch getrunken hatte. Bevor ihr Mann dummes Zeug reden konnte, ging sie mit erhobenem Zeigefinger auf ihn los: »Du liebst mich nicht, Katini!«

»Wer hat das gesagt?«

»Wieso hast du denn nur mich? So viele hier haben mehrere Frauen …«

»Ich bin doch nicht so wie diese VaTsonga, die Frauen wie Vieh sammeln … Außerdem haben wir uns doch dafür entschieden, zivilisiert zu sein, oder?«

»Du hast das entschieden. Und weil du das so entschieden hast, haben unsere Söhne sich von uns losgesagt.«

»Wir haben noch Imani.«

»Imani geht weg. Sie ist übrigens schon seit Langem nicht mehr hier.« Sie sprach, als sähe sie mich nicht.

Ich ging näher zu ihr und fasste sie an den Arm: »Ich bin hier, Mutter.«

»Du bist schon weggegangen, mein Kind. Du sprichst mit uns Portugiesisch, schläfst mit dem Kopf nach Westen. Und erst gestern hast du vom Datum deiner Geburt geredet.« Wo hatte ich gelernt, die Zeit einzuteilen? Die Jahre und Monate, sagte sie, haben Namen und keine Zahlen. Wir geben ihnen Namen, als wären sie Lebewesen, die geboren werden und sterben. Die Monate nennen wir die Zeit der Früchte, die Zeit, in der die Wege zuwachsen, die Zeit der Vögel und der Ähren. Und noch mehr, viel mehr.

Schlimmer noch war meine Entfremdung. Falls ich von Liebe träumte, dann nicht in unserer Sprache und auch nicht von unsereins. Das sagte meine Mutter. Dann machte sie eine lange Pause, bevor sie Katini ansprach: »Du kennst meinen größten Wunsch, Mann. Ich möchte, dass wir zurück ans Meer ziehen. Da können wir in Frieden leben, weit weg von diesem Krieg. Warum gehen wir nicht dahin zurück?«

»Das ist die falsche Frage, Frau. Die Frage müsste lauten: Warum sind wir von da weggegangen? Aber die Antwort, die du genau kennst, macht dir Angst. Und diese Angst ist stärker als dein Wunsch.« Dann richtete er sich auf, schwankte sekundenlang und griff nach dem Arm seiner Frau. Es schien, als stützte er sich ab, doch er drängte sie nur ins Schlafzimmer.

Ich zog mich auch in mein Zimmer zurück. Ich legte mich hin und bedeckte mir das Gesicht mit meiner *capulana,* weil ich fürchtete, das Strohdach könnte einstürzen. Häuser sind lebendige, hungrige Geschöpfe. Nachts verschlingen sie ihre Bewohner und ersetzen sie durch umherwankende Träume, so wankend wie mein betrunkener Vater. Unser Haus hatte einen besonders unersättlichen Appetit. Die ganze Nacht über sahen wir die Toten kommen und gehen. Im Dunkeln verschluckte uns das Haus. Bei Tagesanbruch spuckte es uns wieder aus.

Meine Brüder waren die Hälfte der Welt, die mir geblieben war. Aber sie lebten jetzt weit weg von uns. Deshalb war das Haus in zwei Hälften zerbrochen. Meine Mutter träumte vom Meer. Ich träumte davon, dass meine Brüder zurückkamen. Nachts wachte ich auf und rief ihre Namen: Dubula und Mwanatu. Wenn ich im Dunkeln saß, zogen die Zeiten an mir vorbei, als sie Kinder waren und das Haus mit uns teilten.

Schon früh erwies Dubula sich als intelligent und anstellig. Sie gaben ihm einen Zulu-Namen, und schon dieser Name sagte etwas über seine seltsame Faszination für die VaNguni-Invasoren aus. *Dubula* bedeutet »Schuss einer Waffe«. Mein Vater hatte ihm den Namen gegeben, weil er bei der Geburt dieses Sohnes, vom Warten zermürbt, den alten Karabiner angelegt und auf das Dach geschossen hatte. Das waren die Nerven, entschuldigte er sich später. Tatsächlich hatte der Knall die Geburt beschleunigt. Dubula war das Resultat eines Erschreckens, eines Aufblitzens. Er war wie der Regen, der auf den Donner folgt.

Mwanatu, der Jüngere, war dagegen schwerfällig und beschränkt. Von klein auf war er von den Portugiesen fasziniert. Diese Sympathie war von unserem Vater unterstützt worden, indem er ihn in zartem Alter zur Katechese geschickt hatte. Er blieb mit mir zusammen im Internat der Mission. Als er zurückkam, war er noch stumpfsinniger. Auf väterliche Anweisung fing er als Gehilfe des Sargento Germano an zu arbeiten und übte damit die gleiche Funktion aus wie vorher in der Ladenkneipe. Er wohnte Tag und Nacht im Posten und kam uns nicht mehr besuchen. Er spielte den Wachposten und tat so, als behütete er die Tür des Portugiesen. Man hatte ihm einen alten Militärrock geschenkt und die Mütze eines *cipaio*. Er liebte Uniformen und begriff nicht, dass seine Verkleidung bei den Portugiesen, die vorbeikamen, für Belustigung sorgte. Mwanatu war die Skizze eines Menschen, die Karikatur eines Soldaten. Sein Eifer konnte einem leidtun, noch nie hatte jemand seine Aufgabe so ernst genommen. Dafür hatte auch noch niemand je so viel Spott geerntet.

Mehr noch als an die Uniform klammerte er sich an eine Verheißung: eines Tages nach Lissabon zu reisen und dort eine Militärschule zu besuchen. In dieser Reise sah er eine Rückkehr. Er würde zu den »Seinen« zurückkehren. Unsere Familie empfand Mwanatus Loyalität gegenüber der portugiesischen Krone als Schande. Bis auf meinen Vater, der darüber anderer Ansicht war – solange wir unter dem Schutz der lusitanischen Krone ständen, komme uns diese Loyalität, ob echt oder gespielt, sehr gut zupass.

Die Unterschiede zwischen meinen beiden Brüdern spiegelten die beiden Seiten unserer Familie, durch die sich eine Trennlinie zog. Die Zeiten waren hart und verlangten von uns, Partei zu ergreifen. Dubula, der Ältere, brauchte sich nicht zu entscheiden. Das Leben hatte für ihn entschieden. Schon als kleiner Junge hatte man ihn der Initiationsrituale gemäß der alten Tradition unterzogen. Als Sechsjährigen hatten sie ihn in den Busch gebracht, hatten ihn beschnitten und in Sachen Sex und Frauen belehrt. Wochenlang schlief er im Wald, vollkommen mit Grasbüscheln bedeckt, damit ihn weder Lebende noch Tote erkennen konnten. Jeden Tag frühmorgens brachte meine Mutter ihm Essen, doch ging sie nicht in das Dickicht hinein, wo sich die Initiierten versammelten. Ewiges Unglück würde über die Frau kommen, die das verbotene Gelände betrat.

Das gleiche Verbot herrschte nun, seit Dubula von zu Hause weggelaufen war und an unbekanntem Ort lebte. Es hieß, er schlafe jede Nacht an einer anderen Stelle im Wald. Im Dämmerlicht des Morgengrauens schlich er über unser Grundstück, denn er wusste, dass Mutter heimlich einen Teller mit Essen auf den Termitenhügel gestellt hatte. Die Fährten, nach denen unser Vater im Sand suchte, stammten von keinem Tier. Es waren die Fußstapfen seines eigenen Sohnes.

Mwanatu, der Jüngere, erhielt Unterricht im Schreiben und Rechnen. Die Rituale, die er durchlief, waren die der Weißen: lusitanisch und katholisch. Unsere Mutter schlug Alarm. Die Seele, die sie ihm gegeben hatten, hatte keine Verbindung mehr zum Erdboden. Die Sprache, die er gelernt hatte, war keine Art zu sprechen. Es war eine Art zu denken, zu leben und zu träumen. Darin waren wir, er und ich, uns ähnlich. Was unsere Mutter befürchtete, war klar: Wir würden den Mund von der portugiesischen Sprache so voll nehmen, dass darin für keine andere Sprache mehr Platz wäre. Und dann würden wir beide von diesem Mund verschlungen.

Heute denke ich, dass unsere Mutter mit ihren Befürchtungen recht hatte. Wo ihr Sohn Wörter sah, sah sie Ameisen. Sie träumte, dass diese Ameisen aus den Buchseiten herauskrochen und die Augen des Lesenden zerfraßen.

Dubulas allerletzten Besuch habe ich so oft in Gedanken nacherlebt, dass es mir vorkommt, als wäre er nie aus dieser Welt verschwunden. Ich erinnere mich an den fernen Spätnachmittag, als ich ins Haus kam und meinen älteren Bruder mit dem Rücken zur Tür sitzen sah. Im matten Licht glänzte der Schweiß, der ihm den Rücken hinunterlief. Als ich näher trat, begriff ich, es war kein Schweiß. Es war Blut. »War das Vater?«, fragte ich, schon unter Tränen.

»Nein, ich«, antwortete er.

Ängstlich ging ich zu ihm, ging um seinen statuenhaften Körper herum. Das Blut lief ihm langsam und dickflüssig von den Ohren.

»Warum hast du das getan, Dubula?«

Die Risse in den Ohrläppchen ließen keinen Zweifel – Dubula hatte das Zeichen einer neuen Geburt in seinen Körper geschrieben. Er gehörte nicht mehr zu uns. Er war ein Nguni, gleich denen, die unser Dasein leugneten. Ich umarmte ihn, als würde ich ihn nie wiedersehen. Oder als könnte ich ihn schon nicht mehr sehen. Ich forderte ihn auf zu gehen, bevor unser Vater nach Hause käme.

Ich sah zu, wie seine schmale Gestalt auf dem Weg immer kleiner wurde, und strich mir über die Brust, als hätte ich mich selbst verloren. Da spürte ich das Blut meines Bruders auf meiner Haut.

Zweiter Brief des Sargento

Chicomo, 15. Dezember 1894

Sehr geehrter Senhor
Conselheiro José d'Almeida

Zunächst bitte ich Sie um Nachsicht im Hinblick auf das, was ich über die Begegnung mit dem Königlichen Kommissar berichtet habe. Ich bitte Sie aufrichtig um Entschuldigung. Der Bericht war vollkommen sachlich und hat nichts mit einer persönlichen Sympathie zu tun, die ich eventuell für die Person António Enes hegen könnte. Ich wusste absolut nichts von der gegenseitigen Abneigung, die zwischen Ihnen und dem Königlichen Kommissar besteht. Inzwischen weiß ich, dass diese Animosität alt ist und auf die erste Amtszeit des Kommissars in Mosambik im Jahre 1891 zurückgeht. Ich werde mich zu keiner Zeit in diesen Konflikt einmischen und ungeteilte Loyalität Ihnen gegenüber wahren, vor dem ich mich mit einem Gefühl von Rechtschaffenheit verantworte, das weit über die der Rangordnung geschuldete hinausgeht.

Dennoch konnte ich nicht umhin, Ihnen zu berichten, mit welcher Animosität António Enes reagierte, als ich davon sprach, dass ich in Nkokolani die Aufgabe haben werde, uns bei der Bevölkerung zu vertreten, die uns mit so großem Risiko und Opfer unterstützt. Natürlich war die Reaktion des Kommissars nicht gegen mich gerichtet. Sie galt Ihnen und den Verhandlungen, die Sie mit dem Gaza-Reich führen und die sich nach Dafürhalten des Kommissars allzu sehr in die Länge ziehen. Es wurde deutlich, wenn auch nicht explizit ausgesprochen, dass der Kommissar argwöhnt, die Zugeständnisse, die man Gungunhane mache, gingen zu weit. Auch wurde bedauert, dass man sich zu viel Zeit nehme, wodurch die Schlagkraft unserer militärischen Einsätze ernsthaft beeinträchtigt werde. Schließlich beklagte sich António Enes über das militärische Kommando von Inhambane unter Oberst Eduardo Costa, der seiner Einschätzung nach immer mehr Argumente dafür sammle, nicht im Gelände vorzurücken.

»Diese Verzögerung kann uns zum Verhängnis werden«, sagte Enes. Und mehr noch, wobei er böswillige Andeutungen im Hinblick auf Ihre guten Absichten äußerte. Wörtlich sagte er: »... dieser José d'Almeida hat doch seit jeher auf das Interesse unserer Nation gepfiffen!« Er gab zu verstehen, dass Sie Gungunhane in seinem Ziel unterstützen, uns den Krieg schon verlieren zu lassen, bevor es überhaupt zu einer Schlacht gekommen ist. Dieser Krieg, sagte er, werde verloren, wenn wir unsere Einheiten in den Städten belassen und weder die Absicht noch die Fähigkeit haben, unsere Truppen in das Feindesgebiet hineinzuschicken. Von Untätigkeit und Angst eingekesselt, vom Sumpffieber und der Verzweiflung über das Warten befallen, werden wir in unseren Feldlagern sterben. Unsere europäischen Feinde werden jubilieren, allen voran England, weil wir unsere Unfähigkeit beweisen, Kolonien in Afrika zu besitzen. Krieg erfordert Krieger, aber mir hat man nur Staatsdiener geschickt, hat António Enes sich beklagt. Das alles hat der Kommissar gesagt. Ich halte es für notwendig, dies in meinem Bericht mitzuteilen, auch wenn er schon zu lang wird.

Erlauben Sie mir zu sagen, dass mich als Soldat die Argumente des António Enes nicht gleichgültig lassen können. Tatsächlich ist die schlimmste Art, einen Krieg zu verlieren, das ewige Warten darauf, dass er beginnt. Dazu muss gesagt werden, dass unsere Siege in Marracuene, Coolela und Magul außerordentlich dazu beigetragen haben, unsere Moral zu heben und unser Ansehen unter den Eingeborenen zu verbessern. Wohin ich auf dieser Reise nach Nkokolani – über die ich später berichte – auch kam, in vielen Orten habe ich unzählige lokale Häuptlinge angetroffen, die nach den siegreichen Schlachten die Seite gewechselt haben. Jetzt stehen sie auf unserer Seite. Doch muss gesagt werden, dass unser Sieg über die Vátuas errungen wurde, und diese sind Sklaven der Ngunis. Es war kein Sieg über die Streitkräfte von Gungunhane. Was diesen Herrscher betrifft, ist noch nichts erreicht.

Im Folgenden will ich von meiner Reise nach Nkokolani berichten. Gestern haben wir Chicomo erreicht, nach zwei Wochen zu Fuß durch eine Landschaft, die mich fasziniert, aber auch ängstigt. In jeder Art von Wald vermute ich einen Hinterhalt. In nächtlicher Dunkelheit erwarte ich eine Falle. Ob Tierungeheuer oder unbezwingbare Schwarze angreifen, wo ist der Unterschied für den, der sterben wird?

Ich muss zugeben, dass die Reise trotz meiner Befürchtungen ohne große Unannehmlichkeiten verlief. Ich traf unterwegs auf Kafferndörfer, und überall berührte mich unangenehm, dass die Kinder verängstigt schreien und weglaufen, sobald sie uns erblicken. Die alarmierten Mütter packen ihre Kinder am Arm und zerren sie in die Hütten hinein. Tatsächlich genügt ein Wort des Dorfältesten, damit die Aufregung verfliegt. Es kommt vor, dass die anfängliche Ablehnung sogar in überschwängliche Begrüßungen umschlägt, wenn sie hören, dass wir gegen Gungunhane kämpfen wollen. Doch lässt mich eine Frage nicht los: Warum fürchten sie sich so sehr vor den Weißen? Ich akzeptiere, dass sie sich in den meisten Fällen erschrecken, weil sie noch nie einen Europäer gesehen haben. Doch die panische Angst, die wir ihnen einflößen, lässt sich nur vergleichen mit der Furcht beim Anblick von Büßerseelen.

Deshalb sehe ich mich veranlasst, eine weiter gefasste Frage zu überlegen: Was denken die Schwarzen über uns? Welche Geschichten ersinnen sie über unser Hiersein? Ich weiß wohl, als Soldat sollten mich solche Fragen nicht quälen. Vielleicht stelle ich für einen Soldaten zu viele Fragen. Vielleicht werde ich nie ein Soldat sein. Zumindest nicht im Dienste dieses Regimes. Nicht, weil ich überzeugter Republikaner bin. Doch wie ich schon sagte, bin ich nicht auf die Heeresschule gegangen, weil ich mich dazu berufen fühlte. Man hat mir zu Hause keine Wahl gelassen. Mit gepacktem Koffer hat man mich vor dem Eingang zur Heeresschule abgesetzt. Meine Familie hat mich nie wieder besucht. Ebenso wenig wissen oder wollen sie wissen, was aus mir geworden ist. Das Militär hat für meine Ausbildung gesorgt. Und das Militär wird fraglos auch für meine Beerdigung sorgen.

Im Feldlager Chicomo, wo ich übernachtet habe und von wo ich diesen Brief schicke, hatte ich Gelegenheit, Hauptmann Sanches de Miranda zu begegnen. Als ich seine Geschichten über Afrika hörte, drängte sich mir die Frage auf: Wer sonst von unseren Offizieren besitzt solche Kenntnis über die Afrikaner? Wie können wir über ein Volk herrschen, über das uns so wenig bekannt ist? Welche Streitkräfte können wir besiegen, wenn wir fast nichts über unseren Feind wissen?

Ich sprach Sanches auf die panische Angst an, die unsere Ankunft in den Dörfern zunächst auslöste. Er lachte und sagte, deren Angst unterscheide sich nicht von unserer Angst, wenn wir glauben, dass die Schwarzen Menschenfleisch essen. Sie glauben, wir seien die Kannibalen. Und dass wir sie auf Schiffe bringen, um sie auf hoher See zu verzehren. Wir, die Europäer und die Afrikaner, seien sehr verschieden. Niemand, schon gar nicht die armen Schwarzen, stelle die Überlegenheit der weißen Rasse infrage. Andererseits, wie ähnlich sind doch unsere Ängste diesseits und jenseits des Ozeans!

Außerdem sagte Hauptmann Sanches de Miranda, er habe die Berichte über den Angriff auf Lourenço Marques gelesen und sei der Ansicht, dass eine große Verwechslung vorliege. Wer uns angegriffen habe, seien nicht die Truppen von Gungunhane gewesen. Unsere derzeitigen Feinde seien ein paar Tsonga-Häuptlinge. Aber nicht die Vátuas aus Gaza. Man habe Soldaten von Gungunhane gesehen, wo keine waren. Sanches de Miranda fragte sich: Warum weigern wir uns so hartnäckig zu verstehen? Warum stecken wir weiterhin all jene in denselben Sack, die auseinanderzuhalten für uns von so großem Vorteil wäre?

Ein letztes Wort über diesen großen Portugiesen, diesen brillanten Sanches de Miranda. Die Eingeborenen halten ihn für einen Sohn von Diocleciano das Neves, dem berühmten *mafambatcheca*, der, wie Sie wissen, ein bei den Kaffern sehr geschätzter Reisender und Kaufmann war und mit Muzila, dem Vater von Gungunhane, eine enge Freundschaft pflegte. Dieses Missverständnis ist so vorteilhaft, dass Sanches de Miranda es wohlweislich nicht richtiggestellt hat. Im Gegenteil, er behauptet, dass Diocleciano ihm auf dem Sterbelager etwas anvertraut habe. Und dass er, als Lieblingssohn, dem armen Vater versprochen habe, er würde das afrikanische Vermächtnis achten und den liebevollen Beinamen respektieren, den die Landins, die Einwohner von Lourenço Marques, ihm verliehen haben: *mafambatcheca*, was in der Sprache der Schwarzen »der fröhlich seines Weges geht« bedeutet. Mir scheint nicht unbegründet, dass die Kaffern eine Ähnlichkeit zwischen diesen beiden lusitanischen Persönlichkeiten sehen. Mir ist aufgefallen, dass wir alle den gleichen

Schnurrbart und den gleichen Haarschnitt tragen. Weshalb ein Schwarzer mich sogar gefragt hat, ob die Portugiesen schon so, mit fertigem Schnurrbart, zur Welt kommen.

Sanches de Miranda gibt sich als Sohn des verstorbenen Diocleciano das Neves aus. Gewiss ist ihm nicht bewusst, wie empört Diocleciano darüber wäre. Außerdem weiß Miranda nicht, wie weit sein angeblicher Erzeuger zu unseren Offiziellen politisch auf Distanz gegangen war, sich gegen die Überheblichkeit der Machthaber und den anhaltenden Sklavenhandel aufgelehnt hat. Auch weiß er nicht, wie sehr die Stadt Lourenço Marques Diocleciano zuwider war. Zwischen meinen Dokumenten habe ich eine wahrlich nicht rühmliche Äußerung von Diocleciano über die Stadt gefunden. Ich gebe hier lediglich einen Auszug wieder: »*... Lourenço Marques besteht aus wenig Sand und viel Schlamm; alle zwei Wochen wird sie von einer großen Flut überschwemmt. Die stinkenden Ausdünstungen, die diese unseligen Einwohner einatmen, vergiften ihnen binnen kurzer Zeit die Lungen. Innerhalb von drei Jahren gehen zwei Drittel der Europäer, die dorthin kommen, daran zugrunde; und der Rest trägt so große Schäden davon, dass er weder sich selbst noch seinem Land mehr nützlich sein kann.*«

Auch ich bin froh, diese verpestete Stadt hinter mir zu lassen. Morgen schließt sich mir Ihr Adjutant Mariano Fragata an, wir werden gemeinsam in einem Boot den Rio Inharrime flussabwärts fahren. Es wird etliche Stunden dauern, bis wir unser Ziel erreichen, und ich hoffe, dort die mir anvertraute Aufgabe mit Mut und Bravour zu erfüllen.

Ein Allerletztes: Man hat mir gesagt, in Nkokolani gebe es eine Chopes-Familie, die uns sehr wohlgesinnt sei und sich ganz unserem Kampf gegen den teuflischen Gungunhane verschrieben habe. Es heißt auch, das Oberhaupt dieser christlichen Familie habe schon einen Sohn und eine Tochter für mich zur Verfügung gestellt, die beide Portugiesisch sprechen und nach unseren lusitanischen Grundsätzen unterrichtet wurden. Ich danke Gott für diese vorausschauende Hilfe.

Der Sargento, der Flüssen lauschte

Glücklich jene, die zu Bestien werden, wenn sie keine Menschen mehr sind. Unglücklich jene, die auf Befehl von anderen töten, und noch unglücklicher jene, die ohne Befehl von anderen töten. Unselig schließlich jene, die, nachdem sie getötet haben, in den Spiegel schauen und sich noch immer für Menschen halten.

Ich erinnere mich an den Tag, als der Sargento Germano de Melo nach Nkokolani kam. Eigentlich konnte man schon am selben Tag sehen, dass dieser Portugiese anders als all die Europäer war, die uns bisher besucht hatten. Als er aus der Piroge stieg, krempelte er sofort die Hosenbeine hoch und ging eigenständig los. Die anderen Weißen, Portugiesen oder Engländer, ließen sich von den Schwarzen auf dem Rücken an Land tragen. Er war der Einzige, der darauf verzichtete.

Ich ging damals neugierig näher heran. Der Sargento kam mir größer vor, als er war, die schlammverschmierten Stiefel machten ihn größer. Am stärksten fiel mir auf, dass über seinem Gesicht ein Schatten lag. Seine Augen waren hell, nahezu farblos. Doch eine gewisse Traurigkeit verdüsterte seinen Blick.

»Ich bin Imani, Herr«, stellte ich mich mit einer unbeholfenen Verbeugung vor. »Mein Vater hat mich geschickt, ich soll helfen, wo es nötig ist.«

»Du bist also das Mädchen? Wie gut du Portugiesisch sprichst, mit perfekter Aussprache! Gott sei gelobt! Und wo hast du es gelernt?«

»Der Herr Pater hat es mir beigebracht. Ich war viele Jahre in der Mission am Strand von Makomani.«

Der Portugiese trat einen Schritt zurück, um meinen Körper genauer anzusehen, dann sagte er: »Du siehst ja richtig hübsch aus!«

Ich senkte den Kopf, beschämt und schuldbewusst. Wir gingen gemeinsam am Fluss entlang, bis der Portugiese stehen blieb, die Augen schloss und mich aufforderte, nicht zu sprechen. Schweigend standen wir eine Weile da, dann erklärte er: »In meiner Heimat gibt es das nicht.«

»Es gibt keine Flüsse?«

»Doch, natürlich gibt es Flüsse. Nur hören wir ihnen nicht mehr zu.«

Der Portugiese wusste nicht, was in Nkokolani allgemein bekannt war: dass die Flüsse im Himmel entspringen und unsere Seele durchströmen, wie der Regen über den Himmel rinnt. Wenn wir ihnen lauschen, sind wir nicht so allein. Aber ich schwieg weiter, wartete auf meinen Einsatz.

»Es ist schön, von einem Fluss begrüßt zu werden«, bemerkte er leise. Und fügte hinzu: »Von einem Fluss und einem so hübschen Mädchen wie dir.«

Er ordnete an, eine Rast zu machen. Da erst stellte ich fest, dass weiter hinten noch ein Portugiese kam, ein sehr dunkler und vornehmer Mann in Zivil. Später erfuhr ich, dass es sich um Mariano Fragata handelte, den Adjutanten des portugiesischen *Intendente* am Hof des Gaza-Reichs. Fragata kam huckepack auf einem Mann aus unserem Dorf, doch in unsicherer, lächerlicher Haltung, denn er rutschte dem Träger den Rücken hinunter. Der Schwarze wollte den Portugiesen anscheinend nicht loslassen, obwohl dieser zunehmend vehement forderte: »Setz mich ab! Setz mich sofort ab!«

Die beiden fielen nur deshalb nicht, weil ich meinen Landsmann dazu brachte, stehen zu bleiben, worauf er mir belustigt auf *txitxope* zuflüsterte: »Damit die wissen, dass der, der oben ist, nicht immer dem, der unten ist, befehlen kann.«

Der Adjutant des *Intendente* fand seine hochmütige Haltung wieder, ließ die hochgekrempelten Hosenbeine herunter und sah mich fragend an.

Der Soldat stellte vor: »Dies ist die besagte Minami ...«

»Imani«, korrigierte ich.

»Sie ist das einheimische Mädchen, das uns empfangen sollte, du glaubst nicht, wie korrekt sie Portugiesisch spricht ... sag mal etwas, Kleine ... Na komm, sprich ein bisschen, damit mein Kollege es hört!«

Auf einmal war ich stumm, all mein Portugiesisch war wie weggefegt. Als ich in meiner heimischen Sprache etwas sagen wollte, begegnete mir dieselbe Leere. Auf einmal besaß ich überhaupt keine Sprache mehr. Ich verfügte nur über Laute, undeutliche Echostimmen.

»Sie geniert sich, die arme Kleine. Du musst nichts sagen, es reicht, dass du uns zum Posten führst.«

Dem Gepäck entnahm ich, dass der Sargento sich für eine ganze Weile bei uns einquartieren wollte. Der andere, der in Zivil, plante wohl einen kürzeren Aufenthalt. Ich begleitete die Gäste zur Ladenkneipe von Sardinha, dem einzigen Portugiesen in unserer Gegend. Wir hatten ihn auf Musaradina umgetauft.

Die beiden Europäer sahen sich ausgiebig im Ort um. »Sieh dir dieses Dorf an, werter Fragata. Alles ist sauber, alles gefegt. Ich bin erstaunt, so breite Straßen, mit Obstbäumen ... was für Neger sind das hier, so ganz anders als alle, die wir bislang gesehen haben?«

Francelino Sardinha stand vor der Tür und begrüßte seine Landsleute so überschwänglich, als hätte er nach jahrhundertelanger Einsamkeit die beiden einzigen Menschen des Planeten gefunden. Sardinha war ein kleiner, dicker

Mann, in der Hand ständig ein schmuddeliges Taschentuch, mit dem er sich den strömenden Schweiß abwischte. Genau genommen war das verklebte Taschentuch schon ein Teil seines Körpers. Am Eingang sagte er schroff zu mir: »Du, Mädchen, du bleibst draußen. Du weißt doch, ihr kommt hier nicht rein.«

»Und warum darf sie nicht hereinkommen?«, wollte der Soldat wissen.

»Weil es hier, mein werter Sargento – und das wissen die –, weil es hier Regeln gibt. Hier kommen diese Leute nicht rein.«

»Ab sofort bestimme ich die Regeln«, erwiderte der Sargento. »Dieses Mädchen spricht besser Portugiesisch als so mancher Portugiese. Sie ist mit mir hergekommen, und sie geht mit mir hinein.«

»Na gut, mein Herr, wenn Sie das so befehlen.« Den Rücken mir zugewandt, sagte er dann: »Setz dich dahinten in der Küche auf den kleinen Stuhl.«

Dann wurde ich nicht weiter beachtet. Ich blickte an die Decke und sah, wo das Dach ausgebessert war. Ich befürchtete, was man im Dorf sagte: dass der Bau niemals fertig werde, weil eine unsichtbare Hand nachts zerstöre, was die Portugiesen tagsüber gebaut hatten. Solche Geister hielten sich noch irgendwo auf und hingen wie riesige Fledermäuse unter dem Dach.

Die beiden Besucher bewegten sich mühsam durch das Haus, um nicht über die chaotisch herumliegenden Waren zu stolpern. Lange war es her, dass ich durch das Ladenfenster gespäht und mit den Stoffen und Schuhen geliebäugelt hatte, die sich dort türmten. Die Unordnung war inzwischen noch schlimmer geworden – Stapel von Schachteln und Bündeln, aufgerissene Pakete, aus denen Dosen und Flaschen auf den Fußboden gepurzelt waren. Mein Blick blieb an einem blau-weiß karierten Stück Stoff hängen.

Der Soldat erriet meine Gedanken und richtete laut eine Frage an mich: »Weißt du, was das ist?«

»Das sind Kleidungsstücke, Herr.«

»Sprich mich mit Sargento an. Du sagst, das sind Kleidungsstücke? Auf dem Schild steht, dass es Köper- und Nesselstoffe sind, aber um das als Kleidungsstücke zu bezeichnen, braucht man viel Fantasie. So etwas würde in Europa niemand akzeptieren, auch nicht der Ärmste der Ärmsten.« Er riss ein Stück Stoff ab und rieb es dem beleidigten Ladenbesitzer über das Gesicht: »Sehen Sie sich das an: vollkommen gummiert! Wenn man das wäscht, löst sich dieses weiße Pulver, und übrig bleibt ein Spinnennetz. Das ist wie der Fusel, den sie ›Negerwein‹ nennen.«

Der Ladenbesitzer schluckte die Beleidigung, schließlich war der Mann ein Besatzer. Militärische Argumente zählten mehr als seine privaten Geschäfte. Als er antwortete, sprach er in beherrschtem Ton, was davon zeugte, dass er sich von Sardinha zu Musaradina herabgestuft hatte: »Diese Stoffe, mein Herr, sind das, was man hier kauft. Die Neger interessieren sich nicht für angenehme Kleidung, die gehen nach dem Muster.«

Die Leute in Nkokolani, beschwerte er sich noch, kauften nicht so viel wie die anderen Schwarzen. Uns, den VaChopi, genüge, was der Boden und der Wald hergäben. »Sogar Schlangen essen die; recht haben die anderen, die Vátuas, dass sie die verachten.«

»Es sind keine Vátuas, es gibt keine Vátuas«, wagte ich in meiner Ecke einzuwenden, so leise und sanft, dass mich niemand hörte.

Der Soldat blieb vor dem Holztresen stehen und stieß mit einem Schlag die Stoffe auf den Boden. Der gelassene Ton, in dem er sprach, stand im Gegensatz zu seiner energischen Tat: »Ich weiß nicht, wie ich es sagen soll. Aber es gib keine andere, nettere Möglichkeit, es Ihnen zu sagen. Mein werter Sardinha, ich bin hier, um mich in diesem

Laden einzuquartieren. Aber es gibt noch einen anderen Grund, warum wir hier sind. Wir sind gekommen, um Sie festzunehmen.«

»Mich festzunehmen?«

»Morgen werden *cipaios* Sie nach Inhambane bringen.«

»Cipaios?« Nicht eine Sekunde schwand das dümmliche Grinsen vom Gesicht des Ladenbesitzers. Als hätte er es nicht gehört. »Ich hole Ihnen etwas zu trinken«, sagte er, während er die auf dem Boden liegenden Stoffe aufrollte. »Das hier ist guter Wein, ein richtig guter Tropfen«, bemerkte er, während er den Männern in Metallbechern einschenkte. »Sie wollen mich festnehmen? Kann ich vielleicht erfahren, aus welchem Grund?«

»Sie wissen genau, was Sie hier so verkaufen. Und zwar nicht an die Vátuas und auch nicht an die Chopes …«

»Ich weiß, woher solche Gerüchte kommen, von dem Monhé … diesem schwarzen Inder, dem Assane, der einen Laden in Chicomo hat. Ich schwöre bei Gott …«

»Reden Sie jetzt nicht drum herum. Sie wissen, warum Sie verhaftet werden.«

»Ehrlich gesagt«, antwortete der Ladenbesitzer, »interessiert mich nur, dass Sie, die Herren, hier bei mir sind. Dass Sie mich verhaften wollen, ist unwichtig. Ich habe schon so lange keinen Weißen gesehen, dass ich fast vergessen habe, von welcher Rasse ich bin. Weil ich nur mit diesen Kaffern zusammenlebe, habe ich mich schon selbst als Schwarzen gesehen. Und deshalb sage ich: Sie nehmen mich nicht fest, Sie befreien mich.« Er holte eine Flasche aus dem Schrank. Er wollte die Situation feiern, obwohl sie auf einer traurigen Unannehmlichkeit fußte.

Die beiden Gäste reagierten zunächst mit Vorbehalt. Nach und nach jedoch leerten die drei Portugiesen eine Flasche nach der anderen, und je mehr sie tranken, umso mehr wurden sie zu einer Familie, auch wenn sie für kurze Augenblicke hitzig diskutierten.

Irgendwann machte der Sargento Anstalten, sich auf eine Holzkiste zu setzen. Ihm war vom Alkohol schwindlig, von der Hitze unwohl. Der Ladenbesitzer Sardinha beeilte sich, ihn an seiner Absicht zu hindern: »Nein, nicht hinsetzen, Sargento, in dieser Kiste steckt kostbare Ware, das sind Portweinflaschen. Und wissen Sie, für wen? Für Gungunhane … Vom besten Wein für unseren größten Feind.«

»Unser größter Feind ist ein anderer. Und Sie wissen, wer es ist …«

Sardinha wurde sehr verlegen. Man hörte die Käuze durch die Dunkelheit fliegen, das Paraffin in den Öllampen drohte zu Ende zu gehen, und den Ladenbesitzer überkam plötzliche Schwermut: »*Cipaios* sollen mich holen? Kann ich nicht vielleicht allein gehen? Ich verspreche, dass ich nicht abhaue. Wenn man an diesen Leuten vorbeimuss, eskortiert von zwei schwarzen Polizisten …«

»Wer hat gesagt, dass es zwei sind?« Dann lachten sie, Fragata und Germano. »Jedenfalls«, fügte der Adjutant des *Intendente* hinzu, »eskortiert werden Sie von *cipaios* und nicht von Gungunhane.« Und sie lachten noch lauter.

»Es heißt nicht Gungunhane, es heißt Ngungunyane.«

Die Portugiesen blickten mich erstaunt an. Sie wollten nicht glauben, dass ich etwas gesagt und noch dazu ihre Aussprache korrigiert hatte.

»Was hast du gesagt?« fragte Fragata verblüfft.

»Er spricht sich ›Ngungunyane‹ aus«, sagte ich noch einmal freundlich.

Sie wechselten ratlose Blicke. Fragata machte sich über meinen puristischen Anspruch lustig und ahmte meine Aussprache nach. Dann wandten sie sich wieder dem Trinken und ihren halblauten Klagen zu. Irgendwann verstand ich, was der Soldat flüsterte: »Was mich an diesem

Gungunhane am meisten beunruhigt, ist nicht, dass er uns hasst. Sondern, dass er uns nicht fürchtet.«

»Wissen Sie, was wir machen können?«, fragte Sardinha. »Wir tun Gift in die Flaschen, die Sie ihm ja unbedingt schenken wollen! Da ist keine Kugel nötig, ein Tropfen genügt. Ein einziger Tropfen, und das Gaza-Reich bricht zusammen.«

»Wir haben Befehl, ihn nicht zu töten.«

»Jetzt muss ich aber lachen«, bemerkte Fragata. »Wir haben Befehl, ihn nicht zu töten? Wir können von Glück sagen, wenn er nicht uns alle umbringt.«

Der Ladenbesitzer verließ für einen Augenblick den Raum und kehrte mit einem Vorderlader zurück. Er beruhigte sofort die beiden Männer, die ihn festnehmen wollten: »Keine Aufregung, meine Herren, das ist nicht geladen.«

Es war das Gewehr, das er jeden Abend beim Einschlafen im Arm hielt. Er führte es vor, nicht mit dem Stolz eines Ladenbesitzers, sondern des Besitzers einer ganzen Waffenkammer. Er erklärte: »Das ist die einzige Sprache, die sie verstehen. Oder wollen Sie den Krieg mit Gastgeschenken und Kratzfüßen gewinnen?« Dann knurrte er säuerliche Bemerkungen und Unflätigkeiten, und schließlich verkündete er, dass er sich schlafen lege. Er breitete ein paar Tücher auf einer Matte aus, schlang die Arme um das alte Gewehr und ließ sich fallen.

Germano zog einen Stuhl heran und setzte sich neben mich. Dann heftete er den Blick auf mich, als studierte er eine Landkarte. Sein Blick war feurig. Ich dachte an die Falter, die um das Licht der Öllampen flatterten.

Der Ladenbesitzer bemerkte das Interesse des Soldaten und warnte ihn mit halb geschlossenen Augen: »Nehmen Sie sich vor der Kleinen in Acht. Die ist noch jung, hat aber einen Körper wie eine Frau. Die Negerinnen haben Teufelstricks. Ich weiß, wovon ich spreche.«

Doch schon nach wenigen Augenblicken wandte der Portugiese seine Aufmerksamkeit von mir ab und betrachtete lange die Wand, an der er seine Füße abstützte. Eine ganze Weile saß er so da, dann murmelte er: »An der Wand da ist mein Land.« Er wies auf einen Fleck auf der Wandfarbe. Es war ein farbloses Rechteck, entstanden durch von der Feuchtigkeit abgeplatzten Putz. »Da an der Wand, das ist Portugal.«

Um Gleichgewicht ringend, stieg er auf den Stuhl und kratzte mit dem Fingernagel den Putz ab. Dann blickte er auf die Kalkkrümel auf dem Fußboden, als hätte er ein waidwundes Tier vor sich.

Schon wies der Ladenbesitzer auf einen Besen: »Was ist, Mädchen? Der Fußboden muss gesäubert werden, und du bleibst wie angenagelt sitzen?«

Der Soldat war schneller, er reckte den Besen wie ein Schwert hoch und verkündete: »Sauber mache ich. Dazu bin ich hergekommen. Um die Schweinerei zu beseitigen, die andere angerichtet haben.«

In dem Schweigen, das dann eintrat, überlegte ich, wie ich am besten mitteilen könnte, dass ich gehen wolle. Meine Schüchternheit hatte mich gelehrt, dass die Schüchternen und Unsichtbaren unerträglich schutzlos werden, wenn sie sich verabschieden. Es war dunkel, und ich war nur eine Frau unter fremden Männern.

Der Ladenbesitzer erhob sich von seinem improvisierten Lager und kam mit einem Karton im Arm zu mir: »Nimm diesen Portwein für deinen Vater mit. Das ist zum Dank für alles, was er getan hat. Vorsicht, es ist schwer.«

Von dem Gewicht gebeugt, schwankte ich über den dunklen Hof, bis Sardinhas Stimme mich aufhielt: »Warte, ich komme mit, ich bring dich bis zur Straße.« Und nach innen gewandt, fragte er den Soldaten: »Darf ich, Sargento? Sind nur fünf Minuten, ich laufe nicht weg.«

Kaum war die Tür ins Schloss gefallen, richtete der Ladenbesitzer mit seinem stinkenden Atem eine höchst seltsame Bitte an mich: Ich solle auf *txitxope* mit ihm sprechen, während er ein paar Kräuter pflückt. »Los, Mädchen, rede! Sprich mit mir, ich bin der Musaradina.«

»Was soll ich denn sagen, Herr?«

»Irgendwas, aber rede, rede die ganze Zeit, ohne Pause …«

Er beugte sich über den Erdboden wie ein Hund, der eine Fährte wittert. Er pflückte Blätter, sammelte Samen, hielt sich das alles vors Gesicht und schnupperte lange mit geschlossenen Augen. Dann richtete er sich auf und erklärte: »Ich hab ihn hier auf dieser freien Fläche gesehen.«

»Entschuldigen Sie, Herr Musaradina, wen haben Sie gesehen?«

»Gungunhane. Er war hier, er wollte seine Geliebte töten. Und selbst wollte er auch sterben.«

»Gungunhane war hier?«

»Er ist heimlich hergekommen, wollte sich das Gift vom *murre-mbava* besorgen, von dem Baum, der hier in der Nähe steht, an dem Nhanzié-See.«

Ich sah den Ladenbesitzer an. Für mich war er dunkel, mit der Hautfarbe von Sardinha und der Seele von Musaradina. Der Portugiese war ein Muchope, einer wie wir. Nicht nur weil er unsere Sprache sprach, sondern auch, weil er mit dem ganzen Körper sprach.

Sardinha fuhr fort in einem Mischmasch aus beiden Sprachen: »Ngungunyane dachte, ich könnte ihm helfen. Er wollte töten und sterben. Und alles aus Liebe, er hatte eine verbotene Liebe. Hübsch, nicht?«

»Ich verstehe nicht, was ist hübsch?«

»Ein Mann wie er, der alle Frauen hat, die er haben will, kriegt die Einzige, die er wirklich liebt, nicht.«

»Sardinha, gibt es etwas, das Sie mir sagen wollen?«

Er antwortete nicht. Er ging zurück, und inzwischen vor seiner Tür, winkte er mir zu, ob zum Abschied oder als Anweisung, schnell weiterzulaufen, weiß ich nicht.

Ich war noch kein halbes Dutzend Schritte gegangen, da hörte ich den Schuss. Hinter den Vorhängen war ein Durcheinander von Gestalten und Stimmen zu ahnen. Ich machte kehrt und fand den sterbenden Francelino Sardinha in einer Blutlache. Er zuckte noch, klammerte sich aber immer noch an sein altes Gewehr. Er starb mit dem Gewehr im Arm, so wie er immer geschlafen hatte.

Von dem Schuss aufgeschreckt, kam mein Bruder Mwanatu aus dem Nebengebäude, wo er untergebracht war. Ohne ein Wort zu sagen, half er den Portugiesen, den Toten nach hinten ins Haus zu schleppen, dann lief er in den Laden und holte Schaufeln, um ein Grab auszuheben. Als er zurückkam, fand er den Sargento kniend vor, das Gesicht auf die Brust gesenkt. Germano de Melo hatte so blaue Augen, dass wir fürchteten, wenn er weinte, würde er für immer blind. Es gab keine Tränen. Der Weiße betete nur für den toten Ladenbesitzer. Fragata rief ihn zur Ordnung – er solle sich fassen und mit dem Beten aufhören. Selbstmörder haben keine Seele. Für die betet man nicht. Das sagte Fragata.

Der Soldat stand auf und griff nach einer der Schaufeln, die Mwanatu aus dem Laden geholt hatte. Wütend begann er, in der harten Erde zu graben. Ich sah den arbeitenden Männern zu und musste feststellen, dass die Portugiesen wenig geschickt waren. Und ich dachte bei mir: Wir, die Schwarzen, können mit einer Schaufel unvergleichlich viel besser umgehen als jede andere Rasse. Uns ist diese Fähigkeit angeboren, es ist dieselbe, die uns zum Tanzen bringt, wenn wir lachen, beten oder weinen müssen. Vielleicht, weil wir seit Jahrhunderten gezwungen sind, unsere Toten, die zahlreicher sind als die Sterne, selbst zu begraben. Vielleicht gibt es noch einen anderen

Grund – die Europäer hatten bestimmt in ihrem Land schwarze Sklaven, die diese Arbeit machten. Womöglich erwartete mich in Portugal ein Mann meiner eigenen Rasse? Womöglich erwartete mich die Liebe dort, wohin nur Schiffe und Möwen gelangen?

Dritter Brief des Sargento

Nkokolani, 12. Januar 1895

Sehr geehrter Senhor
Conselheiro José d'Almeida

Ich schreibe, um Ihnen Nachricht von meiner Ankunft in Nkokolani zu geben, wo ich am gestrigen Vormittag zusammen mit Adjutant Mariano Fragata eingetroffen bin. Es sind nicht die besten Nachrichten, die ich geben kann, und ich fühle mich schon im Voraus schuldig, weil diese Zeilen nicht dem entsprechen, was Sie gewiss lieber hören möchten. Entgegen der eigentlich berechtigten Erwartung stand der Händler Francelino Sardinha bei unserer Ankunft nicht zu unserem Empfang bereit. Von Hilfe war uns das in meinem letzten Schreiben schon erwähnte Mädchen. Sie war es, die uns, wohlerzogen und hervorragend unsere Sprache sprechend, willkommen hieß. Sie heißt Imani und wird für die Ziele meines Auftrags eine vom Himmel gesandte Hilfe sein.

Betonen muss ich, dass die Reinlichkeit und das Ausmaß der Ortschaft uns tief beeindruckt haben, da in den benachbarten Gebieten der Bitongas oder VaTsongas nichts dergleichen zu finden ist. Ich habe das Mädchen gefragt, ob sie auf die Größe und die gepflegte Erscheinung ihres Dorfes stolz sei. Sie hat mir eine kuriose Antwort gegeben: Alle brüsteten sich damit, nur sie nicht. Für die Größe des Dorfes gebe es ihr zufolge nur einen einzigen Grund: Angst. Nkokolani sei im selben Maße gewachsen, wie seine Einwohner sich zusammengedrängt hätten. Das hat Imani gesagt, in genau diesen gewählten Worten. Und hinzugefügt, ihre Leute hätten sich dort gesammelt mit der Illusion, dass sie zusammen besser geschützt seien. Doch bei uns herrscht Terror, sagte sie und wies auf die üppig belaubten Orangenbäume, die die Straßen säumen. Das sind die heiligen Bäume der Chopes. Diese Kaffern glauben, dass die Orangenbäume sie vor bösem Zauber, ihren schlimmsten Feinden, bewahren. Vielleicht sollte ich mir auch einen Baum in den Garten pflanzen? Falls er nicht für Schutz sorgt, dann doch für Schatten und Früchte.

Im Gegensatz zum übrigen Dorf ist der Militärposten, wo ich Dienst tun werde, ein Exempel vollkommener Verwahrlosung. Die Bezeichnung dieses baufälligen Gebäudes als »Kaserne« kann nur das Ergebnis maßloser Verdrehung durch jemanden sein, der Wunschvorstellungen mit der Realität verwechselt. Es wäre äußerst zweckdienlich, diese Bruchbude abzureißen, denn es ist eine nicht akzeptable Mischung aus Waffenlager und Laden für allerlei Kram.

Sie kennen die Geschichte des Gebäudes: Die Portugiesen hatten vor mehr als zwei Jahrzehnten das Fundament gelegt und die Wände hochgezogen. Geplant war wirklich der Bau einer Kaserne. Doch bekam das Gebäude niemals weder ein Dach noch Fenster oder Türen. Es blieb bei der Absicht. Der Bau, vergessen und verlassen, verfiel. Jahre später brachte ein beherzter Kaufmann namens Francelino Sardinha den Bau zu Ende und richtete darin sein Geschäft ein. Das Gebäude stellt sich heute als ein Zwitter dar: halb Festung, halb Laden.

In diesem Augenblick, während ich an einem Tisch des unseligen Ladens sitze und schreibe, kriechen mir pelzige Spinnen über die Hände und das Papier. Die ekeligen Biester und eine Vielfalt an namenlosen Insekten werden von den Petroleumlampen angelockt. Die Alternative wäre Dunkelheit, eine Vorwegnahme der finsteren Nacht. Und Sie wissen, wie früh es in dieser Gegend dunkel wird.

Am gestrigen Abend habe ich mit dem Briefbeschwerer eine dieser widerlichen Spinnen erschlagen. Ein teigiger, stinkender Spritzer schoss über die ganze Tischplatte und machte die darauf liegende Korrespondenz unbrauchbar. Mein Gesicht, meine Hände und meine Arme wurden von dem grünlichen Gift besudelt. Ich bekam Angst, dass dieses Gift von meiner Haut aufgenommen und sich in meinen Adern ausbreiten würde. Imani sagt, ich dürfe die Tiere nicht töten. Sie vertritt eine kuriose Theorie darüber, wie nützlich die Spinnen sind. Sie sagt, die Spinnennetze verschlössen die Wundmale der Welt. Und sie ließen Wunden in mir heilen, von denen ich nichts wisse. Kurz, Fantasien, wie sie für diese ungebildeten Leute typisch sind.

Es ist nicht nur der heruntergekommene Zustand des Postens, der mich so ungemein stört. Ich muss gestehen, Senhor Conselheiro, dass ich überrascht bin, wie wenig bebaut und von Europäern besiedelt diese ausgedehnten Regionen sind. In meiner Naivität hatte ich eine ganz andere Vorstellung von der Kolonie Mosambik. Ich glaubte, wir herrschten wirklich in unseren Territorien. Tatsächlich aber beschränkt sich unsere Präsenz seit Jahrhunderten auf einige wenige Flussmündungen, wo die Schiffe sich mit Süßwasser versorgen können. Die traurige Realität kann so beschrieben werden: In diesem riesigen Buschland gibt es nichts außer Kaffern und indischen Händlern. Die wenigen Hinweise auf unsere Präsenz werden negativ belastet durch Leute vom Schlag des Ladenbesitzers.

Der Bote, der dieses Schreiben überbringt, heißt Mwanatu und ist ein Bruder von Imani. Der junge Mann scheint etwas einfältig zu sein, aber das ist mir lieber als ein Schlauer, dem man nicht vertrauen kann. Da er schon für Sardinha Botengänge erledigte, habe ich dem beschränkten Mwanatu Aufgaben übertragen, die für einen Hilfssoldaten geeignet sind. So habe ich ihm zum Beispiel ein defektes, veraltetes Gewehr gegeben, und er hat mit rührender Eitelkeit übernommen, den Posten zu bewachen.

Noch habe ich nicht überprüft, Waffen welcher Art dem Händler anvertraut wurden, wobei es dem Augenschein nach keine große Menge ist. Die Aufgabe wird viel Zeit und Mühen in Anspruch nehmen, denn vorläufig befindet sich alles in Unordnung – Waren und Kriegsmaterial. Sobald ich die Bestandsaufnahme vollständig abgeschlossen habe, schicke ich eine detaillierte Aufstellung des vorhandenen Materials.

Um der Wahrheit willen muss ich sagen, dass sich in Nkokolani eine unverhältnismäßig große Erwartung im Hinblick auf die Ankunft von Mouzinho de Albuquerque entwickelt hat. Nicht dass ihn irgendjemand kennt, und genau genommen können die Schwarzen den Namen dieses unseres Kavalleriehauptmanns kaum aussprechen. Vielmehr sind sie aus übergroßer Angst bemüht, ihn zu einem Messias und Erlöser zu machen. Sicher, nach unseren jüngsten militärischen Erfolgen haben sich im Süden viele Häuptlinge von Gungunhane abgewandt und sich uns unterworfen. Zwar hat unsere neue Vormacht den Einheimischen Hoffnung beschert, tatsächlich aber kann dieser Wechsel in der Gefolgschaft für sie verhängnisvoll werden. Wenn wir unsere Vormacht nicht festigen, werden diese Häuptlinge schwanken und aus Furcht vor schrecklicher Bestrafung wieder zu Untertanen des großen Königs von Gaza werden.

Dies ist nur einer der Gründe, warum die Leute so große Hoffnung in die Ankunft von Mouzinho und seiner Kavallerie setzen. Es gibt tatsächlich mehrere Gründe dafür, dass sie sich Mouzinho anschließen. Der erste

Grund ist, dass die Leute aus Nkokolani der Gespräche schon lange überdrüssig sind. Sie verstehen nicht, dass wir, anstatt gegen den gemeinsamen Feind Krieg zu führen, daran festhalten, mit einem zu verhandeln, der sein Wort nicht hält.

Und es gibt noch einen Grund, warum sie daran festhalten, ihn sich als Erlöser auszumalen. Dieser Grund hat nichts mit Mouzinho zu tun. Sondern – Sie werden staunen – mit Pferden. Die Kaffern sagen, Pferde seien keine Landtiere. Das erkennen sie daran, wie die Hufe den Boden berühren – nervös und unruhig wie langbeinige Vögel. So gehen oder laufen weder Zebras noch Gnus, die ihnen als den Pferden am ähnlichsten bekannten Tiere. Diese setzen ihre Hufe ganz selbstverständlich auf den Erdboden. Pferde haben einen anderen Schritt, fast ohne den Erdboden zu berühren. Sie bewegen sich über das Gelände gleich den Wolken, die über den Himmel ziehen. Daher ihre Überzeugung, dass die Pferde von weit her kommen, von dort, wo die Erde an das Firmament grenzt. Sicherlich haben die Kaffern auf den Karten, die der ehemalige Priester verteilt hat, Abbildungen des heiligen Georg und anderer Heiliger gesehen, die zu Pferd vom Himmel herabkommen.

Wir mögen darüber urteilen, wie wir wollen, doch so denken die Kaffern, so verstehen sie ein Tier, das sie noch nie zuvor gesehen haben. Wenn Pferde für uns eine Kriegswaffe sind, so bewirken sie bei den Heiden andere, doch nicht weniger ernste und tödliche Kämpfe. In Inhambane ist ein Krieg der Fetische, Zaubertränke und Verwünschungen entbrannt. Es gibt keinen Zauberkundigen, der nicht damit befasst ist, die Ankunft unserer Kavallerie zu segnen. Als ich in Nkokolani davon sprach, dass einige Pferde – wie das von Ayres de Ornelas – an Krämpfen und Fieber gestorben sind, hat so mancher die Erkrankung gleich den VaNguni-Geistern zugeschrieben.

Ähnliches haben sie sich ausgedacht, als dort, wo eigentlich ausgedehnte Weiden grünen sollten, das gesamte Gras plötzlich verwüstet und trocken war. So eine Veränderung könne nur das Werk teuflischer Hexer sein.

Glauben Sie also nicht, Senhor Conselheiro, dass es eine Sympathie für jemanden gibt, für den Sie vielleicht keinerlei Freundschaft empfinden. Aus all diesen Gründen ermutige ich Sie, nicht darüber zu grübeln, was das Militär sich ausdenken mag. Fahren Sie in Ihrem Bemühen fort, mit den Negern zu verhandeln.

Manche sagen, die Politik des Dialogs verrate, dass wir Angst haben und der Lage nicht gewachsen seien. Solche Verleumder kennen die Kampfkraft des Gaza-Reichs nicht. Es sind Tausende von furchtlosen Kriegern, für einen Buschkrieg nach allen Regeln der Kunst vorbereitet und ausgerüstet. Ich sehe in einer offenen Konfrontation mit den Streitkräften von Mudungazi nichts anderes als ein tollkühnes und zum Scheitern verurteiltes Abenteuer.

Was wir für Hochmut der Schwarzen halten, ist lediglich Ausdruck ihres Bewusstseins, uns zahlenmäßig und militärisch überlegen zu sein. Ihre Arroganz hat im Grunde nicht mit Gungunhane angefangen. Schon vor fünfzig Jahren hat uns der Zulu-Herrscher König Dingane wie Untertanen behandelt. Er glaubte, berechtigt zu sein, Europäer als Gouverneure der Gebiete zu ernennen und zu entlassen, die von Rechts wegen uns gehörten, seiner Ansicht nach aber einzig und allein ihm. Der gesamte Süden von Mosambik war seinem verqueren Verständnis nach eine vorübergehend an die Weißen zur Verwaltung abgetretene Zulu-Kolonie.

So beschloss Dingane 1833, den in Lourenço Marques stationierten Gouverneur Dionísio António Ribeiro abzusetzen. An seine Stelle berief er Anselmo Nascimento, einen bekannten Kaufmann, der die benachbarten Territorien bediente. Der Zulu-Herrscher tauschte einen

Weißen gegen einen anderen Weißen aus. Er führte als Argument an, dass »die Portugiesen sich besser gegenseitig kontrollieren«. Die Maßnahme wurde jedoch nicht umgesetzt. Der Zulu-König beschloss, den Gouverneur Ribeiro bis Ende 1833 an der Macht zu belassen, obwohl dieser ihm keinen Tribut zahlte.

Doch bei einem Beutezug auf der Jagd nach Sklaven nahmen die Portugiesen versehentlich Zulus fest und töteten sie. Das führte zum Bruch. Da Dionísio Ribeiro sich weigerte, sich von jemandem absetzen zu lassen, der ihn nicht ernannt hatte, fiel König Dingane in die Stadt ein und zwang den Gouverneur, auf der Insel Xefina Zuflucht zu suchen.

Als Ribeiro von dort, in einem kleinen Boot versteckt, fliehen wollte, wurde er gefangen genommen und getötet. Er wurde öffentlich hingerichtet, indem man ihm das Genick brach. Was unternahmen die portugiesischen Behörden als Reaktion auf diesen Affront? Nichts. Sein Nachfolger als Gouverneur entbot dem Zulu-König schon im Voraus Entschuldigungen mit der Begründung, die Kolonie sei arm, und Lissabons leeres Staatssäckel erlaube ihm nicht, die Steuern an den Zulu-Herrscher zu zahlen.

Derartig feiges Verhalten rechtfertigt lediglich den imperialistischen Anspruch der Engländer, zu beweisen, dass Portugal nicht in der Lage sei, seine afrikanischen Kolonien zu verwalten. Ich weiß nicht, was ich mehr verabscheue – die englische Ambition oder die beschämende Unterwürfigkeit unserer Amtsträger.

Auf Fledermausflügeln

Unsere Landstraßen waren einmal so schüchtern wie Flüsse und so sanft wie Frauen. Sie baten um Erlaubnis, bevor sie entstanden. Heute nehmen die Straßen die Landschaft in Besitz und strecken ihre langen Beine über die Zeit hinaus, so wie die Herren der Welt.

Die VaChopi verdanken ihren Namen dem großen Geschick, mit dem sie Pfeil und Bogen handhaben. Mein Vater Katini Nsambe wuchs jedoch abseits dieser Tradition auf, fern von Jagd und Krieg. Seine Leidenschaft galt, abgesehen vom Alkohol, der Musik und den Marimbas. Vielleicht lag es an seiner Neigung, Harmonien zu kreieren, dass er Gewalt so sehr ablehnte. Mein Vater war ein Mann, der die Welt, diese endlose Marimba, zu Wohlklang stimmen wollte.

Alle bezeichneten meinen Vater als den besten Timbila-Bauer der ganzen Region. Er fertigte sie an, als schüfe er sich selbst. Er arbeitete nicht daran, er ging mit ihnen schwanger. Jede Phase der langen Entstehung wurde von einem Ritual mit Gebeten und Schweigezeiten begleitet. Damit andere Hände, so alt, dass sie sich dem Blick nicht zeigten, sein Tun leiteten.

Schon von klein auf habe ich mit meinem Vater zusammen nach den *mimuenge* gesucht, dem einzigen Baum, dessen Holz geeignet ist. Ich half ihm, die Stäbe zurechtzuschneiden, die Lederriemen zwischen den Stäben zu binden, die Kalebassen zu suchen, die als Resonanzkörper unter den Stäben befestigt werden. Jede Kalebasse wurde tausendfach geprüft, bis sich der richtige Ton ergab. Meine Aufgabe war es, das Wespenwachs aufzubewahren, mit dem die Kalebassen später verschlossen wurden.

Weil es um den Bau von Marimbas ging, stand ich an jenem Tag früh auf, um mit meinem Vater in den Wald der großen Feigenbäume zu gehen, die wir *mphama* nennen. Schon als Kind hatte man mir eine Aufgabe zugeteilt, die eigentlich zu einem Jungen gepasst hätte – ich musste die Feigenbäume hinaufklettern, Fledermäuse fangen und ihnen die Flügel abreißen, ohne mich von ihren verpesteten Zähnen beißen zu lassen. Mit den getrockneten Häuten ihrer Flügel wurden die Resonanzkörper ausgekleidet. Das war das kostbarste Geheimnis meines Vaters für den Marimba-Bau.

Ich entwickelte Geschick in der Kunst, die großen Fledermäuse zu fangen, diese gierigen Fruchtfresser. Sie hingen kopfüber im Geäst und schaukelten wie lebende Pendel, aufgeschreckt, doch scheinbar nicht geängstigt. Ich saß oben auf einem Ast und betrachtete sie eine ganze Weile, bevor ich das Netz über sie warf. Nicht immer war zu erkennen, welche tot waren und welche noch lebten. Ihre Finger krallten sich so fest um die Äste, dass sie, auch wenn sie tot waren, hängen blieben und trockneten, bis sie nur noch ein verschrumpelter Schatten waren. Manche unter uns Menschen ereilt dasselbe Schicksal: innerlich tot, noch vorhanden lediglich dank der Ähnlichkeit mit den Lebenden, die wir einmal waren.

Auf den höchsten Ästen versammelten sich die Weibchen, die ihre Jungen säugten. Sie erinnerten so sehr an kleine Menschen, dass ich es vermied, ihnen in die Augen zu sehen, um nicht schwach zu werden. Das Mitleidsgefühl wurde stärker, je intensiver der Traum vom Muttersein in mir heranreifte. Bis ich an jenem Tag vor dem Baumstamm, den ich hinaufklettern sollte, Mut fasste und sagte: »Entschuldige, Vater. Aber da klettere ich nie wieder hinauf.«

Mein Alter wunderte sich. Kein Vater in Nkokolani akzeptiert ein Nein. Doch er lächelte unerwartet freundlich. »Du willst nicht hinaufklettern?«, fragte er verblüfft. Ich lehnte es stumm, aber entschieden ab. Und er akzeptierte überraschend meine Weigerung. »Tun dir die Fledermäuse leid? Das verstehe ich, mein Kind. Ich will dir sagen, warum ich deine Weigerung so gut verstehe.«

Er erzählte mir eine alte Geschichte, die er von seinen Großeltern gehört hatte. Damals flogen die Fledermäuse am Himmel hin und her in der eitlen Überzeugung, sie seien als Geschöpfe einzigartig auf der Welt. Einmal fiel eine verletzte Fledermaus auf eine Wegkreuzung. Da kamen Vögel vorbei und sagten: »Ach, das ist einer von uns! Wir müssen ihm helfen!« Und sie nahmen die Fledermaus in das Reich der Vögel mit. Doch als der König der Vögel die schwer verletzte Fledermaus sah, stellte er fest: »Das ist keiner von uns, der hat Fell und Zähne, bringt den weg von hier.« Und die arme Fledermaus wurde an der Stelle abgelegt, wo sie herabgestürzt war. Dann kamen die Mäuse vorbei und sagten: »Ach, das ist einer von uns, den müssen wir retten!« Und sie brachten die Fledermaus zum Mäusekönig, doch der verkündete: »Der hat Flügel, das ist keiner von uns. Bringt ihn zurück!« Also brachten sie die sterbende Fledermaus zu der Unglückskreuzung zurück. Und dort starb sie, einsam und hilflos, weil sie zu mehr als nur einer einzigen Welt gehören wollte.

Die Moral der Fabel lag auf der Hand. Deshalb wunderte ich mich über seine Frage zum Abschluss: »Hast du verstanden, mein Kind?«

»Ich glaube, ja.«

»Das bezweifle ich. Denn in dieser Geschichte geht es nicht um Fledermäuse. Es geht um dich, Imani. Um dich und die Welten, die sich in dir mischen.«

Katinis Talente beschränkten sich nicht auf den Marimba-Bau. Er war Komponist und Dirigent eines Orchesters, das aus zehn Musikern bestand. Sie traten in unserem Dorf auf und gingen auf Tournee zu anderen Dörfern. Ich ging zu den Konzerten und sah aufgeregt den Tänzern zu, die als Krieger kostümiert mit Schilden und Rasseln Kämpfe simulierten. Erst auf dem Rücken liegend, sprangen sie mit einem Satz auf, als wären sie von aus den Tiefen aufgestiegenen Geistern besessen.

»Warum spielen wir Krieg?«, fragte ich erschrocken.

Mein Vater antwortete nicht. Vielleicht konnten wir ohne Angst nicht leben. Wenn wir mit den Geistern tanzten, würden wir sie am Ende bändigen können. Das Problem mit den Geistern ist, dass sie immer Hunger haben. Eines Tages verschlingen sie uns, und wir werden zu Geistern unserer selbst.

Wie dem auch sei, der kraftvolle Rhythmus riss mich mit, und obwohl der Tanz nur von Männern getanzt wurde, geriet mein ganzer Körper in Bewegung. Es war, als tanzte eine andere in mir. Vielleicht war diese andere »Viva, die Lebende«, vielleicht war es »Cinza, Asche«, vielleicht waren es alle zusammen, die in mir gelebt hatten. In diesem Moment war ich von einem Körper befreit, musste an keine Erinnerung denken. Ich war glücklich.

Am Ende des Tanzes sanken die Tänzer hilflos zu Boden, als wäre der Tod in sie gefahren. Dann erst durften die Frauen teilnehmen. Einige Mütter lösten sich aus dem Publikum und taten so, als suchten sie unter den zu Boden gesunkenen Kriegern nach ihren Söhnen. Dieser Moment, im Kontrast zu der überschäumenden Fröhlichkeit des Tanzes, ließ mich in haltlose Ängste versinken. Ich musste unweigerlich weinen.

»Hat es dir nicht gefallen, mein Kind?«, erkundigte sich meine Mutter.

Ich nickte, doch, doch, es hatte mir gefallen. Sie legte mir den Arm um die Schulter und tröstete mich: »Es ist ja kein Ernst, mein Kind.« Doch die Traurigkeit in ihrer Stimme und im Gewicht ihres Armes war weit größer als meine. Sie erklärte mir den Grund für ihre Schwermut: Weder auf Tanzbühnen noch auf echten Schlachtfeldern gibt es einen Sohn, der nur uns gehört. Alle, die gefallen sind, sind unsere Söhne. Die Mütter meiner Heimat tragen die Trauer sämtlicher Kriege.

Es war fast Mittag, und mein Vater saß da, ein aufgeschlagenes Buch auf den Knien. Auf dem Umschlag stand: *Lese-Lern-Fibel.* Ich hatte sie vor langer Zeit zwischen den in der Kirche zurückgelassenen alten Sachen gefunden. Damals hatte ich darauf bestanden, sie ihm zu schenken. Kein Geschenk hatte ihn jemals so gerührt. Es verging kein Tag, ohne dass er mit den Fingerspitzen über die Seiten strich, als hätte er sie gerade selbst geschaffen. »Statt Wörtern höre ich Musik«, sagte er und trommelte mit den Fingern auf den Seiten, als wären es die Klangstäbe einer Marimba.

»Vater, hast du keine Angst vor den VaNguni?«

»Wir müssen denen Angst machen, die uns ängstigen wollen. Das ist der Grund, warum ich mit diesem Buch lerne.« Er schlug die Fibel sehr vorsichtig zu und steckte sie ebenso achtsam in einen Lederbeutel. Dann seufzte er tief. »Die Leute sagen, ich hätte mich den Portugiesen ergeben, sie sagen, ich hätte meine Seele an die Weißen verkauft. Da frage ich aber: Kennst du den Vogel, der auf dem Rücken des Flusspferds lebt?«

Ich kannte ihn, oder besser gesagt, den Spruch. Mein Vater sprach die alte Fabel noch einmal nach: Alle sagen, der Vogel lebe auf Kosten des Flusspferds. Aber wenn der Vogel verschwindet, ist das Flusspferd in wenigen Tagen tot. Begeistert, als hätte er etwas Neues entdeckt, schloss er: «Ich bin wie dieser Vogel auf dem Rücken des Flusspferds. Ich bin derjenige, der für die VaLungu sorgt, die Weißen in den Ländereien der Krone. Nach Ansicht deiner Mutter tue ich nichts anderes als trinken und Marimbas bauen …«

»Vater, diese Arbeit mache ich nicht mehr.«

»Deine Arbeit hat noch gar nicht angefangen. Warte ab, bis der portugiesische Sargento sich eingerichtet hat, dann gehst du zum Posten, frisch gewaschen, hübsch und ordentlich angezogen. Bereit für die Arbeit …«

»Das meine ich nicht. Ich sage, dass ich nicht mehr in die Bäume klettern, keine Fledermäuse mehr töten will …«

»Ach, damit ist es vorbei. Jetzt gibt es andere Arbeit. Und ich sag schon vorweg: Wenn der Sargento dir eine Belohnung gibt, ist das keine Großzügigkeit. Das ist der Lohn für meine Dienste. Ich habe ihnen eine Tochter überlassen, und mehr noch, sogar einen Sohn. Kann man das, was ich ihnen gegeben habe, überhaupt bezahlen?«

»Ich hatte geschworen, dass ich nie mehr zu dem Laden von diesem Sardinha gehe.«

»Sag nicht Laden. Das ist ein Posten. Und du kannst da deinen Bruder unterstützen. Er ist ein guter Junge, mein Mwanatu, er macht das mit den Briefen immer zuverlässig. Niemand kann sich vorstellen, was er durchmacht, um diese Papiere zu überbringen.«

»Vater, du weißt genau, wie gefährlich das ist. Stell dir vor, mein Bruder verliert einen Brief, er rutscht aus und fällt in den Fluss …«

»Das geht dich nichts an, das ist Männersache. Ich will nur eins wissen: Du, meine Tochter, hast doch die Briefe gelesen, oder?«

»Ja, ein paar.«

»Dann befriedige meine Neugier: Wann kommt der große portugiesische Häuptling hier an?«

Für meinen Vater waren alle Portugiesen große Häuptlinge. Er merkte, dass ich zögerte, und erläuterte: »Ich meine den anderen, den, der aus Lissabon herkommt, um Ngungunyane zu töten.«

»Mouzinho de Albuquerque? Das weiß ich nicht, Vater. Das Schiff, auf dem er unterwegs war, ist in einen Sturm geraten.«

»In einen Sturm?«

»Ja, gleich nach der Abfahrt aus Lissabon, das Schiff ist fast gesunken.«

Sein Sohn Mwanatu hatte schon von dem Unglück gesprochen, das gleich zu Anfang die Reise von Mouzinho de Albuquerque getroffen hatte. Niemand solle sich täuschen lassen, vertraute mein Alter mir an: Das war kein Sturm. Das war ein Zauberbann.

»Vater, sei vorsichtig. Niemand darf wissen, dass ich die Telegramme der Portugiesen lese.«

»Glaubst du, ich bin verrückt? Denkst du, ich wüsste nicht, was die Portugiesen mit Spionen machen? Ich habe doch selbst mehrere verraten.«

»Was ich dir an Nachrichten bringe, sind geheime Botschaften aus Lissabon oder Lourenço Marques. Niemand sonst darf davon wissen …«

»Ich habe den Verdacht, dass jemand Informationen weitergibt. Und dieser Jemand hat einen Zauberkundigen unterrichtet, der Stürme machen kann.«

»Sprich niemals den Namen des Verdächtigten aus. Bitte, Vater, um Gottes willen! Selbst hier, auf dem freien Feld, habe ich Angst, dass uns jemand hört.«

»Er mag dein Bruder sein, er mag mein Sohn sein, aber irgendwann vergesse ich, dass ich Vater bin, und verrate ihn.«

»Um Gottes willen, sag das nicht. Das ist nicht gerecht. Du hast Dubula immer so behandelt, als wäre er nicht dein Sohn.«

»Sag mir eins: Wer ist sein Held?«

»Das habe ich ihn nie gefragt.«

»Der große Held deines Bruders ist der Herrscher Ngungunyane. Und jetzt antworte mir: Kann so einer mein Sohn sein?«

»Was willst du machen? Ihn an die Portugiesen ausliefern?«

»Genau das werde ich tun. Wenn ich deinem Bruder begegne, werde ich dafür sorgen, dass es ihm leidtut, sich gegen mich gestellt zu haben.«

»Aber Vater, bitte überleg doch: Stürme hat es schon immer gegeben. Warum sollte es mit diesem anders sein?«

»Dann will ich dir dies verraten: Ich war bei der *nyatisholo,* hab die Weissagerin befragt. Ich bin zu Tante Rosi gegangen, weil ich wissen wollte, ob es einen Zauberbann gab oder nicht.«

Er hatte sich der Weissagerin gegenübergesetzt und nicht hingekniet, wie es der Anstand verlangt. Er war so traurig und niedergeschlagen, dass ihm die Beine auf der Matte versagt hatten. Dann hatte er Rosi aufgefordert, ihm zuzuhören, als hätte sie in dieser Welt noch nie zuvor etwas gehört. Und so hatte er ihr laut das Schreiben vorgelesen, das seine Tochter ihm aus dem Posten des Sargento mitgebracht hatte.

»Du hast den Bericht zu Tante Rosi mitgenommen?«

»Ja.«

»Das ist doch Wahnsinn! Was ist, wenn der Sargento die Papiere vermisst?«

»Die Papiere, wie du sagst, sind doch nur ein Blatt, und das habe ich hier bei mir.«

Er zog ein verknittertes Blatt Papier aus der Tasche und begann langsam, Buchstabe für Buchstabe, zu lesen.

Er drehte das Blatt hin und her, um den Eindruck zu erwecken, dass er nur wegen des Schattens vorüberziehender

Wolken beim Lesen Mühe hatte. So entzifferte er einen Satz nach dem anderen, er radebrechte so sehr, dass ihm der Speichel vom Kinn auf die zitternden Hände tropfte: »... kaum war das Schiff *Peninsular,* auf dem sich unser Capitão Mouzinho de Albuquerque befand, aus dem Hafen von Lissabon ausgelaufen, geriet es in einen an der dortigen Küste nie erlebten Sturm. Das Meer öffnete sich zu abgrundtiefen Schluchten und türmte sich zu Bergen auf, bis das Schiff so klein wurde, dass selbst Gott es nicht mehr sehen konnte. Die Wellen schlugen so hoch, dass die Schiffsschraube sich löste und auf den Meeresgrund sank. Die *Peninsular* entzog sich dem Willen des Menschen. Französische und englische Schiffe kamen zu Hilfe. Sie warfen Taue, die Taue rissen. Sie ließen Rettungsboote zu Wasser, die Boote waren außerstande, in der aufgewühlten See zu manövrieren. Endlich, für niemanden begreiflich, flaute der Sturm unvermittelt ab, und Mouzinhos Schiff kehrte nach Lissabon zurück, um repariert zu werden und später, nun mit dem Segen des Herrn, die Reise fortzusetzen ...«

»Wunderst du dich, dass ich alles lesen kann?«, fragte Katani spöttisch grinsend. »Du hast mir das beigebracht«, fügte er hinzu, faltete das Blatt zusammen und steckte es wieder in die Tasche.

»Aber hast du nur dieses eine Blatt, Vater? Wo sind die anderen Seiten?«

»Die *nyatisholo* brauchte sie.«

Tante Rosi, seine ganz und gar legitime Schwägerin, hatte, als er sie befragte, die Stimme nicht erheben müssen, damit er ihr sofort gehorchte: »Leg ein Blatt ins Wasser!«

Das Blatt schwamm in der Schüssel, die sie sich auf die dicken Schenkel gesetzt hatte. Es schaukelte wie ein Boot im Sturm. Dann löste sich die Tinte auf, und eine Unwetterwolke verdunkelte das Wasser. Ein Fleck, der

Katinis Seele für alle Zeiten überschatten sollte. »Diese Farbe kommt nicht vom Papier«, sagte die Wahrsagerin. »Diese Farbe kommt aus deinen Adern.«

Wie benommen starrte Katini auf das inzwischen blasse Blatt Papier, das in der Schüssel langsam sank.

Rosi forderte ihn auf, ihr den restlichen Bericht zu geben. »Ich brauche diese Papiere«, sagte sie. »Geschriebene Worte sind großartige Fetische, mit mächtiger Zauberkraft. Ich möchte diese Papiere bei meiner Arbeit benutzen.«

»Ich gebe dir alles, aber erst möchte ich wissen, was mein Besuch ergeben hat.«

»Einer Sache kannst du sicher sein: Der Sturm kam nicht vom Meer. Diesen Sturm hatte jemand bestellt. Und wer den bestellt hat, der macht es wieder. Das Opfer wird immer der Portugiese sein, dieser Mauzinho …«

»Mouzinho«, korrigierte sie mein Vater.

»Es wird noch andere Bannsprüche geben, hier in Afrika und auch in Portugal.«

»Wer hat den Sturm bestellt, Tante Rosi?«

»Das weißt du, Katini. Wer die Tür öffnet, der befindet sich im Haus.«

Katini reichte mir das einzige Blatt, das von dem Bericht über Mouzinhos Reise übrig war. Er glaubte, damit könnte er meine Traurigkeit lindern. Um mich abzulenken, sprach er weiter: »Ich will dir eins sagen: Wenn die portugiesische Armee kommt, um uns zu retten, musst du vorsichtig sein, mein Kind.«

»Und warum, Vater?«

»Die Weißen werden auf Pferden reiten. Hast du schon mal ein Pferd gesehen? Ich habe eins in Inhambane gesehen. Mit so einem Tier muss man vorsichtig sein. Die darf man nie von vorn ansehen.«

Die Augen eines Pferdes glühen. Sie sind aus schwarzem

Wasser, wie tiefe Seen. Aber es ist brennendes Wasser. Wer sie von vorn ansieht, dem verbrennt es die Seele.

»Da setzt sich der Zauber gern fest, in den Augen. An dem Tag, als ich deine Mutter kennengelernt habe, da sind sich unsere Blicke so leidenschaftlich begegnet, dass du, Imani, im selben Augenblick entstanden bist.« Er vertrieb die Fliegen, die um sein Gesicht schwirrten. Dabei bewegte er die Hand in einer Kurve, als hätte er tatsächlich etwas in der Luft gefangen. »Hast du dich schon angeboten, dem Sargento Germano Unterricht zu geben?«

»Ja, aber er scheint überhaupt keine Lust zu haben, etwas zu lernen.«

Gleich in der ersten Stunde hatte der Portugiese nicht von der auf dem Tisch ausgebreiteten Korrespondenz aufgeblickt. Ohne mich anzusehen, machte er deutlich, dass er vorhatte, lediglich das »Wesentliche« zu lernen. Was er brauchte, um Befehle zu erteilen. In Wirklichkeit würde er niemals auch nur ein einziges Wort lernen. So vollkommen einsam, wie er hier leben würde, wem sollte er schließlich Befehle erteilen wollen?

»Der hat recht, dieser Sargento. Ich habe nie verstanden, warum die eine Neger-Sprache lernen wollen«, sagte mein Vater mit einem Seufzer.

»Sie wollen nicht. Es wird ihnen befohlen.«

»Ob mit oder ohne Unterricht, du gehst immer zu ihm. Dieser Mann ist unsere Garantie. Solange der Sargento bei uns ist, sind wir beschützt.«

»Du kannst dich auf mich verlassen, Vater.«

»Und noch etwas: Wenn dieser Weiße irgendwann mehr von dir will, dann weißt du ja.«

»Ich verstehe nicht, Vater.«

»Was ich dir sage, ist ganz einfach. Du musst für ihn sein, was alle Frauen in dieser Welt sind.«

Schweigend bohrte ich die Füße in den Sand, als wollte ich einen Flusslauf aufhalten. Aber es waren meine

Tränen, die ich unterdrückte. Ich hätte sie lieber laufen lassen sollen. Unsere Mutter sagte immer, wenn wir weinen, folgt die Seele dem Beispiel der Erde im Regen – sie wird zu Lehm. Und Lehm bietet uns Obdach, Lehm formt unsere Hände.

Vierter Brief des Sargento

Nkokolani, 13. März 1895

Sehr geehrter Senhor
Conselheiro José d'Almeida

Ich bedaure zu erfahren, dass der Brief, der mit der Fregatte gesandt wurde, verloren gegangen ist. Mehr noch als der Verlust an sich beunruhigt mich der Gedanke, er könnte in fremde Hände gelangt sein. So oder so, der Bote, der dieses Schreiben überbringt, ist vollkommen vertrauenswürdig. Ich hatte ihn bereits erwähnt. Er heißt Mwanatu, der Gehilfe, den das Unglück mir beschert hat. Er ist etwas zurückgeblieben, aber von uneingeschränkter Loyalität. Seine Schwester Imani hingegen ist intelligent und lebhaft, wir vergessen fast, dass wir ein Negermädchen vor uns haben.

Ich bedanke mich für den Rat, keinerlei Information ohne vorherige Begutachtung durch Sie direkt nach Lourenço Marques zu schicken. Ich hätte solche Streitigkeiten in unserer Verwaltung nie für möglich gehalten. Sie können beruhigt sein, ich werde mich des Vertrauens, das Sie in mich setzen, würdig erweisen.

Hinzufügen muss ich, Senhor Conselheiro, dass Ihre Vermutung unbegründet ist, es könnte in unserer Korrespondenz zu Unterschlagungen und Eingriffen durch Fremde kommen. Der einzige Mensch, der die Geheimhaltung unserer Korrespondenz stören könnte, ist der bereits erwähnte Mwanatu, der mir das Haus hütet und es sauber hält. Er ist der Einzige, der die Briefe befördert. Der Bursche hat lesen gelernt, wenn auch nur sehr rudimentär. Doch er wagt es nicht nur nicht, die Briefe zu öffnen, sondern gibt sie auch niemandem zu lesen, dessen bin ich mir sicher.

Deshalb fühle ich mich frei, ohne fremde Einmischung befürchten zu müssen, Ihnen hiermit, wie von Ihnen erbeten, die Einzelheiten zu dem tragischen Ereignis zu berichten, das sich nach der Festnahme des Händlers Francelino Sardinha zugetragen hat.

Es geschah also, dass wir in Ausführung der in Lourenço Marques erhaltenen Anweisung dem Händler erklärten, er sei verhaftet. Wir hielten es nicht für notwendig, ihm Handschellen anzulegen, und genau genommen wirkte er überhaupt nicht bedrückt. Im Gegenteil, er fühlte sich durch unsere Gesellschaft so geschützt, dass er nicht einmal danach fragte, welcher Tat man ihn verdächtigte. Dass er sich nicht wunderte, war für mich der deutliche Beweis für sein Schuldeingeständnis.

Er bat einzig darum, ihm zu ersparen, gefesselt und von schwarzen Polizisten durch die Straßen des Dorfes geführt zu werden. Im weiteren Gespräch zeigte er sich freundschaftlich, wenn auch mit unserer Kolonialpolitik gar nicht einverstanden. Plötzlich jedoch schlug seine Stimmung radikal um. Er nahm eine aggressive Haltung ein und ging so weit, den Ruhm unserer Armee zu verunglimpfen. Ich habe seine genauen Worte in Erinnerung: »Fabelhaftes Heldentum: Horden von Negern zu besiegen, die mit bloßer Brust gegen Flinten und Maschinengewehre vorgehen!« Auf diese kühnen, provozierenden Worte brauchte ich nicht zu antworten, denn Fragata reagierte vehement und erinnerte daran, dass viele Kaffern inzwischen über Flinten und Maschinengewehre verfügten.

Doch der erzürnte Francelino Sardinha ließ sich nicht beirren. Als jemand, der die Verhältnisse aus erster Hand kennt, die wir nur nach Berichten beurteilen, führte er an, dass die Mehrzahl der Vátuas sich weigert, europäische Waffen zu benutzen. Dies waren seine Worte: »Sie benutzen die Gewehre nicht, die man ihnen gibt. Sie sagen, aus der Ferne zu kämpfen, gehöre zum Wesen der Feigheit. Diese Leute vertrauen nur auf ihre Hausmittel, ihre Amulette, denn sie glauben, dass sie damit gegen Kugeln gefeit seien. Selbst ich gestehe, Gott möge mir vergeben, dass ich inzwischen auf solchen Aberglauben vertraue.«

Was an diesem unseligen Abend geschah, berichte ich in Einzelheiten aus einer noch höchst lebendigen Erinnerung, und deshalb bleibe ich bei solcher Ausführlichkeit, denn die dort geführten Dialoge können von Nutzen sein, um zu ermessen, welche Spannungen zwischen denen und uns, den Portugiesen, herrschen. So hat zum Beispiel der Wirt der Ladenkneipe die ganze Zeit den ungerührten Fragata mit der Frage attackiert, ob er eine der Negersprachen spreche. Ob unsere Unterhändler sich jemals bemüht hätten, eine dieser Sprachen zu lernen. Denn er, Sardinha, spreche den Dialekt der Kaffern, weil das Leben ihn das Lernen gelehrt habe. Weil er nicht so wie »die anderen« sei, die sich seit Jahren in Afrika aufhalten und nicht ein Wort in deren Sprache kennen. Das hat der Wirt der Ladenkneipe gesagt.

Nun war es der Adjutant, der die Geduld verlor. Als er unbeherrscht auf Sardinha reagierte, ließ er unsere wahre Absicht erkennen: »Und Sie, werter Sardinha, sprechen Englisch, wenn Sie nach Südafrika gehen und die militärischen Geheimnisse der Portugiesen verkaufen?«

Sardinha schwieg eine Weile. Er leerte sein Glas in einem Zug, um sich Mut zu machen, dann fragte er: »Wissen Sie, in welcher Sprache wir sprechen, die Engländer und ich? Wir sprechen Zulu.« Ihm zufolge lernten die Engländer, im Gegensatz zu den Portugiesen, die Sprachen der Kaffern. Und deshalb lebten sie in guter

Beziehung zum Hof von Gungunhane und säßen als Berater neben ihm. Ich gebe zu, dieses Lob der Engländer im Unterschied zu einem irgendwie angeborenen Defizit der Portugiesen brachte mein Blut in Wallung. Vielleicht habe ich deshalb, um unsere Ehre zu retten, den Einsatz von Dolmetschern als unsere Politik in den afrikanischen Gebieten verteidigt. Portugiesisch zu sprechen und die anderen dazu zu bewegen, sei Teil unseres zivilisatorischen Auftrags. Der Händler, nach wie vor in Rage, warnte uns, so naiv zu sein, den Dolmetschern zu vertrauen. Die gleiche fatale Gutgläubigkeit lasse uns Waffen an die Kaffern verteilen, die wir für unsere Verbündeten hielten. Das Urteil des wirren Sardinha konnte tragischer nicht sein: »Wir werden mit denselben Gewehren getötet werden, die wir ihnen in die Hand gegeben haben. Und der Befehl zum Töten wird auf Portugiesisch erteilt werden, in der Sprache, die wir ihnen in den Mund gelegt haben.«

Inzwischen, muss ich sagen, redete der Händler allein. Denn sowohl Fragata als auch ich waren damit beschäftigt, unser Gepäck auszupacken und die Dinge herauszuholen, die wir am dringendsten brauchten. Zu meiner Überraschung reagierte der Händler begeistert, als ich mein Gewehr an einen Nagel in der Wand hängte. Lautstark verkündete er: »Das ist sie, da an der Wand, die einzige Sprache, die diese Leute verstehen.«

Ich forderte ihn auf, seine Zunge im Zaum zu halten, denn am nächsten Tag würde er, rechts und links einen bewaffneten *cipaio,* durch das Dorf der Kaffern gehen. Der Händler blieb ungerührt und äußerte sich ironisch über die portugiesische Inkonsequenz: Während man ihn verhafte, befördere die portugiesische Regierung Gungunhane zu meinem Vorgesetzten. Er spottete darüber, dass die Krone den Häuptling der Vátuas zum Oberst unserer Armee ernannt habe, mit Anrecht auf Privilegien und Vergünstigungen. Was er dann sagte, machte mich, wie ich gestehen muss, wirklich zornig: »Wissen Sie, wie dieser Neger von uns, den Portugiesen, spricht? Er nennt uns ›meine weißen *machanganes*‹. Seine Sklaven seien wir, Sklaven von diesem Gungunhane. Nichts anderes als seine Sklaven …«

Das Gespräch zog sich hin, bis es stockdunkel war. Imani, die während der ganzen Unterhaltung anwesend war, verabschiedete sich, und der Händler bat um Erlaubnis, für ein paar Minuten mit ihr hinausgehen zu dürfen. Nach kurzer Zeit kam er zurück ins Haus, wo er sich dann ganz unerwartet vor unseren Augen das Leben nahm.

Sie werden sich kaum vorstellen können, welche Unannehmlichkeiten diese verrückte Tat nach sich zog. Ich musste den unseligen Händler sofort begraben und den Fußboden der Ladenkneipe, die wir Posten nennen, mit meinen eigenen Händen vom Blut säubern. Noch heute sehe ich, während ich schreibe, das Blut an meinen Fingern.

Ich erinnere mich, dass der gute Fragata, als er mich so in Sorge sah, mir zu Hilfe kam: »Nimm dir das nicht so zu Herzen, Germano. Unser unseliger Händler hat sich nicht nur umgebracht, weil er verhaftet wurde. Was man ihm zur Last legt, ist weit mehr als der Verkauf von Waffen und Elefantenstoßzähnen an die Engländer.«

»Und was legt man ihm zur Last?«

»Spionage für die Engländer. Sowie er in Inhambane eingetroffen wäre, hätte man ihn erschossen. Und das wusste er.«

»Wir lassen Portugiesen erschießen? Wir lassen einen von uns umbringen?«

»Das genau ist der Punkt. Dieser Sardinha war schon lange nicht mehr einer von uns. Im Grunde war er schon … wie soll ich sagen … er war schon ein Schwarzer, nur ein bisschen heller. Deshalb konnte er auch die Sprache der Kaffern.«

»Außerdem«, fuhr Fragata fort, »waren nicht die Kafferngeschichten entscheidend für Sardinhas Verhaftung. Die Neger sind ein Gespenst, das uns verfolgt, aber sie stehen nicht für sich allein. Wer dahintersteckt, sind die Engländer. Die sind unsere wahren Feinde.«

Mein Kollege glaubte, mein Schuldgefühl dadurch zu lindern, dass er meine Aversion gegen die Engländer befeuerte. Doch mein Schuldgefühl nagt noch immer an mir.

Als wäre es ein allerletzter Versuch, führte Mariano Fragata mich dann hinter das Haus und wies auf eine Steinmauer. »Siehst du die Löcher, alle in derselben Höhe? Weißt du, was das ist?«

»Keine Ahnung.«

»Das sind Einschusslöcher, allesamt. Diese Mauer ist eine Erschießungswand. In Inhambane hat man mir gesagt, es wäre nicht nötig, den Händler in die Stadt zu bringen. Dass wir ihn hier, vor dieser Mauer hinrichten sollten.«

»Wir hätten ihn hier erschießen sollen?«

»Du hättest ihn erschießen sollen, du bist Soldat. Siehst du? Es war doch viel besser, dass er sich selbst exekutiert hat.«

Botschaften der Toten, Schweigen der Lebenden

Der Unterschied zwischen Krieg und Frieden ist dieser: Im Krieg sind es die Armen, die als Erste getötet werden; im Frieden sind es die Armen, die als Erste sterben.

Für uns Frauen gibt es noch einen anderen Unterschied: Im Krieg werden wir von Unbekannten vergewaltigt.

Dass wir in Nkokolani waren, beruhte auf Ausflüchten, Lügen und Feigheit. In Makomani, am Meer, waren wir glücklich gewesen. Dort bin ich geboren, dort bin ich aufgewachsen, im Internat der Missionsschule. Dort habe ich gelernt, die Frau zu werden, die ich heute bin. Meine Mutter, vor allem sie, war glücklich gewesen in dem kleinen Dorf am Indischen Ozean. Es war unser Großvater Tsangatelo, der Älteste unserer Familie, der eines Tages und ohne ersichtlichen Grund anordnete, wir müssten von dort weggehen und dürften niemals zurückkehren. Es war eine unerwartete Entscheidung, als wäre er von Geistern getrieben.

So kam es, dass wir uns in Nkokolani niederließen, einem Dorf im Landesinnern, wo nur der Rio Inharrime unsere Sehnsucht nach der Weite des Ozeans ein wenig lindert. Zwar haben wir es nie ausgesprochen, doch hofften wir, vom Großvater irgendwann eine Erklärung zu bekommen. Oder besser noch, dass wir aus dem Exil zurückkehren könnten. Das glaubten wir, als er vor einem Jahr die ganze Familie zusammenrief.

Als wir uns versammelt hatten und im Innenhof seines Hauses saßen, trat Tsangatelo aus seinem Schlafzimmer, beladen mit dem typischen Gepäck eines Reisenden: eine Matte, eine Decke, eine Rolle Tabak, ein Ziegenlederbeutel. Gefüllt mit Maniokmehl. Und in einer Kalebasse Wasser.

»Willst du fort, Großvater?«

»Ich gehe ins Ausland, in die Minen.«

Die erste Reaktion der Familie war Gelächter. Für die Minen wird ein bestimmtes Alter verlangt, die Eingeweide der Erde nähren sich von Jugend. Tsangatelo war schon über sechzig. Er würde nicht einmal den Weg dorthin, der zu Fuß zurückgelegt wurde, durchhalten. Damals gab es noch nicht die Unternehmen, die später die Minenarbeiter anwarben und transportierten.

Allerdings hatte Tsangatelo noch nie in seinem ganzen Leben etwas so ernst gesagt. Er war fest entschlossen, bei den Engländern zu arbeiten. Er wollte nach *Daimond*, wie wir die Diamantminen in Südafrika nannten. Vom Ernst der Ankündigung alarmiert, versuchten alle, ihn davon abzubringen. Als erstes Argument führten sie sein Alter an. Dann nannten sie andere Gründe. Der Großvater solle doch daran denken, in welch elendem Zustand die Minenarbeiter aus Südafrika zurückkehrten.

Am entschiedensten argumentierte mein Onkel Musisi: »Dass wir ins Land des Rand gehen, das ist schlimmer als alle Kriege, die man gegen uns geführt hat.« Unsere jungen Männer, sagte er, waren nicht mehr dieselben, wenn sie aus Südafrika zurückkehrten, sie wurden nie wieder zu VaChopi.

Großvater Tsangatelo blieb ungerührt und hörte auf niemanden. Onkel Musisi ließ nicht locker: Die Minen von Transvaal brachten unser Volk um. Früher bezahlten wir den Brautpreis mit unserem Vieh. Heute wolle niemand mehr etwas anderes als das großartige englische Pfund.

Ein anderer Verwandter hielt dagegen: Die Portugiesen bezahlten uns in ihrer Währung, verlangten von uns aber die Währung der Engländer. Wie sollte man unter diesen Umständen nicht auswandern?

Inzwischen war das bedrückende Schweigen der Resignation eingetreten, da forderte Großmutter ihren Mann mit bebender Stimme heraus: »Ist dies das Beispiel, das du der Familie geben willst?«

»Welcher Familie?«, fragte Großvater zurück.

Da sagte seine Frau nichts mehr.

Bevor er Nkokolani verließ, rief Großvater mich zu sich. Damit verstieß er gegen das Gesetz des Dorfes: Niemand spricht über eine ernste Angelegenheit mit einem Kind, vor allem nicht, wenn dieses Kind weiblichen Geschlechts ist. Damals war ich höchstens zehn Jahre alt. Heute verstehe ich: Unser Ältester wollte nur sich selbst hören. Er dachte vor mir daran zurück, als er zu seinem Vater, der im Sterben lag, gerufen wurde. Er hatte nicht den Mut aufgebracht. Er war nicht in der Lage gewesen, ein Ende anzusehen, das ja letztlich sein eigenes Ende war. So viele Jahre später richtete sich sein Blick auf mich, und er sprach es sich von der Seele: »Jetzt, da die VaNguni uns erneut überfallen, ist es dasselbe. Ich möchte nicht wieder gerufen werden, um mir ein noch größeres Sterben anzusehen, das Sterben meiner Heimat.«

Ich blickte auf seine rissigen Füße. In diesem Moment schämte ich mich meiner Sandalen. Abgesehen von den Meinen, kannte niemand im Dorf Schuhwerk. Schon allein deshalb wurden wir VaLungu genannt, die Weißen.

Tsangatelo forderte mich auf, eins meiner Hefte zu holen, die ich zu Hause hatte. Er wollte mir einen Traum diktieren, der ihn verfolgte. Ich sollte seine Worte ganz genau aufschreiben. Und anschließend das Papier zerreißen, damit er von dem Albtraum befreit würde. Ich tat, worum er mich bat.

Schreib, mein Kind, schreib über die Geträumten. Du fragst: *die Geträumten?* Und ich antworte: *ja, die Geträumten.*

Weil ich sie träume. Ich sage, dass ich sie träume, und nicht, dass ich von ihnen träume. Die toten Soldaten erscheinen mir jede Nacht, sind viel wacher als ich. Sie kommen aus allen Schlachten, von allen Orten und aus allen Zeiten. Und dann rütteln sie mit ihren langen Armen an mir und sagen, sie seien wegen des neuen Krieges gekommen.

»Welchem Krieg?«, frage ich beängstigt.

»Dem, der bald ausbricht«, antworten die Geträumten.

Ich werfe einen Blick aus dem Haus. Aber nur, um sie abzulenken. Denn sie wissen, dass ich nichts anderes sehe als mich selbst. Ich bin ein aufgewühltes Feld, ein Friedhof, größer als die ganze Erde.

Alle diese Geträumten lasten so schwer auf mir, dass sie meinen Traum versenken. Denn sie tragen auf ihrem Weg die Waffen mit sich, mit denen sie getötet wurden.

»Gönnt mir eine Pause«, bitte ich.

»Nicht wir haben die Tür geöffnet«, entgegnen sie. »Das warst du. Du bist der Träumer.«

Ich weise auf die Wände meines kleinen Zimmers und mache ihnen klar, wie winzig der Raum ist: »Gleich kann ich keinen von euch mehr hier unterbringen.« Und sie antworten: »Wenn das geschieht, wirst du den Traum verlassen müssen.«

Dann kam ich auf den Gedanken, sie zur Vernunft zu bringen. Ich gab dem, der mir am nächsten stand, ein Zeichen und wollte ihm schon etwas ins Ohr flüstern, da rief er energisch: »Flüstern ist sinnlos. Wir hören alles, bevor du überhaupt etwas sagst.«

»Der Krieg, von dem ihr sprecht, kommt vielleicht nicht so bald«, führte ich an.

»In dem Fall werden wir auf dich schießen.«

»Aber ich bin der Träumer.«

»Nein, das bist du nicht mehr. Jetzt wirst du von uns geträumt.«

Als Tsangatelo mir seine nächtlichen Geheimnisse zu Ende diktiert hatte, streckte er den Rücken, als fühlte er sich erleichtert. Dann bat er mich, ihm das Blatt zu geben, auf dem ich geschrieben hatte, weil er es persönlich zerreißen und in den Wind werfen wollte. Und das tat er dann, er drehte sich langsam um sich selbst und warf die Papierschnipsel in alle vier Himmelsrichtungen. Anschließend breitete er die Arme aus und blickte mit offenen Augen in die Sonne. Er verkündete: »Lebt wohl, ihr Geträumten. Ich gehe jetzt dorthin, wo ich Herr meiner Träume sein werde.« Und er verabschiedete sich.

Ich blieb reglos stehen und sah zu, wie Tsangatelo davonging, mit seiner weisen Fähigkeit, nicht mehr als ein Schatten zu sein. Seine Füße, die ihre Furchen in den Sand zogen, waren älter als die Erde. In diesen Spuren bewegten sich alle seine Vorfahren.

Mein Großvater war so alt wie ich, als unser Land zum ersten Mal überfallen wurde. Wir verstanden nicht, aus welchem Grund wir für dieses Volk wie Tiere waren und warum ihre Rinder ihnen mehr galten als die Völker, die sie unterwarfen. Wir verstanden nicht, warum sie unser Vieh stahlen, unsere Leute umbrachten und unsere Frauen vergewaltigten. Sie nannten uns *tinxolo,* Stück Vieh. Das waren wir für sie: als Sklaven betrachtet, wie Tiere missachtet. Mit Feuer und Schwert gründeten sie ein Reich und gaben es weiter vom Großvater an den Sohn, vom Sohn an den Enkel. Es war jetzt dieser Enkel, Ngungunyane, der uns erneut strafte.

Die fortwährenden Angriffe bewirkten eine Veränderung in unserem Volk. Eigentlich hatten wir immer vereinzelt gelebt, mit kleinen Nachbarschaftskonflikten beschäftigt. Doch die Bedrohung schmiedete uns zu einer Einheit. Wir wurden zu den VaChopi, den »mit Pfeil und Bogen«. Wir leisteten dem Überfall der VaNguni Widerstand, bewahrten uns unsere Sprache, unsere Kultur, unsere Götter. Das haben wir teuer bezahlt. Für Tsangatelo hieß der Preis, seinem eigenen Leben abhandenkommen.

Ein Jahr war vergangen, seit Großvater sich auf den Weg gemacht hatte. Eines Morgens erschien bei uns ein Bote mit einer Nachricht: Unser Verwandter sei in der Mine, in der er arbeitete, verloren gegangen.

»Ist er tot?«, fragte die Großmutter ungerührt.

Nein, nein, er war nicht tot. Er hatte sich einfach verirrt. Das antwortete der Bote. Oder vielleicht sei »verirren« nicht das richtige Wort, fügte er unsicher hinzu.

»Also, dann ist er doch tot«, sagte die Großmutter. »Das meinst du doch mit deiner Nachricht, oder?«

Ich bot dem Besucher eine Kokosschale mit *nsope* an. Der Mann betrachtete das Getränk teilnahmslos. Aus irgendeinem Grund fiel mir ein altes Kinderlied ein: »Wie schön sind die Füße der Boten …« Und die Füße dieses Boten gingen in das Lied ein, als führten sie mich weit weg vom Dorf.

Endlich hob der Bote die Kokosschale an die Lippen. Noch nie hatte jemand so langsam getrunken. Ihn bedrückte, was er noch zu sagen hatte. Schließlich entschloss er sich. Es war nicht sicher, dass Großvater Tsangatelo sich unfreiwillig verirrt hatte. Alles wies darauf hin, dass unser Ältester aus eigenem Entschluss die Orientierung verloren hatte.

»Aus eigenem Entschluss?«, fragte die Großmutter verwundert, woraus sie sofort schloss: »Dann ist der nicht mein Mann.«

Für die anderen Minenarbeiter gab es nur eine Erklärung: Tsangatelo hatte sich dafür entschieden, für immer in dem unterirdischen Labyrinth zu leben. Unser Großvater war in der Mine ins Exil gegangen und wanderte auf ewig im Dunkel umher. Mitunter hörten die Minenarbeiter nachts, dass jemand in der Tiefe grub. Es war Tsangatelo, der neue Stollen in den Berg trieb. Er hatte schon so viel im Leib der Erde geschuftet, dass es keinen Winkel gab, in den er nicht schon vorgedrungen war. Es bestand die Gefahr, dass das ganze Land einstürzte, weil kein Boden ihm mehr Halt gab.

Unsere Großmutter lachte, doch weder traurig noch verärgert. Sie bemerkte: »Dieser Halunke hätte meinen Brautpreis schon vor langer Zeit zurückgeben müssen ...«

»Vielleicht gefällt Ihnen nicht, was ich noch sagen werde«, entschuldigte sich der Besucher im Voraus. Er reichte mir die Schale, damit ich nachfüllte.

»Sprechen Sie weiter, mein Freund«, ermunterte ihn die Großmutter. »Tsangatelo hat sich da unten verirrt? Sie hätten mir keine bessere Nachricht bringen können.«

Doch gab es eine noch ernstere Angelegenheit. Darüber wurde in den *compounds* geredet, in denen die Minenarbeiter schliefen. Leise erzählte man sich, dass von Zeit zu Zeit eine Frau in den Stollen hinabstieg, um ihm Wasser und Essen zu bringen. So konnte der alte Tsangatelo überleben. »Eine Frau?«, fragte die Großmutter. »Haben Sie das gesagt? Eine Frau?«

Ich blickte auf das Gesicht der Großmutter, musterte ihre dunklen Augen. Keine Eifersucht, keine Überraschung. Nichts. Nicht die Spur.

Der Bote strich sich mehrmals mit dem Handrücken über die zitternden Lippen. Er wischte sie nicht ab. Er machte sich Mut zum Weitersprechen. »Der Rest wird Ihnen noch weniger gefallen.«

»Rest? Welcher Rest?«

»In Wirklichkeit glaubt niemand, dass diese Person, die zu ihm geht, eine Frau ist.«

»Wer denn sonst? Ein Geist?«

»Es ist ein Mann.«

»Ein Mann?«

»Ein *tshipa*. So ein Mann, der sich den Minenarbeitern wie eine Frau anbietet. Das ist die Wahrheit: Ihr Mann ist jetzt mit einem *tshipa* verheiratet.«

Da erst zeigte die Großmutter sich betroffen. Ihr spöttischer Gesichtsausdruck wich überraschter Gekränktheit. Wir alle hatten schon von Minenarbeitern gehört, die andere Männer »heiraten« und ihre Frauen vergessen, die sie in ihrer Heimat zurückgelassen haben. Doch nie hätten wir uns vorstellen können, dass Großvater Tsangatelo so einer würde.

Unerwartet energisch riss Großmutter dem Fremden die Schale mit dem *nsope* aus der Hand, warf sie auf den Boden und jagte den Boten davon. Als der Mann verschwunden war, schrie sie: »Tsangatelo ist kein Mensch mehr! Er ist tot! Tsangatelo ist tot!«

Schimpfend und schreiend ging sie ins Haus, kurz darauf warf sie alles, was ihrem Mann gehörte, nach draußen vor die Tür. So wie es die Witwen machen, schlug sie mit einem Stock auf alle seine Habseligkeiten. Damit reinigte sie die Sachen vom Schmutz des Todes. Sie ließ die Rute pfeifend durch die Luft sausen und verkündete: »Dieser Maulwurf wird in dem Loch verwesen, das er gegraben hat.«

Ihre Worte klangen wie eine furchtbare Verwünschung. Für mich aber bedeuteten sie das Gegenteil: Großvater sagte uns, dass es einen Ausweg gab. Nkokolani war also doch nicht wie die kleinen Orte, in denen der einzige Weg zurückführt. Er war fortgegangen und nicht zurückgekehrt.

Noch heute höre ich beim Einschlafen, wie seine langen Finger im Leib der Erde graben. Auf diese Weise gräbt er allmählich die Sterne an unserem Termitenhügel aus. Und auf diese Weise begraben Mutter und ich unseren Traum, eines Tages ans Meer heimzukehren.

Es war mittags und so heiß, dass selbst die Fliegen in ihrer Schläfrigkeit aufs Fliegen verzichteten. Wir saßen hinter dem Haus im Schatten. Tante Rosi war schon am Morgen zu Besuch gekommen und geblieben, als hätte sie vergessen, dass sie woanders wohnte. Dass sie so lange blieb, war entschuldigt: Die Wege mussten in Flammen stehen. Um diese Uhrzeit lösten sich Feuerbrocken von der Sonne, und niemand konnte den Fuß auf den Erdboden setzen.

Mutter flocht ihr das Haar und lachte über die weißen Haare, die ihre Schwägerin unter der neuen Frisur versteckt haben wollte. Da stand mein Vater auf und zeigte ein farbiges Blatt, das er aus einem Buch in der ehemaligen Kirche gestohlen hatte. Vorher hatte er das Blatt lange angesehen, als fände sich darauf die Lösung für unsere Sorgen.

»Seht ihr die Engel hier?«

»Ich sehe keinen einzigen schwarzen Engel«, bemerkte Rosi. Dann lachten beide, Mutter und Rosi.

»Seid still, das hier ist sehr ernst. Ich will euch etwas fragen: Wenn so ein Engel jetzt nach Nkokolani käme, was sollten wir uns von ihm wünschen?«

»Wenn diejenigen, die es gibt, uns nicht erhören, lohnt es sich dann, uns etwas von denen zu wünschen, die es nicht gibt?«

»Ich würde mir einen Mann für Imani wünschen«, sagte Rosi zum Scherz.

»Wenn sie doch statt Flügeln Ruderriemen hätten ...«, seufzte Mutter.

Ich hoffte noch, dass Vater hören wollte, was ich mir wünschte. Stattdessen beschloss er, in meinem Namen zu sprechen. Mich brauche man gar nicht erst zu fragen, denn er sei sicher, wonach ich mich insgeheim sehnte. »Stimmt doch, oder?«

Dann nahm er eine strenge Haltung ein, schlug sich über dem Blatt Papier auf die Brust und verkündete, er selbst würde sich überhaupt nichts wünschen. »Ich habe nachgedacht«, erklärte er, »und beschlossen, dass ich in meiner Eigenschaft als Ältester der Nsambes heute mit den Geistern sprechen werde.«

»Die Sonne steht noch nicht hoch am Himmel, aber er ist schon betrunken«, bemerkte Mutter.

An diesem Abend sollte es auf dem Friedhof der Familie eine Zeremonie zum Gedenken an Tsangatelo geben, vor allem, um ihn zu bitten, er möge uns Frieden bringen. Mehr noch als die Sympathie der Portugiesen brauchten wir die Gunst unserer Ahnen. Die Zeremonie spiegelte die Spaltung, die in unserer Familie existierte. Für die einen, wie Großmutter und mein Vater, war unser Ältester gestorben; für die anderen – und zu denen gehörte ich – wanderte Tsangatelo lediglich als Lebender durch einen langen dunklen Tunnel. Eines Tages würde er aus diesem Tunnel ausgestoßen werden, als wäre es eine zweite Geburt.

Die Vorbereitungen verlangten unser aller Einsatz. Mir fiel die von unserem Haus am weitesten entfernte Arbeit zu – den ganzen Nachmittag über sammelte ich Brennholz. Ich trug Stöcke und Reisig zusammen und ordnete sie unter dem Arm, als wären sie ein Teil von mir.

Nach dem Beispiel der anderen Ehefrauen von Nkokolani hatte Mutter dicke Holzscheite während der Nacht brennen lassen. So machten sie es alle. Wenn morgens das Haus erwachte, brannte das Feuer schon. Damit wurde den Männern erspart, neues Feuer zu entfachen. Feuer machen war in unserem Dorf ausschließlich Aufgabe der Ehemänner.

Es fing an zu dunkeln, aber ich hatte noch nicht alles Holz im Hof geschichtet. Da begann die Kirchenglocke von allein zu läuten. Die Vögel flogen erschrocken auf, und die Dorfbewohner suchten Zuflucht in ihren Häusern. Der Dorfblinde, der nie aus dem Haus ging, erschien auf dem Platz. Vor Jahren war er ohne sichtbare Verwundung aus dem Krieg zurückgekommen. Aber der Krieg hatte sich in seinem Kopf festgesetzt und ihm das Augenlicht von innen genommen.

Der Blinde hörte das Flügelschlagen der Vögel und erklärte: »Brüder, dies sind die letzten Vögel! Seht sie euch genau an, denn ihr werdet sie nie wiedersehen.« Er wirbelte herum, als tanzte er mit seinen blinden Füßen, die Arme zu Flügeln ausgebreitet. »Lasst uns diese Vögel grüßen, die dem Himmel Höhe schenken. Wir wollen sie grüßen, denn morgen werden in Nkokolani nur noch die Kugeln fliegen.« Damit ging er zurück in sein Haus, mit den Armen im Dunkeln rudernd.

Das mysteriöse Glockenläuten war für mich ein Signal, ein Zeichen dafür, dass andere Götter nach unserer Aufmerksamkeit verlangten. Ich ließ das noch ungeschichtete Brennholz liegen und dachte nicht mehr an meine übrigen Pflichten. In dem letzten spärlichen Licht machte ich mich auf den Weg zu der verfallenen Kirche. Es war ein kleines, schäbiges Häuschen, so verkommen, dass schon lange niemand mehr eingetreten war. Selbst Gott ließ sich dort nicht blicken. Es hieß, früher seien Messen gelesen und vielen neuen Christen Religionsunterricht gegeben worden. Doch seit der letzte Priester nach Inhambane gegangen war, war das Gebäude verfallen, einsam und verdorrt wie eine Insel inmitten der zahllosen afrikanischen Geister. In einer kleinen Kirche, ähnlich wie diese es einmal gewesen war, hatte ich seinerzeit Unterricht im Rechnen und Schreiben erhalten.

Nichts geht über eine kleine leere Kirche, um Gott in uns selbst zu finden. Ich dachte an die Zeiten zurück, als die Kirche von Makomani lebendig war und Pater Rudolfo immer zu sich selbst sagte: »Die Schwarzen haben keine Seele, sagen sie im Mutterland. Dabei ist das Gegenteil der Fall, diese Menschen haben zu viel Seele …«

Vielleicht hatte der Priester recht. In diesem Augenblick aber hatte ich keine Seele, die mir helfen konnte. Ich kniete nieder und legte das Ohr auf den Boden. Ich hörte Großvater schürfen, um an die Oberfläche zu kommen. Aber das Felsgestein war zu hart, und Großvaters Finger waren erschöpft und schwach.

Wieder läutete die Glocke, und die Eule, die in der Ruine wohnte, flatterte über meinem Kopf. Ich trat auf den mit Federn bedeckten Fußboden, als ginge ich über einen Lichtstrahl des Mondes. Ein Sprichwort sagt, die Federn der Eule sind so leicht, dass sie nie zu Boden fallen. In dieser Nacht sollten die Federn wie von Sinnen wirbeln und aufsteigen, bis sie an den Dachpfannen hängen blieben. Am Dach sollten sie sich in Körper und Flügel verwandeln – Engel würden entstehen. In dieser Nacht sollte ich verrückt werden wie die Hunde. Mein Heulen sollte selbst dem Mutigsten die Haare sträuben. Wie sagt doch Mutter: Für meinen Wahnsinn benötige ich nur eine kleine Portion Mondlicht.

Als ich ging, erklang die Glocke immer noch, von unsichtbaren Händen geläutet. Ich kehrte nach Hause zurück mit der Gewissheit, dass die Kirche nicht der Ort war, um nach Großvater zu suchen. Während die anderen sich auf den Weg zu der Zeremonie machten, um eines Toten zu gedenken, der gar nicht gestorben war, entschied ich mich, ihn auf andere Weise zu feiern. Ich schlang die Arme um den Termitenhügel, als umarmte ich die ganze Erde. Dies war der Altar der Familie, unser *digandelo,* an dem der heilige Mahagonibaum wuchs. Dort band ich die weißen Tücher fest. Dort hörte ich Tsangatelo, so wie man das Flügelschlagen eines Engels hört.

Tsangatelo lehnte sich an den Termitenhügel, um eine alte, längst bekannte Fabel zu erzählen. Es war Nacht, die Götter erlaubten ihm, Geschichten zu erzählen. Dieses Mal aber improvisierte er eine neue Form der Darbietung. Er reckte sich, um der Nacht angemessen zu sein. Als er sprach, schien es, als drücke er sich in einer neuen Sprache aus, die aus seinen Worten entstand. Als lauschten ihm nur die Götter. Dies ist die Geschichte, die Tsangatelo erzählte:

»Irgendwo gab es einen alten Krieg, zu einer Zeit, als noch kein Ort einen Namen hatte. Die Schlacht befand sich in den Anfangsvorbereitungen, in dem Stadium, wenn die Krieger so große Zuversicht besitzen, dass sie sich selbst nicht mehr sehen, obwohl sie verletzlich und von Angst übermannt sind. Die beiden Heere gingen einander gegenüber in Stellung, da zuckte ein grelles Leuchten über den Himmel. Das glühende Licht eines Sterns zog über das Firmament. Vorübergehend erblindet, fielen die Soldaten zu Boden. Als sie wieder zu sich kamen, hatten sie ihr Gedächtnis verloren und wussten nicht, wozu die Waffen dienten, die sie in den Armen hielten. Da legten sie die Lanzen, Wurfspieße und Schilde ab und sahen einander ratlos an. Bis schließlich die rivalisierenden Herrscher sich begrüßten. Dann umarmten die Soldaten einander.

Und als sie den Blick wieder auf die Umgebung richteten, sahen sie kein zu eroberndes Gebiet, sondern Land für den Ackerbau.

Schließlich gingen die Männer auseinander. Auf dem Weg zurück zu ihren Häusern hörten sie das älteste aller Wiegenlieder, gesungen von den zahllosen Stimmen einer einzigen Frau.«

Fünfter Brief des Sargento

Nkokolani, 5. April 1895

Sehr geehrter Senhor
Conselheiro José d'Almeida

Gestern habe ich mich auf dem Wasserweg nach Chicomo begeben. Dort nahm ich teil an der Versammlung von Offizieren der Kolonne Nord, auf der wir die Vorstöße und Schwierigkeiten unseres Feldzugs gegen das Hauptquartier des Gungunhane in Manjacaze besprachen. Sie werden den detaillierten Bericht über die Versammlung persönlich erhalten.

Am nächsten Tag kehrte ich nach Nkokolani zurück, begleitet von Ihrem Adjutanten, unserem gemeinsamen Freund Mariano Fragata. Wir fuhren den ganzen Vormittag in einer Piroge flussabwärts auf dem Rio Inharrime. Unterwegs veranlasste uns ein Mann, am linken Ufer anzuhalten. Es war ein großer, gut aussehender Neger von gewissem Alter, der mit den Armen fuchtelte, um auf sich aufmerksam zu machen.

Ich gab Anweisung zu halten, obwohl alle anderen Passagiere davon abrieten. Besagter Neger grüßte mich halb unterwürfig, halb würdevoll und richtete mehr gestikulierend als in Worten eine höchst merkwürdige Bitte an mich: Ich möge in seinen Ausweisen sein Geburtsdatum ändern. Er müsse seine Arbeitserlaubnis für die Minen in Südafrika erneuern lassen und könne nicht sein wahres Alter angeben. Dann stellte er sich vor und bat, niemand im Dorf Nkokolani solle von seinem Auftauchen erfahren.

»Ich bin Tsangatelo, der Älteste der Nsambes. In Nkokolani ist der Herr sicherlich schon meinen Enkeln begegnet, Mwanatu und Imani, den Kindern von Katini und Chikazi.«

In seiner Begleitung befand sich ein weiterer Minenarbeiter, er verhielt sich so diskret wie ein Schatten, half uns aber bei dem weiteren Gespräch als Dolmetscher. Dieser andere Mann war ein Landim, also aus Lourenço Marques, und erwies sich als weit besser mit unseren Sitten vertraut.

»Ich darf deine Papiere nicht fälschen«, wandte ich als Erstes ein.

»Wer hat von Fälschen gesprochen?«

»Du. Du hast verlangt, ich soll das Datum ändern.«

»Man kann ändern, ohne zu lügen. Weil niemand genau weiß, an welchem Tag er geboren ist. Oder nicht?«

»Ich schon.«

»Außerdem sind die Portugiesen jetzt unsere Eltern. Der Herr ist mein Vater. Wie kann er die Bitte eines Sohnes ausschlagen? Eines Sohnes, der älter als der Vater ist?«

Fragata, der sich bis dahin im Hintergrund gehalten hatte, kam in den Bug der Piroge, um das Palaver schneller zu beenden. Der alte Kaffer kniff die Augen zusammen und hob einen Arm: »Ich erinnere mich an Sie«, rief er.

»Ich wüsste nicht, dass ich dich schon gesehen habe.«

»Der Herr ist der mit dem Goldzahn. Ich bin Tsangatelo, der Karawanenanführer, wissen Sie nicht mehr? Ich habe Waffen für Ihre Truppen transportiert …«

Mariano Fragata neigte den Kopf und musterte die Gestalt im Gegenlicht. Dann stieg er aus dem Boot und umarmte den Schwarzen. Mithilfe des Dolmetschers feierten sie das Wiedersehen, als wären sie Waffenbrüder. Irgendwann erklärte Fragata angesichts meiner Neugier:

»Dieser Mann hatte vor mir noch nie einen Weißen gesehen. Er glaubte, das Pferd und ich seien ein einziges Geschöpf.«

Beide lachten. Der Portugiese knapp und beherrscht, förmlich erfreut. Der Afrikaner laut und aus vollem Hals, wie die Flut eines mächtigen Stroms. Ich gestehe, dass dieses Lachen in mir blanke Wut auslöste, als hätte ich eine Äußerung des Teufels vor mir. Dieses Verhalten, plötzlich so ungehobelt und schroff, ließ in mir erneut den traurigen Verdacht aufkommen: Wir können ihnen noch so viel unsere Sprache beibringen, sie können noch so viel vor einem Kruzifix niederknien, die Kaffern werden nie etwas anderes sein als unzivilisierte Kinder.

Nun gab Fragata Anweisung, dort Rast zu machen und mit den beiden Minenarbeitern Proviant und Wasser zu teilen. Dann erst, als wir im Schatten unter dichtem Laub saßen, gab der Adjutant die notwendigen Erklärungen darüber ab, wer der alte Schwarze war. Es handelte sich um den früheren Besitzer von Karawanen, der vor Jahren den ersten Konvoi, zu dem Fragata gehörte, kontaktiert und seine Dienste für den Transport von Waffen und Proviant angeboten hatte. Das erwies sich als Glücksfall für die Einrichtung unserer ersten Posten. Tsangatelo war damals eine in der ganzen Region angesehene Autorität. Seine Karawanen hatten auf der gesamten Strecke, im Gaza-Reich ebenso wie im Gebiet der portugiesischen Krone, gesichertes Passierrecht. Die lokalen Häuptlinge erhielten Geld und garantierten dafür Schutz vor bewaffneten Überfällen. Nun stand dieser frühere Verbündete abgemagert und zerlumpt vor uns.

»Du bist es also, alter Tsangatelo? Und jetzt willst du in den Minen arbeiten?«

»Und der Herr? Hat er noch seinen Goldzahn?«

Unser Fragata schien entzückt, denn er schürzte bereitwillig die Lippen und zeigte den Zahn, der im hellen

Tageslicht funkelte. »Den habe ich noch, und den behalte ich auch, mein lieber Tsangatelo«, verkündete er. Beim Anblick von Fragatas Gebiss schnalzte der Neger plötzlich aufgeregt mit der Zunge.

»Was ist?«, fragte ich.

»Dieser Zahn ist ja erst der Anfang«, sagte der Neger.

»Der Anfang? Anfang wovon?«

Worauf der Neger antwortete, Fragatas ganzes Skelett werde zu Gold werden. Knochen und Knöchelchen, von denen er gar nicht wusste, dass er sie hat, würden ihm zur Last werden. Mit einem Wort, unser Freund sei dabei, sich in eine Mine zu verwandeln. Mit seiner langjährigen Minenarbeitererfahrung warnte Tsangatelo: »Sie werden den Herrn umbringen. Und ihn wie eine Goldader ausweiden. An seiner Stelle würde ich den Zahn ziehen lassen. Oder glaubt er, weil er weiß ist, kommt er heil davon?«

Wir lachten verhalten über diesen Unsinn und boten ihm von dem Wein und den Dauerkeksen an, die wir mitführten. Sein Begleiter und er bedienten sich mit gepflegten Manieren. Der Alte wollte etwas von mir wissen, und ich bekundete, dass ich Neuling auf afrikanischem Boden sei. Gleich darauf stellte er eine höchst eigenartige Frage: »Darf ich Sie etwas fragen: Wie groß ist Portugal?«

»Ich verstehe die Frage nicht.«

»Wissen Sie, wie groß dieses Land in Afrika ist? Das wissen nicht mal wir, mein Herr. Unser Land hier ist so groß, dass wir die Wegstrecken nach den Flüssen messen, über die wir fahren. Sie fahren über diesen Fluss. Ich kann schon nicht mehr zählen, über wie viele Flüsse ich gefahren bin.«

Dann schwieg er. Ich hätte ihn nicht verstanden, wenn Fragata mir nicht die Logik seiner Worte erklärt hätte: Der Schwarze wies mich darauf hin, dass ich mit Widrigkeiten zu rechnen hatte, wenn ich die Furten der Flüsse bezwingen wollte, die vor uns lagen. Ich könne mir nicht vorstellen, wie mühsam es sei, mit Männern, Rindern, Pferden, Kanonen und Lasten durch die heimtückischen Flussbetten zu waten. Der Neger habe recht, sagte Fragata. Die Flussquerungen seien ein Krieg im Krieg, fügte er hinzu. Und je mehr Waffen wir hätten, umso weniger wären wir darauf vorbereitet.

Es war schon spät, als Fragata den Kaffern zu überreden versuchte, mit uns nach Nkokolani zu gehen. Tsangatelo lehnte energisch ab. Er hatte das Dorf vor Jahren verlassen, man würde ihn nicht freundlich empfangen, erklärte er. Diese Enttäuschung wollte er sich ersparen. Er antwortete in herablassendem Ton: Alle kennen den Zorn derer, die geblieben sind, gegenüber denen, die den Mut hatten, wegzugehen.

Damit war das Gespräch beendet. Der alte Minenarbeiter erhob sich, und da erst nahm ich richtig wahr, wie mager er war. Er sah eher wie ein Mast aus und nicht wie ein Mensch. Doch seine Magerkeit war trügerisch, wie alles in diesem Land sich irreführend und falsch darstellt. Bedächtig, als wäre Muße eine Höflichkeit, hob der Mann zur Verabschiedung an. Er reichte Fragata die Hand und verharrte so, während er vehement wiederholte, er solle dafür sorgen, den Goldzahn loszuwerden.

»Sein Sie vorsichtig, mein Herr. Denn wir Minenarbeiter steigen in die Schächte hinunter, weil wir auf Ihre Götter vertrauen.«

Das erklärte der alte Schwarze. Ich verstand nicht, warum er diese Äußerung tat, für mich war das schamlose Ketzerei. Warum sprach er von »unseren« Göttern? Dann richtete Tsangatelo an mich – und nicht an Fragata – die folgenden Worte: »Das Gold und die Diamanten, wem, meinen Sie, gehören die?«

»Natürlich dem, der sie da rausholt.«

»Im Gegenteil, mein Herr. Sie gehören dem, der sie dahin gebracht hat. Und wer sie dort verteilt hat, waren die

Geister unserer Vorfahren. Ich frage Sie, die Weißen, haben Sie dafür um Erlaubnis gefragt?«

»Wir haben eure Häuptlinge gefragt.«

»Welche?«

»Die darüber zu bestimmen haben.«

»Die haben nicht über die Erde zu bestimmen und auch nicht über das, was in ihr ist. Deshalb sage ich«, fuhr er fort, »dass es gut ist, wenn eure Götter uns beschützen. Denn den Schutz unserer Götter haben wir schon lange verloren.«

Der gute Fragata, der in wenigen Tagen nach Inhambane zurückkehren wird, hörte sich den pittoresken Dialog an und war die restliche Fahrt über melancholisch. Ich konnte mich nicht des Gedankens erwehren, dass unser Landsmann für den kindlichen Aberglauben des Schwarzen empfänglich geworden war. Ehrlich gesagt, ließ auch ich mich von der bedrückten Stimmung anstecken. Was für eine Krankheit ist das, Senhor Conselheiro, die uns hier in den Tropen befällt?

Ich habe diesen Zwischenfall vermerkt, weil mir Ihre Feinfühligkeit bekannt ist. Oder ist es womöglich notwendig, die Farce zu vergessen, die wir im Laufe der Jahrhunderte als Demonstration unserer schwachen Macht aufgeführt haben? Die Reise nach Chicomo und insbesondere die Überquerung des Flusses haben in mir höchst quälende Zweifel geweckt. Welche Ländereien der Krone sind das, die niemals den König gesehen haben? Ist Dom Carlos jemals in den Sinn gekommen, die Gebiete in Übersee zu besuchen? Und sollte der König jemals hierherkommen, wäre dies das Afrika, das man ihm zeigen würde? Alle diese Fragen quälen mich, und wenn ich sie Ihnen mitteile, so tue ich dies, weil ich glaube, dass ich ihnen Gewicht nehme, wenn ich sie zu Papier bringe.

Ich denke daran zurück, auf welch nahezu poetische Art der Schwarze Tsangatelo von der unermesslichen

Größe dieses Landes im Vergleich zu Portugal gesprochen hat. Die Worte dieses Mannes lösen in mir eine andere Frage aus: Können so riesige Gebiete uns gehören? Können Ländereien, die nicht auf einer einzigen Weltkarte enden, lusitanischer Besitz sein?

Die Engländer in Südafrika werfen uns schon vor, das Ansehen der weißen Rasse zu schädigen. Und sie haben sogar vorgeschlagen, Buren-Söldner unter Vertrag zu nehmen, um der Rebellion der Landins und dem Ungehorsam von Gungunhane ein Ende zu machen. Vielleicht täten wir gut daran, Söldner in unsere Reihen aufzunehmen. Anstatt das beschämende Ultimatum der Briten zu akzeptieren, wäre es besser, einen Teil des Gebiets zu verlieren und damit unsere Würde dort zu wahren, wo wir effektive Präsenz zeigen können.

PS: Sie haben mich ermutigt, in unserer Korrespondenz zu einem weniger formellen Ton zu greifen. Sie sagten, Sie seien es müde, mit offiziellen Papieren umzugehen, seien es so leid, wie Sie es leid seien, nicht zu Hause zu schlafen. Sie haben mich aufgefordert, keine Berichte, sondern Briefe zu schreiben und sie zu verfassen, als schriebe ich an einen Freund. Diese Ihre Worte sind für mich ein wahrer Segen. Daher, verehrter Senhor Conselheiro José d'Almeida, werde ich künftig einen vertraulicheren Ton wählen.

Aus diesem Grund und als persönliche Mitteilung berichte ich Ihnen, was in dieser Nacht geschah. Ich war eingeschlafen, so tief, als wäre ich weit weg von mir, oder als wäre mein Körper ausgedehnter als der afrikanische Busch. Und ich schlief unruhig, denn ich spürte, dass durch meinen Schlaf ein Fluss strömte. Als ich erwachte, saß am Bettende der alte Minenarbeiter Tsangatelo. Er glich einem schwarzen Schwan und glitt lautlos dahin, während sich im Raum das Plätschern von Wasser ausbreitete. Da gewahrte ich, dass das Bett ein Boot war. Der Minenarbeiter ruderte, und ich streckte ihm den Arm entgegen und flehte ihn an: »Bring mir das Lachen bei, Tsangatelo! Bring mir das Lachen bei!«

Merkwürdige Träume, die uns die Hitze der afrikanischen Nächte beschert. Ehrlich gesagt, hat mich dieser wirre Traum die ganze Zeit beschäftigt. Ich muss ständig an das Haus meiner Kindheit in einem kalten Dorf in Nordportugal denken. Dort, in meinem ersten Zuhause, wurde das Lachen vor der Haustür abgelegt, als müsste Fröhlichkeit sich auf einem abgewetzten Teppich am Eingang die Füße abtreten. Mein Vater, streng und ernst, trug immer Schwarz, als trauerten wir um alle Toten der Welt. Im Dunkel der Nacht, wenn das ganze Haus schon schlief, kam meine Mutter, einen Schritt vor den anderen, damit ihr Mann sie nicht hörte, leise zu mir, um mir eine gute Nacht zu wünschen. »Dein Vater erlaubt mir nicht, dir einen Kuss zu geben«, flüsterte sie. Und fügte hinzu: »Dein Vater fürchtet, ich wäre weniger für ihn da, wenn ich zu sehr Mutter wäre.« Leise erzählte sie mir Geschichten. Einfache Geschichten, die einen zum Lachen, die anderen zum Weinen. Damals hatte ich aber schon gelernt, Tränen zurückzuhalten und Lachen hinunterzuschlucken.

Ich bin zwischen Schatten geboren und aufgewachsen. In meinem Zuhause herrschten der Geruch und die Stille eines Waisenhauses. Ich hatte alles, um ein guter Soldat zu werden.

Die Sünde der Falter

Wer auf Rache sinnt, glaubt der Zukunft zuvorzukommen. Das ist ein Trugschluss, der Rächer lebt nur in einer bereits vergangenen Zeit. Der Rächer handelt nicht nur im Namen dessen, der tot ist. Er selbst ist schon gestorben. Die Vergangenheit hat ihn getötet.

Dass unser Vater aufwachte, wussten wir, weil er dann knallend schnalzte. Das war im ganzen Dorf zu hören. Die Dorfbewohner sagten im Chor: Katini ist auferstanden. Das war scherzhaft gemeint, diente aber gleichzeitig als Warnung. Der Aufgewachte kehrte aus seinen Träumen zurück, da galt es, vorsichtig zu sein – der Mann hatte den Staub der Götter an den Füßen.

An diesem Morgen wachte Vater ohne Schnalzer auf. Mit einem großen Beutel gewappnet, verließ er aufgeregt das Haus und ging zu dem Posten, wo sein jüngerer Sohn sich einquartiert hatte. Unvermittelt befahl er ihm mitzukommen. Dann schlug er den Weg Richtung Fluss ein und rief alle Jugendlichen zusammen, die ihm unterwegs begegneten. Er forderte sie auf, Hacken zu holen und mitzukommen. Er überquerte die Reisfelder, blieb stehen und betrachtete das weite Tal. Die Anpflanzung war ein Zeichen des Ungehorsams, auf den unser Onkel Musisi sehr stolz war. Die VaNguni-Invasoren hatten uns verboten, Reis anzubauen. Sie sagten, das sei »Essen der Weißen«. Aber das waren nur Worte. Der wahre Grund lautete: Die kleinen Körner taugten nicht zur Herstellung von Schnaps. Sie konnten mehr und Besseres stehlen, wenn wir Mais anbauten.

Am Flussufer hingegen sah die Landschaft anders aus, auf allen Flächen stand Mais. Die Reisfelder, die wir hinter uns gelassen hatten, waren lediglich ein kleiner, vorübergehender Verstoß. Überall sonst hatten wir auf unsere eigenen Nahrungsmittel verzichtet – Sorghum und Perlhirse. Musisi hatte recht, wir machten es schon den Invasoren nach. Und wir taten es in dem, was unser Innerstes betrifft – wir aßen, was sie aßen.

Vater stieg auf einen Termitenhügel, betrachtete seine kleine Armee, dann hielt er das Gesicht zum Himmel, bis seine Augen genug Licht getrunken hatten. Als er wieder herunterkam, war er benommen, sammelte torkelnd die Hacken der Anwesenden ein und schichtete sie notdürftig übereinander. Dann verteilte er Dosen mit Paraffin und wies alle an, die Hacken anzuzünden. »Die brauchen wir nicht mehr«, sagte er. »Wenn wir graben müssen, können wir diesen Knochen nehmen.« Dann hielt er eine Elefantenrippe wie eine Lanze hoch. Er brüllte weiter: Nach dem ersten Feuer würden wir die Pflanzungen verbrennen, nicht eine Spur Grün sollte auf den Feldern übrig bleiben.

Die Jugendlichen wichen entsetzt zurück. Katini reagierte wütend: »Tut, was ich euch sage. Ich bin nicht verrückt, gehorcht mir!«

Erschrocken liefen die Jugendlichen davon. Zurück blieben allein Vater und Sohn, umgeben von einem Meer von Rauch und Flammen. Es dauerte nicht lange, da erschien das ganze Dorf mit grünen Zweigen, um die Flammen zu bekämpfen. Mehrere Männer kamen dazu, beschimpften meinen Vater und griffen ihn an. Auch Mwanatu mischte sich in seiner lächerlichen Uniform ein und verkündete: »… im Namen der portugiesischen Krone, lasst diesen Kaffer in Ruhe!«

Sie zerrten Katini mit Gebrüll fort: »Fesselt ihn, fesselt ihn!« Sie suchten nach einem der Baumstämme, in deren Öffnungen Hände und Füße von Räubern gesteckt werden. Zum Glück für Katini lagen schon alle Stämme im Feuer.

Das Gesicht verquollen und blutbeschmiert, nahm Vater alle Kraft zusammen und beschwerte sich: »Ihr dummen, brutalen Neger, kapiert ihr nicht, dass ich euch das Leben rette?«

Für ihn lag es auf der Hand – die Soldaten, die vom Norden her kamen, waren ausgehungert. Nicht Hass leitete sie. Sondern Hunger. Wenn sie von unseren bestellten Feldern erführen, würden sie uns fraglos überfallen. Das wollte er vermeiden. Unsere Armut wäre der beste Schutzschild gegen die Aggressoren. Niemand greift jemanden an, der nichts hat.

Die Dorfbewohner gingen nach Hause und bedachten mich mit Blicken, wie man sie Waisenkindern zuwirft. Hinter mir scharrte mein Vater mit der Elefantenrippe im Erdboden. Sekundenlang dachte ich, er grabe sich sein eigenes Grab.

Zu Hause tat meine Mutter so, als wüsste sie nicht, was am Nachmittag geschehen war. Mein Vater saß auf den Gebeinen des Elefanten und wartete vergeblich darauf, dass sie ihn beachtete. Mutter war beschäftigt, sie kniete vor dem großen Tonkrug, tauchte die Hände ins Wasser und rieb sich sorgfältig die Finger. Der Zwischenfall mit den Soldaten quälte sie immer noch. Da war eine Blutspur, die nicht von ihrer Haut wich, ein Fischgeruch, der ihr nicht aus dem Sinn ging.

Schließlich setzte sie sich auf den Boden, die Ellbogen auf die Knie gestützt, als brauchte sie Halt, um nicht auseinanderzufallen.

»Warum gehst du nicht nach drinnen, Mutter?«

Sie schüttelte den Kopf. »Drinnen« war noch schutzloser. Der Neid hatte sich unser Zuhause ausgesucht. Obwohl nur aus Holz und Lehm gebaut, war unser Haus einzigartig im Dorf. Die Wände waren gekalkt und die Mauern mit bunten Motiven bemalt. Das großräumige Innere, die zahlreichen Zimmer, die rechteckige Form, die breite Veranda auf der Vorderseite, das alles unterschied uns von anderen.

In den anderen Häusern waren die herkömmlichen *xipefos,* die mit Mahagoni-Öl betriebenen Lampen, längst erloschen. Unter dem Vordach unseres Hauses zeugten zwei Petroleumlampen von den Privilegien unserer Familie, dem Clan der Nsambe. Die Falter tanzten wie betäubt um die Lichtquellen herum. Man konnte meinen, sie kämen aus den Wänden, Kalkstückchen, die sich von den Mauern lösten und wie von Sinnen flatterten. Mein Vater sagte, diese Nachtfalter seien in früheren Leben Schmetterlinge gewesen, die sich in ihre eigene Schönheit verliebt hatten. Zur Strafe für ihre Eitelkeit wurden sie vom Tageslicht verbannt. Aus Sehnsucht nach der Sonne begingen sie Selbstmord, wenn sie an die Lampen stießen. Die Gläser der Petroleumlampen waren ihr letzter Spiegel.

Die Nachtfalter waren für mich mit Großmutter Layeluane verwandt, von der Glut eines Lichtstrahls getroffen, starben sie so leicht wie das Licht. Nichts ließ sie leiden. Mit jedem erlegenen Insekt erstand Großmutter neu und starb abermals.

Der Abend schien sich mit diesem Flügelopfer zu erschöpfen, als mein Vater plötzlich warnend einen Arm hob: »Ich höre Metallgeräusch, wisst ihr, was das ist?«

»Mann, bitte …«

»Dieses Scheppern von Schrauben, das kann nur dein Bruder Musisi sein.«

»Bitte, Mann, streite nicht mit ihm. Wir sind Familie, es ist doch unser gemeinsames Leben.«

Die Wut, die Katini Nsambe auf seinen Schwager Musisi hegte, war alt und nicht zu ändern. Anfangs war es nur ein bisschen Neid gewesen. Mein Vater hatte nämlich niemals als Soldat gedient. Diese Prüfung fehlte ihm, um als richtiger Mann zu gelten.

In einer der Schlachten, in der er durch Abwesenheit glänzte, kämpften die VaChopi und die Portugiesen gemeinsam gegen die Soldaten von Ngungunyane. Dabei wurde Musisi von einem aus den eigenen Reihen getroffen. Für Katini war der Vorfall lediglich die Bestätigung einer Überzeugung: Die Kugel, die uns tötet, kommt nicht von außen, sondern von innen. Das sagte er immer. »Und nun läuft dieser Musisi hier strahlend herum und sonnt sich in seinem Ruhm … Von Tapferkeit nicht die Spur, ein Unfall war das.«

Geschehen war Folgendes: Ein portugiesischer Soldat hatte Musisi für einen Feind gehalten. Dem Schützen war von vornherein verziehen. Für die Portugiesen waren die Afrikaner, Feinde wie Verbündete, eine unterschiedslose Masse: tagsüber schwarz, nachts dunkel. Die Kugel bohrte sich in Musisis Rückgrat und blieb dort stecken, offenbar ohne Folgen. Innerhalb des Rückgrats jedoch wurde die Kugel lebendig, und die Wirbel verwandelten sich einer nach dem anderen in Metall. Sie wurden zu Geschossen, so tödlich wie die ursprüngliche Kugel. Wenn Musisi sich bewegte, hörte man das Geräusch von rostigen Scharnieren. Er sollte sich von dem Unfall nie mehr frei machen können. Wohin er auch ging, er trug den Krieg in sich.

Die Mutter lachte über diese unabänderliche Eifersucht. Männer ziehen in den Krieg, um erwartet zu werden. Ob siegreich oder besiegt, der Soldat muss bei der Rückkehr größer sein als beim Aufbruch. Der Krieger kehrt aus den Schlachten zurück, um seine Wunden vorzuführen und den schönsten Trost zu erwarten, den

Schoß der geliebten Frau. Doch ist es nicht der Trost der Liebe, den der Krieger vor allem sucht. Er will vergessen, will sich in sich selbst auslöschen. Katini brauchte weder Trost noch Vergessen. Die Musik war da, wo er sich befand und wo er sich selbst bekriegte. Die Musik war sein Reich. Und der Alkohol sein Thron.

Tante Rosi hatte eine andere Erklärung für die problematische Beziehung zwischen den Schwägern. Was sie entzweite, war ein Machtkampf. Seit Großvater Tsangatelo nicht mehr da war, gebot Katini als Autorität über die ganze Familie Nsambe. Was für Musisi nicht hinnehmbar war.

Für mich gab es noch eine andere Erklärung für ihre Rivalität. Der verhängnisvolle Schuss hatte nämlich aus Zwillingskugeln bestanden. Die erste hatte Onkel Musisi verletzt. Die zweite hatte meinen Vater in der Seele getroffen. Deshalb vergeht keine Nacht, ohne dass er hochschreckt, weil er Kugeln pfeifen hört. Keuchend setzt er sich auf der Matte auf und sieht einen eisernen Vogel so rasend schnell durch die Lüfte fliegen, dass ihm nicht einmal die Zeit bleibt, aus dem Schlaf aufzuwachen. Er zieht sich die Decke über den Kopf, zum Schutz vor dem Unheilsboten. Das Schlimmste an der Vergangenheit ist das, was noch kommt.

In der Dunkelheit dieses Abends erwies sich, dass mein Vater recht mit der Ankündigung hatte, dass ein Besucher nahte. Was er gehört hatte, war vielleicht nicht gerade das Scheppern von Eisen. Aber ein lautes Händeklatschen kündigte Onkel Musisi an. Er brachte beunruhigt die Nachricht, er habe in der Umgebung feindliche Soldaten gesehen.

»Das wissen wir«, sagte ich. »Wir wissen, dass die hier unterwegs sind.«

»Überhaupt nichts wissen wir!«, korrigierte mich sofort seine Schwester. Sie wiederholte jede Silbe einzeln:

»Ü-ber-haupt-nichts-wis-sen-wir.« Ihr Blick machte unsere vorlauten Worte ungeschehen. Niemand sollte von unseren Begegnungen mit den VaNguni-Soldaten erfahren.

Onkel Musisi gab wieder, was er von den Wachposten in der Ebene erfahren hatte: Ngungunyanes Truppen hatten sich, so weit das Auge reichte, über die ganze Ebene von Inharrime verteilt. Wie rote Ameisen rückten sie vor. Der Herrscher von Gaza war dabei, die Hauptstadt seines Reiches von Mossurize nach Manjankhazi zu verlegen. »Eins kann ich euch sagen: Noch nie auf der Welt sind so viele Menschen zusammen marschiert.«

Ich verstand nicht, warum daraufhin Schweigen eintrat. Es war eine Art erneute Trauer über unseren vorweggenommenen Tod. Als wir das erste Mal überfallen wurden, war ich ein kleines Mädchen. Deshalb war die Spannung, die nun entstand, für mich nicht begreiflich.

»Wo sind Dubula und Mwanatu?«, fragte mein Onkel in das Schweigen hinein.

»Du weißt genau, dass deine Neffen nicht mehr in diesem Haus wohnen.«

»Pass du an der Tür auf, Imani«, wies mich Musisi an. »Ich will sie nicht hier haben, wenn wir über dieses Thema sprechen. Deinen Brüdern kann man beiden nicht vertrauen.«

Der Onkel setzte sich näher ans Feuer, die Ziernarben in seinem Gesicht leuchteten schimmernd im Schein der Flammen. Jede Narbe entsprach dem Tod eines Feindes. Für meinen Vater waren die Narben alle falsch. Musisi hatte nie zu töten gewagt. Er, Katini, hatte wenigstens Kinder bekommen, die einen lebten, die anderen waren tot. Musisis Kinder waren nie geboren worden. Er war das, wofür ich mich selbst hielt: ein trockener Baum.

»Das Essen ist fertig!«

Mit ernster Miene verlangte Mutter, wir sollten uns setzen. Mich wies sie an, den Männern nacheinander eine Schüssel zu reichen, damit sie sich die Hände waschen konnten. Die *ushua* wurde in einem Tontopf serviert und daneben, in einem anderen Gefäß, das Trockenfischcurry. Die Finger bewegten sich hin und her, wie in eingeübtem Tanz, und eine Zeit lang war nichts als anhaltendes Kauen zu hören. Dann erst hob Onkel Musisi die mit Maniokmehl bestreuten Finger hoch und stammelte: »Jetzt fängt der Krieg wieder an.«

Seine plötzlich weißen Finger wippten in der Dunkelheit, als bekämen sie ein Eigenleben, unabhängig vom Körper. Mein Vater mit seiner immer nachsichtigen Art beschloss, einzugreifen und die Widrigkeiten der Welt etwas abzumildern: »Wir sind beim Essen, werter Schwager.«

»Ja, und?«

»Es gibt Dinge, über die man beim Essen nicht spricht. Außerdem fangen Kriege nie an. Wenn wir sie wahrnehmen, finden sie schon seit langer Zeit statt.« Er wollte Zeit gewinnen, zog das Gespräch hin. Seiner Ansicht nach sind alle Konflikte dieser Welt Teil eines einzigen, uralten Krieges.

»Sollen wir die Portugiesen informieren?«, fragte Mutter, ohne Rücksicht auf den wortreichen Vortrag ihres Mannes.

»Auf keinen Fall!«, protestierte der Onkel energisch. »Das hier geht nur uns an. Die Portugiesen haben sich schon viel zu sehr in unsere Angelegenheiten eingemischt. Ich bin nicht so einer wie dein Mann, der nicht mehr weiß, wer er ist, noch, woher er kommt.«

»Ich bin durch und durch Muchope. Genau wie du, werter Schwager.«

»Nenn mich nicht einen Muchope! Diesen Namen haben sich die Invasoren ausgedacht. Ich gehöre zu den

VaLengue, das ist unser ältester Name. Ich stamme von Pfeil und Bogen ab, esse gern Fisch und verwende keinen Ochsen für Zeremonien.«

»Du, mein werter Schwager, verehrst unsere Ahnen nicht mehr als ich.«

Mutter stand auf, die Arme hochgereckt, als wollte sie verhindern, dass der Himmel einstürzt. Sie rief: »Es reicht! Der Feind steht vor der Tür, und ihr streitet? Wir haben keine andere Wahl, morgen reden wir mit den Portugiesen, wie wir es immer gemacht haben.«

»Du hast nicht verstanden, liebe Schwester. Die Portugiesen haben uns aufgegeben. Sie haben uns unserem Schicksal überlassen.«

»Wenn ihr nicht gehen wollt, dann gehe ich selbst«, erwiderte Mutter.

»Wohin willst du?«, fragte Vater.

»Zum Sargento, mit ihm sprechen.«

»Du bleibst hier, Frau«, protestierte mein Vater, von plötzlicher Würde beflügelt. »Ich bin der Mann in diesem Haus, ich gehe.« Und er wiederholte wohl ein Dutzend Mal: »Ich bin es, der zum Sargento geht.«

So wussten wir, dass er es vergeblich versprach. Als Onkel Musisi wieder gehen wollte, sah er sich in allen Ecken des Hauses um und fragte: »Übrigens, mein werter Schwager, wo ist das Gewehr, das ich bei dir gelassen habe?«

Mein Vater zuckte die Achseln. »Welches Gewehr?«, fragte er mürrisch zurück. Man konnte sich unschwer vorstellen, was passiert war: Vater hatte aus dem Gewehrlauf ein Rohr für den Destillierapparat gemacht. Der Wert einer Waffe bestand für ihn nur darin, dass man sie auseinandernehmen und für einen produktiveren Gegenstand zusammensetzen konnte. Und gibt es etwas Wertvolleres als einen Destillierapparat?

»Ich bin es, der mit dem Portugiesen sprechen wird!«

»Solange du deine Söhne aus der Sache heraushältst«, ermahnte ihn Musisi.

»Ich habe es schon einmal gesagt«, erklärte meine Mutter, »hier spricht niemand von den Kindern der anderen.«

Als mein Onkel gegangen war, rief meine Mutter mich und wies auf die Büsche rund ums Haus. »Sieh dir das an, die sind voll von Heuschrecken. Es dauert nicht mehr lange, dann ist der Krieg hier.«

Sechster Brief des Sargento

Nkokolani, 10. Mai 1895

Sehr geehrter Senhor
Conselheiro José d'Almeida

Heute habe ich die Bestandsaufnahme der im Posten vorhandenen Waffen vorgenommen. So wie man dieses Gebäude nicht als Kaserne bezeichnen kann, so kann man auch die verrosteten Reste, die sich hier gesammelt haben, nicht als Ausrüstung bezeichnen. Nur weil sie wertlos sind, hat Sardinhas Gier sie verschont. Die Lage ist folgende: Bis auf die Gewehre, die ich selbst mitgebracht habe, gibt es keine einzige brauchbare Waffe. Die Eingeborenen sind davon überzeugt, dass sich an diesem Ort ein mächtiges Arsenal befindet. Sollen sie es denken. Diese Lüge aufrechtzuerhalten, ist die einzige Funktion dieses Postens.

Ich habe gehört, nicht weit von hier, in dem Dorf Nhagondel, gibt es einen Militärposten im gleichen Zustand. Die Ruinen und der Verfall sind wie hier. Der einzige Unterschied ist, dass man dort als Sargento einen armen Neger hingesetzt hat. Daran kann ich ablesen, welchen Respekt man mir entgegenbringt. Ohne die Briefe, die ich an Sie schreiben darf, wäre meine Einsamkeit unerträglich. Möge Gott mir vergeben, doch ich würde dieser unseligen Verbannung tausendmal das Gefängnis von Porto vorziehen. Mag sein, dass Sie meine Zeilen nicht lesen. Mag sein, dass Sie niemals darauf antworten. Doch ich halte an meinen Schreiben fest, so wie ein Ertrinkender immer wieder an die Oberfläche kommt. Nur wenn ich schreibe, fühle ich mich lebendig und in der Lage zu träumen.

Wissen Sie, welches seltene Vergnügen ich hier pflege? Ich überprüfe die Waffen des Postens. Sie mögen alt und außer Gebrauch sein. Doch wenn ich sie in der Hand halte, verspüre ich erneut eine Leidenschaft, die ich in den Jahren auf der Militärschule entwickelt hatte. In den alten Papieren, die hier liegen geblieben sind, habe ich Texte über die Kriege der Engländer gegen die Zulus gefunden. Aus der Lektüre geht hervor, dass für die Europäer ein großer Nachteil darin bestand, dass sie so lange zum Nachladen der Gewehre brauchten. Diese Zeit war nicht nur tot, sondern tödlich.

Erstaunt hat mich, das muss ich gestehen, unsere Entscheidung, die österreichische Repetierbüchse mit dem Namen *Kropatschek* zu kaufen. Nicht wegen der Waffe an sich. Sondern dass wir eine solche Entscheidung getroffen haben. Denn wir sind die Einzigen, die in Afrika die *Kropatschek* einsetzen. Ich will mich näher erklären, bitte verlieren Sie nicht die Geduld und legen mein Schreiben beiseite. Denn gleich mit der Entscheidung haben wir einen erstaunlichen Sieg errungen. Und wissen Sie, wer als Erster besiegt wurde? Das waren wir, die Portugiesen. Dass dieses Gewehr uns besiegt hat, sage ich, weil es uns von der dämlichen Neigung abgebracht hat, es den Engländern in allem nachzutun. Verzeihen Sie mir die Anmaßung, diesen Schluss zu ziehen, doch nur so lässt sich ein Krieg gewinnen: indem wir zuerst uns selbst besiegen.

Wie Sie wohl wissen, erheben sich in Portugal zunehmend Stimmen gegen die Kosten für den Krieg in Afrika. Die Ironie dabei ist, dass es hier gar keinen Krieg gibt. Und wenn es zum Krieg kommen sollte, werden wir gnadenlos dahingemetzelt, keine *Kropatschek* kann uns retten.

Diese pessimistische Sicht mag, das gebe ich zu, durch die dramatischen Ereignisse bedingt sein, die ich hier erlebe. Der Selbstmord des Ladenbesitzers Sardinha hat mich weit mehr bedrückt, als Sie denken mögen. Mir geht nicht aus dem Kopf, dass in meinem Garten ohne Sarg und ohne Grabstein ein Landsmann ruht. Und wenn ihm noch so schwere Vergehen zur Last gelegt werden – er ist ein Portugiese, dem nicht die Möglichkeit gegeben wurde, sich zu verteidigen. Der Finger, der den Abzug betätigt hat, war seiner. Doch das Urteil gesprochen habe ich. Sardinhas Gebeine lasten nicht auf der Erde. Wohl aber belasten sie meine schlaflosen Nächte.

Ich weiß, wovon ich spreche, denn wie Sardinha wurde ich summarisch verurteilt, und keine Entfernung der Welt kann mich die ungerechte Verbannung vergessen lassen, die mir auferlegt wurde. Wenn ich mich wenigstens vollständig in Afrika befände! Nun ist es jedoch so, dass ein Teil von mir für immer auf einem Platz in Porto geblieben ist, wo die Kugeln meiner eigenen Armee meine Haut und mein Leben gestreift haben. Mehr noch als die Erinnerung an den Aufstand vom 31. Januar beschäftigt mich der Gedanke an den Tag, an dem man mich zusammen mit anderen Aufständischen vom Kerker auf ein Schiff gebracht hat. Von starker Militäreskorte bewacht, marschierten wir durch die Straßen und den Hafen von Leixões. Nicht vor uns fürchteten sie sich. Nein, sie fürchteten sich vor der Reaktion der Leute, die sich in den Straßen drängten. Zum ersten Mal empfand ich Stolz auf die Uniform, die ich trug. Doch dieses Gefühl schwand gleich darauf, als wir das Schiff betraten, auf dem das Kriegsgericht, das uns verurteilen sollte, zusammentrat. Eine Riesenfeigheit unserer Regierung. Es reichte nicht, uns vor den Blicken der Öffentlichkeit zu verbergen. Sie mussten auch noch die Farce des Gerichtsverfahrens im Nebel am Meer verstecken. Der Dampfer, auf dem ich an

Bord ging, hieß kurioserweise *Moçambique.* Ich ahnte ja nicht, dass dieses Militärgericht meine Deportation in die gleichnamige Kolonie beschließen würde.

Was ich auf diesem Schiff durchgemacht habe, während ich auf meine Aburteilung wartete, ist unbeschreiblich. Von tagelangem Warten und etlichen Stürmen gebeutelt, von Hunger und Übelkeit benommen, waren wir nur noch menschliche Wracks, als wir zur Verhandlung antreten mussten, sodass wir nicht mehr genügend bei Verstand waren, um selbst die einfachsten Fragen zu beantworten. Im Grunde hätte auch klarer Verstand uns wenig genützt – wir waren von vornherein verurteilt. Ob Zivilist oder Soldat, ob unschuldig oder schuldig, es gab nicht einmal den Versuch, Rechtsprechung vorzugaukeln.

Einer der Gefangenen, ein alter Lehrer, erinnerte sich an einen recht kuriosen historischen Fall, der sich in Frankreich zugetragen hat. Als der katholische König erfuhr, dass die protestantischen Wortführer in die Stadt gekommen waren, befahl er seinem Heer, sie zu umzingeln und alle zu töten. Der Soldat, der den Befehl erhalten hatte, fragte, wie er, wenn er in das Viertel gelangt sei, die protestantischen Wortführer vom Rest der Bevölkerung unterscheiden solle. Worauf der König antwortete: »Tötet sie alle. Gott wird die Seinen erkennen.«

Wie gern würde ich die Qualen vergessen, die zu meiner Verbannung geführt haben. Aber die Erinnerung an meine ganze Vergangenheit stieg wieder in mir auf, als ich nach den Scharmützeln in Lourenço Marques Teil des Erschießungskommandos war. Unsere Gewehre waren auf eine Gruppe aufständischer Schwarzer gerichtet, die am Tag zuvor gefangen genommen worden waren. Wie üblich bestand das Kommando ausschließlich aus Portugiesen.

Vor mir waren die Verurteilten in einer Reihe angetreten, lauter Halbwüchsige, fast noch Kinder. Keiner von ihnen hatte vor Gericht gestanden, niemand hatte sie auf

Portugiesisch oder in ihrer Sprache verhört. Die zum Tode Verurteilten hatten keine Stimme. In diesem Augenblick kam mir, irgendwie verwirrt, womöglich aus Angst oder schlechtem Gewissen, der Gedanke, dass die zum Tode Verurteilten schon von Geburt an genügend gestraft waren durch die Rasse, die sie hatten, die Götter, die sie nicht hatten. Aber dann ereignete sich ein merkwürdiges Missgeschick, der Abzug meines Gewehrs blockierte. Im selben Moment spürte ich, dass es kein einfaches technisches Versagen war, sondern ein trauriges Vorzeichen. Ich betätigte noch einmal den Abzug, und plötzlich gab es den Knall, den Blitz, die Brandwunde. Die Patrone war in der Büchse explodiert.

Es war nicht die Verwundung, die sich mir einprägte, denn die war leicht und bald verheilt. Für mich hatte der Vorfall jedoch unergründliche Ursachen. Es war eine Botschaft aus der anderen Hölle, in der nicht einmal die Dämonen wohnen. Die Patrone war nicht in dem Gewehr explodiert, sondern im Innern meiner Seele. Das Pulver sollte mein Leben lang wie glühende Lava aus meinen Händen schießen.

Nicht eine Sekunde geht mir der Gedanke aus dem Kopf, dass diese jungen Schwarzen, in Hautfarbe und Aussehen so ganz anders, mir letztlich doch ähnlich waren. Wie sie hatte auch ich aufbegehrt. Wie sie hatte auch ich gewagt, die Waffen gegen die Mächtigen zu richten. Vielleicht war das der Grund, warum das Gewehr blockierte und die Patrone in der Kammer explodierte. Diese Patrone explodiert auf alle Ewigkeit in mir. Wäre ich ein Vogel, dann wäre ich von all dem Blei in meinen Flügeln längst abgestürzt.

Schwüre und Versprechen

Der Krieg ist eine Hebamme: Aus dem Leib der Welt holt er eine andere Welt heraus. Das tut er nicht aus Zorn oder aus irgendeinem anderen Motiv. Es ist seine Aufgabe – er greift tief in die Zeit, so hochmütig wie ein Fisch, der glaubt, ohne ihn gäbe es kein Meer.

Ich ging durch Nkokolani und kam in die Straße mit den Orangenbäumen. Sie hatten angefangen zu blühen, ein süßer Duft schwebte über dem Dorf. Die Orangenbäume konnten die Ungeheuer nicht abwehren. Aber sie riefen Geister aus fernen Ländern. Die Wurzeln dieser Bäume, sagte Tsangatelo, befinden sich auf einem anderen Kontinent.

Trunken von dem intensiven Duft, vergaß ich fast mein Ziel, und das war der unvermeidliche Posten der Portugiesen. Ich änderte die Richtung und ging schneller. Ich musste meinen Verwandten zuvorkommen. Bald schon würden sie Germano de Melo aufsuchen und um Schutz bitten vor den Truppen von Ngungunyane, die in großer Zahl nach Süden vorrückten.

Sargento Germano de Melo stand vor der Tür und machte schon von Weitem verzweifelte Zeichen: »Komm schnell, Imani!«

»Was ist los, Sargento?«

»Wieder diese verdammten Hände! Meine Hände sind weg, verdammter Mist. Hier, sieh dir das an, sie sind wieder weg.« Mit hervorquellenden Augen wankte er durch das Haus. Eine Gewissheit trieb ihn: Seine Hände waren ihm abhandengekommen. Er bewegte sich wie ein Blinder, die ausgestreckten Arme zitterten noch mehr als seine Stimme. »Sie sind weg«, sagte er immer wieder in Panik.

Immer häufiger passierte ihm dies – er konnte seine Hände nicht mehr fühlen. Dann wurde er hilflos und unselbstständig wie ein Kind. Das war geschehen, kurz bevor ich zu ihm kam: Die Hände verloren ihre Konturen immer mehr, dann wurden sie immer durchsichtiger. Bis sie sich schließlich verflüchtigten, gewichtslos und ohne jede Erinnerung daran, dass sie jemals zu ihm gehört hatten.

»Setzen Sie sich, Sargento Germano. Ich mache Wasser warm und wasche Ihnen die Hände.«

»Aber welche Hände, ich habe doch keine.«

»Ich wasche Ihnen die Arme und reibe Ihre Handgelenke. Dann werden Sie sehen, dass die Hände ganz schnell zurückkommen.«

Die Panikattacken waren nach einem Unfall im Umgang mit einer Waffe zurückgeblieben. Was geschehen war, hat er mir im Einzelnen nie erzählt. Ich habe auch nie danach gefragt. Dunkle Erinnerungen sind wie ein Abgrund – man sollte sich nie darüber beugen.

»Ich bin sehr krank, Imani. Man sagt, Afrika sei ansteckend. Und ich bin an Afrika erkrankt, an ganz Afrika.«

Der alte Katini wäre sicherlich verärgert darüber, dass ich seinem Gang zum Sargento zuvorgekommen war. Fraglos wollte er, dass kein anderer außer ihm die Bitte um Schutz gegen die *ihimpis* der VaNguni vorbrachte. Doch gab es niemanden, der besser als ich die Befürchtungen unserer Leute in gepflegtem Portugiesisch vermitteln konnte.

Das dachte ich, als ich über die Türschwelle des Postens trat. Sowie ich mich an das Dämmerlicht gewöhnt hatte, stellte ich fest, dass nichts verändert war. Das alte Gebäude war noch immer eine eigenartige Mischung aus Krämerladen und Militärstützpunkt. In gewisser Hinsicht war es sogar schlimmer geworden – Waffen und Waren, Uniformen und Stoffe, militärische Berichte und kaufmännische Bilanzen, alles lag durcheinander. Die vereinbarten Bauarbeiten am Militärposten waren vor langer Zeit abgebrochen worden. Man wartete auf die Befestigung, man wartete auf die Soldaten. Das von der anderen Seite des Kontinents versprochene Kontingent an *angolas* würde niemals eintreffen.

Eine Pseudokaserne und eine nicht vorhandene Truppe – das war die Leere, die Germano befehligte. Es wäre nicht verwunderlich gewesen, wenn er in diesem Augenblick seine Arme betrachtet hätte, als hätte er sie nie zuvor gesehen.

»Wo ist Ihr Wachposten, mein Bruder Mwanatu? Ich habe ihn am Eingang nicht gesehen.«

»Ich habe ihm heute freigegeben.«

Da merkte ich, dass der Sargento an einem Knie blutete. Er hatte sich an der Ecke einer Kiste verletzt. Fliegen schwirrten schon um die Wunde.

»Wir müssen die Wunde säubern«, sagte ich, in der Hand ein nasses Tuch.

»Du kannst sie natürlich säubern, aber die Fliegen wirst du nie los.«

»Warum nicht?«

»Diese Fliegen waren schon in mir drin. Die kommen aus mir heraus. Ich bin verfault, Imani.«

Ich ging an die Wand, nahm das Gewehr, das dort hing, herunter und legte es Germano auf den Schoß. »So, halten Sie die Waffe fest.«

»Das kann ich nicht. Meine Hände reichen dafür noch nicht.«

Der Portugiese beklagte sich, dass er seine Hände nicht spürte? Ich hingegen spürte meine Seele nicht. Ich spürte sie nicht mehr, seit ich erfahren hatte, dass von meiner

Großmutter, als sie starb, nichts übrig geblieben war, was die Erde hätte aufnehmen können. Meine Mutter würde gewiss auf dieselbe Art sterben, und ich würde zu meinem ursprünglichen Namen *Cinza* zurückkehren, Asche, ohne Hände, ohne Körper, ohne Seele.

Daran dachte ich, als ich vor dem Portugiesen kniete. Hoffnung und Verzweiflung hatten Germano de Melo so zugesetzt, dass er nicht mehr wiederzuerkennen war. Dieser weiße Mann, der vor Monaten in eleganter Haltung und tadelloser Uniform eingetroffen war, überließ sich jetzt niedergeschlagen und unterwürfig der Versorgung durch ein schwarzes Mädchen.

In diesem Moment betete ich, keiner meiner Angehörigen käme durch die Tür und überraschte mich dabei, dass ich ihm die Arme mit warmem Wasser wusch. Es hätte mir wenig genützt anzuführen, dass dieser Weiße ein besonderer Mensch sei. In ihrer aller Augen wäre ich nichts anderes als eine Hexerin. Und damit zum Tode verurteilt. In Nkokolani ist dies den *valoii* als Schicksal bestimmt.

»So, halten Sie das Gewehr fest«, sagte ich noch einmal. »Mit Ihren Händen. Es sind Ihre Hände …«

Langsam, unerfahren wie ein Blinder, griffen die Finger des Portugiesen um das Gewehr. Zu meiner Überraschung richtete er die Waffe auf und hielt sie sich ans Ohr. So verharrte er eine Weile, das Gesicht an den Gewehrkolben gepresst, als horchte er in die Stille hinein.

»In meiner Heimat kann man so erfahren, wie viele Menschen die Waffe schon getötet hat. Weißt du, wie man das macht? Im Gewehrkolben hört man die Schreie derer, die erschossen wurden. Warum lachst du? In meiner Heimat glauben wir auch an solche Sachen wie ihr hier.«

»Hat dieses Gewehr schon einmal getötet?«

»Nein. Das ist noch nicht eingeweiht. Es ist eine *Martini-Henry*. Nagelneu.«

Er legte mir das Gewehr auf den Schoß, stand auf, ging zu einem Schrank und holte ein zweites Gewehr heraus. Ich bat ihn, die Waffe wegzulegen.

Er reagierte mit gekränkter Überraschung: »Hast du Angst? Heb den Arm hoch. Ja, lass ihn so erhoben. Denn dein Arm ist eine Waffe, die treffsicherste Waffe überhaupt. Das Gewehr ist nur die Verlängerung deines Armes, deiner Hand, deines Willens.«

Die Hand des Portugiesen strich mir über den Arm, die Schulter, den Hals. »Du zitterst, hast du Angst?«, fragte er. Ich zitterte nicht vor Angst. Zum Glück zog der Sargento sich zurück und wurde nachdenklich. Etwas arbeitete in ihm. Dann sprach er: »Der teuflische Gungunhane hat genauso eins, und weißt du, wer ihm das geschenkt hat? Die englische Königin persönlich! Die halten zusammen … Aber dieses andere Gewehr«, er bückte sich und nahm die zweite Waffe auf, »dieses hier, ja, das ist meine Leidenschaft … Sieh es dir genau an, Imani, denn diese Waffe wird Gungunhane besiegen.«

»Entschuldigen Sie, aber man sagt Ngungunyane, Senhor Sargento. Wenn Sie das nicht aussprechen können, dann können Sie ihn immer noch Mudungazi nennen. Aber es ist wichtig, dass wir die Feinde bei ihrem richtigen Namen nennen …«

»Ach ja? Dann hör gut zu: Diese Büchse ist eine *Kropatschek.* So, jetzt sag mal *Kropatschek,* mal sehen, ob du das kannst …«

Der Unterschied ist, dass ich den Namen eines Gewehres niemals würde sagen müssen. Aber Germano würde jeden Tag den Namen des afrikanischen Herrschers aussprechen müssen. Das hätte ich sagen sollen. Doch ich hütete mich davor.

Da drangen von fern Marimba-Akkorde zu uns. Es war mein Vater, er probte eine neue Komposition. Ganz gegen meinen Willen verfiel mein Körper in wiegende

Bewegungen, was der Sargento sofort bemerkte. Er trat einen Schritt zurück und rief: »Na endlich sehe ich, dass du eine Afrikanerin bist! Ich dachte schon für einen Moment, du seist Portugiesin.«

Ich war verwundert, wie unbeweglich Germano de Melo dastand, für den Ruf der Marimbas unerreichbar. Der Körper des Portugiesen war taub. Irgendetwas in ihm war schon gestorben, bevor er zur Welt gekommen war.

Schließlich wurde der Sargento von der Erschöpfung übermannt. Die Wahnvorstellungen strengten ihn an, und wenn er wieder zu sich kam, sah er kaputt aus, wie eine ausgeklopfte Matte. Dann war er nur noch ein Schatten dessen, der Monate zuvor am Ufer des Rio Inharrime an Land gegangen war. Er warf sich in einen alten Sessel und schlief ein, nachdem er gemurmelt hatte: »Bin gleich wieder da, Imani. Gleich wieder da.«

Da erlebte ich mich in einer Rolle, die ich nie für möglich gehalten hätte: Ich saß auf einem Stuhl, wie eine Ehefrau, neben einem weißen, in Schlaf versunkenen Mann, ein schweres Gewehr auf dem Schoß.

Ängstlich, langsam und zögerlich, als fasste ich eine Schlange am Schwanz, hob ich die Waffe leicht an. Nach und nach wurde mir das Gewehr vertrauter, bis ich es mir an die Brust drückte, behutsam, wie man ein Kind an sich schmiegt. Ich beäugte den Gewehrlauf, fürchtete, dass er Schreie derer, die getötet haben, und Wimmern derer, die gestorben waren, von sich geben könnte. Ich ließ meine Finger sanft auf den Abzug drücken.

Ich dachte: Ein Millimeter, ein einziger Millimeter trennt das Leben vom Tod. Da hörte ich eine Stimme. Ich dachte, es sei der Portugiese, der im Schlaf spricht. Dann wurde mir klar, dass die Stimme aus der Waffe kam, und nach einer Weile klang sie immer vertrauter. Es war ein Hilferuf. Der Laut wurde immer stärker, bis er unerträglich wurde. Schließlich schrie ich verzweifelt: »Dubula! Mein Bruder Dubula!«

Der Portugiese wurde wach und kam zu mir, um mich zu beruhigen. Ich wich zurück, wie ein in die Enge getriebenes Tier. »Fassen Sie mich nicht an! Bitte, fassen Sie mich nicht an!«

»Ich fasse dich gar nicht an.«

»Doch! Und sehen Sie mich nicht an, ich bin ganz schmutzig.«

Wie sollte ich ihm sagen, dass ich von einem Tod beschmutzt war, der zur Hälfte meiner war? Doch Germano de Melo erwartete keine Erklärung. Jetzt war er es, der mich beruhigte. »Zum Glück habe ich ja wieder Hände«, sagte er, während er mir ein Hüfttuch über die Schultern legte.

»Das Zittern hört gleich auf, das sind die Nerven …«

Es waren keine Nerven. Weder meine noch seine. Es war das Haus und seine unsichtbaren Bewohner, die sich um die Lücken im Dach stritten: Eulen, Falter und Fledermäuse.

»Sie müssen aus diesem Haus ausziehen, Sargento. Ziehen Sie in irgendein anderes Haus, aber bleiben Sie nicht hier.«

»Man sollte es nicht für möglich halten, dass du an Zaubereien glaubst, Imani, ein Mädchen wie du …«

»Ich muss gehen, aber ich darf nicht weggehen, ohne zu sagen, warum ich gekommen bin. Wir hier in Nkokolani sind alle beunruhigt. Wissen Sie, dass man zahlreiche Truppen von Ngungunyane gesehen hat?«

»Ich weiß, man hat mich informiert. Mudungazi ist dabei, seine Hauptstadt aus dem Norden in den Süden zu verlegen. Er zieht mit Tausenden und Abertausenden Ndaus hierher.«

»Morgen wird mein Vater zu Ihnen kommen. Er wird Sie bitten, uns zu verteidigen …«

»Und ihr werdet unsere ganze Unterstützung haben,

darauf könnt ihr euch verlassen. Morgen schicke ich eine Nachricht nach Inhambane. Du kannst wirklich beruhigt sein, unsere Armee wird euch helfen. Das kannst du deinen Leuten sagen.«

»Meinen Leuten? Ich habe keine Leute …«

»Deiner Familie, meine ich.«

»Entschuldigen Sie, Senhor Sargento, aber manche in meiner Familie sind der Meinung, dass ›bitten‹ nicht das richtige Wort ist. Wir bezahlen Tribut, sagen sie. Und deshalb haben wir ein Recht darauf, beschützt zu werden.«

»Ja, und dieses Recht wird respektiert.«

»Entschuldigen Sie noch einmal, aber sie fragen auch, mit welchen Truppen werden Sie uns beschützen?«

»Sie schicken Truppen aus Inhambane, Waffen habe ich hier in ausreichender Zahl.«

Als ich schon am Ausgang war, kam er mit einem Blatt Papier in der Hand hinterher. Er wedelte mit dem Papier vor seinem Gesicht: »Du kannst deinem Vater sagen, dass ich Garantie auf höchster Ebene erhalten habe, dass die VaNguni euch nicht belästigen werden. Hier ist das Schreiben von António Enes persönlich. Setz dich drinnen hin und schreib es eigenhändig ab.«

Ich setzte mich an den Tisch im Wohnraum, den Rücken gerade, den Ellbogen ordentlich aufgestützt, wie ich es in der Missionsschule gelernt hatte. Langsam las der Sargento einen Absatz nach dem anderen vor:

Mein werter Gungunhane
Ich, großer König der Provinz Mosambik, von König Dom Carlos I. hierher entsandt, um in Erfahrung zu bringen, wie es mit dem Krieg steht, und Truppen aus Lissabon kommen zu lassen (letztlich nach Bedarf), schicke dir meinen Adjutanten mit diesem Schreiben, um dir einiges zu sagen und offen zu sprechen, damit wir erfahren, ob du nun ein Herzenssohn des Königs von Portugal bist oder nicht.

Was der König für dich getan hat, daran braucht man dich nicht zu erinnern, denn du weißt genau, hätte der König deinem Vater Muzila keine Waffen gegeben, um Mahueva zu schlagen, wärest du heute nicht der Stammesfürst von Gaza. Du hältst dich an der Macht dank der Freundschaft des Königs, der dir ständig Geschenke zukommen lässt, um dir zu zeigen, dass du sein rechter Sohn bist.

Mein Herrscher hat mir gesagt, du habest um Genehmigung nachgesucht, die Guamba und die Zavala zu schlagen, was er dir verweigert hat und ich nun bekräftige. Ich genehmige dir nicht, sie zu schlagen, wenn du es tust, wirst du es später bereuen. Ich will Gerechtigkeit walten lassen; wenn sie dir etwas antun, werde ich sie bestrafen, falls nötig, schicke ich sie nach Guinea.

Unterschrieben: Der Königliche Kommissar

Germano stand hinter meinem Stuhl, seine Hand auf meine Schulter gestützt, und blickte auf das Schreiben. Ich betete zu den Göttern, dass kein Zittern ihm verriet, wie sehr mich die Berührung verwirrte.

»Hast du alles aufgeschrieben? Dann kannst du jetzt zu deiner Familie gehen und ihnen allen laut vorlesen, was du da geschrieben hast.«

Als ich ging, spürte ich noch die Berührung seiner Hand. Und ich fragte ihn, ob er den Duft der Orangenbäume spüre. Er antwortete, er habe die Wohlgerüche dieser Welt schon vor langer Zeit vergessen. Seine Worte taten mir weh.

»Königlicher Kommissar?«, fragte Musisi.

Manch einer lachte in der Runde der Verwandten und Nachbarn, die sich im Hof unseres Hauses versammelt hatten, um die Nachricht von meinem Besuch zu hören. In der Kreismitte befand sich Onkel Musisi, fest entschlossen, der Botin und dem Boten nicht zu glauben.

Etwas weiter hinten war meine Mutter an einem Feuer beschäftigt, sie stellte Salz her. Damit hatte sie seit dem Morgen zu tun, nachdem sie zu den schlammigen Ebenen am Ufer der Lagunen gegangen war. Mit einem Schneckenhaus hatte sie den Salpeter abgekratzt, der sich auf den ausgedehnten Sandflächen gesammelt hatte. In diesem Augenblick ließ sie den Schlamm sich in einem Topf mit kochendem Wasser auflösen. Bald schon würde das Wasser verdampfen und das Salz wie ein weißes Tuch auf dem dunklen Boden des Topfs liegen. Während der Arbeit sang sie: »... der Sand ist Sehnsucht, das Salz ist Vergessen ...« Meine Mutter stellte Salz her, um zu vergessen.

»Pass auf, Frau, dass du dich nicht verbrennst«, warnte sie mein Vater. Sie verbarg ein verschlagenes Grinsen.

Onkel Musisi hakte nach, er wollte wissen, wer dieser Königliche Kommissar war und wieso man ihm Glauben schenken sollte, im Unterschied zu dem Misstrauen, mit dem wir allen anderen Weißen begegneten.

»Er heißt António Enes«, erklärte ich. »Er ist der Stellvertreter des Königs von Portugal, der über die Ländereien der Krone herrscht.«

»Und dieses Papier ist von ihm geschrieben?«

»Ja, es ist eine Abschrift, die ich eigenhändig angefertigt habe. Der Kommissar hat diesen selben Brief an Ngungunyane geschickt. Hier steht, dass wir uns wegen der Bedrohung durch die Soldaten von Ngungunyane keine Sorgen machen müssen. Ich lese ihn euch vor und übersetze für alle.«

Nachdem ich zu Ende gelesen hatte, hing der Brief schaukelnd zwischen meinen Fingerspitzen. Als wäre das Blatt Papier angesichts des Schweigens meiner Familie überraschend schwer geworden.

Einer der Nachbarn brach die Stille: »Wo liegt Guinea? Ist das vor oder hinter Inhambane?«

»Ihr seid still«, befahl Musisi. »Für mich bedeutet dieses Schreiben nur, dass wir wie Kinder behandelt werden.«

»Manchmal wünschen wir uns, dass wir einen starken Vater haben ...«, entgegnete meine Mutter.

»Du sprichst für dich, meine Schwester. Wisst ihr, was ich von diesen Versprechen halte? Ich lache. Ja, das tue ich, ich lache. Und wisst ihr, was ich tun werde? Ich werde einen der Unseren um Hilfe bitten. Morgen spreche ich mit Binguane.«

»Ist Binguane ein Muchope?«, fragte mein Vater. »Zumindest bleiben wir Schwarzen dann unter uns.«

Binguane wohnte in der Nähe von Nkokolani. Er war ein gefürchteter Militärchef, der sich vehement den Va-Nguni-Horden widersetzte. Ich hatte ihn schon einmal gesehen. Er war ein großer, trotz seines Alters stattlicher Mann. So wie ich war er ein Mischling aus Makwakwa und VaChopi.

Mein Vater warnte: »Das ist eine ganz schlechte Idee. Ngungunyane wird noch mehr gegen uns wüten. Er hasst niemanden auf der Welt so sehr wie Binguane und dessen Sohn Xiperenyane.«

Katini hatte nicht unrecht: Xiperenyane war, damals noch ein Kind, von Muzila, dem Vater von Ngungunyane, entführt worden. Das war üblich im Gaza-Reich – man entführte die Kinder der angesehenen Familien. Auf diese Weise erreichte man am schnellsten treue Gefolgschaft – die durch Erpressung erzwungene.

Xiperenyane wuchs im Schoß der Königsfamilie auf, und es heißt, er habe Ngungunyane in allen Spielen und Wettkämpfen geschlagen. Kaum war er vom Hof geflohen, führte er eine gefürchtete Truppe von Widerstandskämpfern an. Es traf wirklich zu, was Katini sagte: Es gab niemanden, den Ngungunyane so hasste wie ihn.

»Du verwechselst den Zauber mit dem Zauberer«, wandte mein Vater erneut ein.

Musisi, der in Gedanken versunken gewesen war, mischte sich in einem anderen Ton wieder ins Gespräch ein: »Während Imani den Brief der Portugiesen vorgelesen hat, ist mir eine Idee gekommen. Und diese Idee muss jetzt ausgesprochen werden, denn morgen ziehe ich in den Krieg, und ich weiß nicht, ob ich zurückkomme.«

»Sprich nicht so, das bringt Unglück«, ermahnte ihn meine Mutter.

»Diese Geschichte mit dem unfertigen Posten, das ist für mich die reinste Lüge. Das Ding ist nichts anderes als eine zum Militärposten ernannte Ladenkneipe. Der richtige Posten war seit jeher in Chicomo, die wollten nie einen anderen einrichten.«

»Was macht dann dieser Mulungu hier?«

»Frag dich selbst, lieber Schwager. Der Mann ist hier, um uns auszuspionieren. Deshalb werden wir, verehrter Schwager, den Spion ausspionieren.«

»Du bist verrückt, Musisi.«

»Und weißt du, wie wir das machen? Durch deine Kinder.«

»Es reicht, Musisi«, sagte meine Mutter. »Ich möchte nicht, dass meine Kinder da hineingezogen werden.«

»Du möchtest das nicht? Aber deine Kinder, liebe Schwester, sind längst mit hineingezogen. Wir werden die Portugiesen über die Briefe ausspionieren, die der Sargento schreibt und empfängt, so wie diesen, den deine Tochter uns gerade vorgelesen hat. Diese Briefe können für uns Augen und Ohren sein.«

»Ich bitte dich, Bruder, zieh meine Tochter nicht in so etwas hinein«, sagte meine Mutter. »Meine ersten Töchter sind gestorben, meine Söhne schlafen ich weiß nicht wo. Diese Tochter ist alles, was mir vom Leben bleibt.«

Dann nahm sie meine Hand, wie sie es noch nie zuvor getan hatte. Und ich spürte in ihren Fingern die Fortsetzung meines Körpers.

Siebter Brief des Sargento

Nkokolani, 25. Mai 1895

Sehr geehrter Senhor
Conselheiro José d'Almeida

Vor einigen Tagen habe ich das Marimba-Orchester gehört, dessen hervorragender Dirigent Imanis Vater ist, auch im Zustand der Volltrunkenheit. Das Gefühl der Trunkenheit überkam dieses Mal aber mich, während ich mich an dem Zusammenspiel der Marimbas der Schwarzen erfreute.

Ich begriff. Die Musik ist ein Boot, mit ihr begibt man sich auf die Reise, die ich antreten musste. »Darf ich spielen?«, fragte ich. Und ich versuchte, die Melodien zu spielen, mit denen meine Mutter mich in den Schlaf gesungen hatte. Es gelang mir nicht gut. Aber mir wurde klar, dass meine Melodien und die der Afrikaner etwas gemeinsam haben – beide bringen Ordnung in eine chaotische und beängstigende Welt.

Ich musste an den schönen Brief von Ayres de Ornelas an seine Mutter denken, in dem er von seinem ersten Besuch am Hof von Gungunhane berichtet. Ich habe eine Abschrift dieses Schreibens bei mir, das, wie auch ein großer Teil unserer Korrespondenz, abgefangen und vervielfältigt wurde. Ein Freund aus Lourenço Marques hat es von Hand abgeschrieben und mir freundlicherweise zukommen lassen. Der Grund, weshalb ich es nun Ihnen schicke, ist der, dass dieses Dokument ein gewisses

Licht darauf wirft, welche Gefühle man in Lourenço Marques gegenüber unserem Tenente hegt. Man erwartet nicht, dass ein Militär dieses Dienstgrades der Kunst der Schwarzen so große Bewunderung entgegenbringt. Wie kann ein Tenente in Kriegszeiten zugeben, dass er vor jenen, die nach unserem Dafürhalten keine Seele besitzen, eine solche Hochachtung hat?

Wegen des ungewöhnlichen Empfindungsvermögens, das darin zum Ausdruck kommt, gebe ich hier einen Auszug aus Ornelas Schreiben an seine Mutter wieder:

»... Als der König von Gaza erschien, stimmten Gungunhanes Kriegerregimente ihren Kriegsgesang an. Nichts auf der Welt kann eine Vorstellung von der Großartigkeit dieser Hymne vermitteln. Die Harmonie des Gesangs mit seinen tiefen, dunklen Tönen, inbrünstig aus mehr als sechstausend Kehlen geschmettert, ließ uns bis ins Mark erzittern. Welch Majestät, welch Kraft in dieser Melodie, mitunter schleppend und langsam, fast ersterbend, dann sich mit glutvollem Brausen aufschwingend, eine verzehrende Explosion der Begeisterung! Und während sich die Regimenter, die wir hier *mangas* nennen, allmählich entfernten, dominierten die tiefen Töne noch auf weite Strecken, hallten wider zwischen den Hängen und dem Buschwald von Manjacaze! Wer mag der Komponist dieser herrlichen Musik sein? Welch Seele mag der haben, der es vermochte, in drei oder vier Takten den afrikanischen Krieg in der herben Urwüchsigkeit seiner Poesie einzufangen? Noch heute habe ich das Echo des schrecklichen Vátua-Kriegsgesangs im Ohr, den die Chope-Wache, vor Schreck erstarrt, irgendwo in der Wildnis dieses Buschs, in dem ich seit einem Monat lebe, so oft vernommen hat.«

Ich stelle mir vor, dass Sie, Senhor Conselheiro José d'Almeida, das gleiche Empfindungsvermögen dafür besitzen, welche Schönheit die Schwarzen hervorbringen können. Diese Schönheit, einigen wir uns darauf bei allem Respekt, ist schließlich in Ihr Leben getreten. Sie haben mir niemals anvertraut – und warum hätten Sie es auch tun sollen? –, wie es zu Ihrer Heirat mit einer Kaffernfrau gekommen ist. Darüber wird in den Orten, durch die ich gekommen bin, viel üble Nachrede verbreitet. Aber ich kann Sie immer besser verstehen, verehrter Senhor Conselheiro. Ich gestehe, dass ich mich inzwischen zu Imani hingezogen fühle, dem Mädchen, das unseren Posten besucht. Und es ist nicht nur ein körperliches Gefühl. Es ist etwas Intensiveres, Umfassenderes, wie ich es nie für eine weiße Frau empfunden habe. Womöglich, das gebe ich zu, ist dies eine Folge der Einsamkeit, die mir auferlegt wurde. Oder vielleicht die Wahnvorstellung eines Gefangenen. Tatsache aber ist, dass dieses Mädchen sich auf respektvolle und subtile Weise angenähert hat und mit der Zeit so tief in meine Seele eingedrungen ist, dass ich nun nur noch von ihr träume.

Gestern zum Beispiel hat Imani mich über die *chicuembos* belehrt, das sind die Geister, zu denen die Eingeborenen beten und denen sie Opfer bringen. Und sie hat erklärt, dass es für die Chopes verschiedene Arten von Geistern gibt. Am meisten hat mich einer fasziniert, den sie »*majuta*-Geist« nennen. Es hat mich so tief beeindruckt, dass ich in dieser Nacht geträumt habe, ich sei einer dieser Geister. Ich trat vorschriftsmäßig gekleidet auf, ganz nach den Regeln der Geister – in einem langen, weiten weißen Gewand, wie es die Muselmänner tragen, über der Schulter ein Gewehr. Ich sah aus wie ein arabischer Sklavenhändler, dazu in großen Soldatenstiefeln. Doch hatte ich die Schnürsenkel nicht gebunden, weshalb ich breitbeinig ging, um nicht darüber zu stolpern. Ich näherte mich Imani, die am Eingang zum Posten halb bekleidet auf einem Stuhl saß. Ich wollte mich aus den Stiefeln befreien, doch es gelang mir nicht. Halblaut flehte ich sie an: »Hilf mir, Imani. Die Schnürsenkel, siehst du nicht? Es sind Schlangen. Ich habe Schlangen an den Beinen.«

Sie kniete sich nieder und massierte mir erneut mit ihren warmen Händen den Rücken. Ihre Fürsorge jedoch hielt mich nicht davon ab zu klagen: »Es heißt, Afrika sei ein Schlachthaus. Wäre es das doch, Imani. Ich wäre lieber gestorben, als so leben zu müssen.«

Während sie neben mir hockte, öffnete sich ihr Wickeltuch ein wenig und gab den Blick auf ihre festen Brüste frei. Und da ich mich nicht mehr in der Gewalt hatte, liebkoste ich ihre Brust und flüsterte dabei: »Ich verliere den Verstand, Imani. Lass mich denken, dass ich zumindest noch ein Mann bin.«

Die weiße Tunika fiel und fiel endlos – so endete mein Traum. Und mehr sage ich nicht, aus Furcht, ich könnte mich lächerlich machen.

Vergeben Sie mir bitte die Kühnheit dieses privaten Geständnisses. In Wirklichkeit dauerte es, bis Imani wagte, meinen Körper zu berühren. Selbst auf dem Höhepunkt meiner Wahnvorstellung blieb sie distanziert und deklamierte eine merkwürdige Litanei, die wörtlich besagte: »Es ist ein Schatten auf dem Portugiesen, es ist ein Schatten in seinen Augen, es ist ein Schatten, der von seinem Antlitz ausgeht, über seinen Körper wandert und ihm die Hände raubt. Wir werden dafür sorgen, dass der Schatten zurückkehrt und im Licht seiner Augen erstirbt.« Es mag Einbildung sein, doch dieser Singsang beruhigte mich, und allmählich kehrten meine Sinne wieder.

PS: Als Randbemerkung muss ich Ihnen mitteilen, dass mir die Italienerin Dona Bianca geschrieben hat (erinnern Sie sich, die Pensionswirtin in Lourenço Marques?). Sie hat von ihrem Wunsch gesprochen, nach Inhambane zu reisen, um Fornasini zu besuchen. Sie möchte mit jemandem aus ihrer Heimat zusammen sein, mit jemandem, der ihre Sprache spricht. Sehen Sie, wie stark der Ruf der Herkunft ist?

Ein König in Pulverform

»Es gibt den Maler, der aus der Sonne einen gelben Fleck macht, und es gibt auch den, der aus einem gelben Fleck eine Sonne macht.« Pablo Picasso

Alle auf dieser Welt leben an einem einzigen Ort und zu einer unwiederbringlichen Zeit. Alle, bis auf uns, die Leute aus Nkokolani. Gleich den Fledermäusen in der Sage lebten wir an einem Scheideweg zwischen Welten. Eine unsichtbare und unüberwindbare Grenze zog sich durch unsere Seele.

Diese Doppelung sollte sich an dem Morgen erweisen, als Onkel Musisi früher als üblich aufstand, das feierlichste Tuch um die Hüften band und über den nackten Oberkörper das Jackett zog, das sein Vater ihm aus den Minen geschickt hatte.

Sein Körper trug somit die Kleidung aus zwei Welten. Den Ziegenlederbeutel füllte er mit einer Handvoll Mahagoni-Früchten, dann machte er sich auf den Weg, ohne sich von seiner Frau zu verabschieden. Er wollte Binguane aufsuchen, in der Absicht, das von ihm zu fordern, was von den Portugiesen zu erbitten er sich geweigert hatte: Schutz vor Ngungunyanes Kriegern.

Auf dem Weg dachte Musisi an seinen letzten Besuch im Herrschaftsgebiet des Binguane zurück. Damals begleitete er Großvater Tsangatelo, der den großen *nkossi* aufsuchte und ihn um Unterstützung bitten wollte, um seine Ehefrau Layeluane zurückzuholen. Die Angelegenheit war heikel und verlangte nach einem gewichtigen Gesprächspartner gegenüber den Amtspersonen der Krone. Tsangatelo hatte sich aufgemacht, um sich den portugiesischen Streitkräften anzuschließen, die gegen Aufständische rund um Lourenço Marques kämpften. Er glaubte, er würde zwei oder drei Monate fortbleiben. Doch er blieb fast ein Jahr. Dann kamen die *indunas* aus Inhambane, um die Steuern einzutreiben. Layeluane konnte nicht zahlen und erklärte den Steuereintreibern, warum ihr Mann nicht da war. Sie glaubten ihr nicht. Sie nahmen sie mit, als Unterpfand für die Steuern. Wenn die Männer abwesend waren und die Familien nicht zahlen konnten, wurden die Frauen und Kinder festgesetzt, bis die Männer erschienen und das Lösegeld zahlten. Kaum war Tsangatelo von den Kämpfen zurückgekehrt, bezahlte er die Steuerschuld, doch von den portugiesischen Amtspersonen wusste niemand, wo sich seine Frau befand. Großvater hoffte, Binguane könne seinen Einfluss geltend machen.

Musisi erinnerte sich daran, wie ehrerbietig Tsangatelo dem Herrscher Binguane gegenübergetreten war. Große Strohkörbe am Eingang, *xirundzo* genannt, bewiesen, wie reich die Ernte gewesen war, und verrieten vor allem, dass die Bauern mit ihren Geschenken großzügig gewesen waren. Solange Großvater sich nicht setzen konnte, stand er auf Zehenspitzen. Es hieß, der Fürst verabscheue kleine Menschen.

»Ich will Männer, die über die Ebene hinaussehen können«, verkündete er. Die Arme über den großen Körben ausgebreitet, bemerkte er stolz: »In diesem Jahr können wir *ngalanga* tanzen.« Dann schloss er die Augen und verharrte so, als wäre er plötzlich eingeschlafen.

Großvater begriff, dass er sein Anliegen unverzüglich vorbringen sollte. Sowie er geendet hatte, versicherte Binguane, dass er sich nicht nur persönlich bei den Portugiesen einsetzen werde, sondern auch die *indunas* befragen lasse, die sie mitgenommen hatten.

»Seien Sie beruhigt, Ihre Frau wird in wenigen Tagen hier sein. Jetzt lassen Sie uns über ein anderes Thema sprechen: Man hat mir gesagt, dass Sie mit dem portugiesischen Militär über das Aufstellen einer Trägerkarawane verhandeln.«

»Danach wollte ich Sie auch fragen, ob ich denen vertrauen kann. Nach dem, was sie mit Layeluane gemacht haben. Sagen Sie mir, *nkossi:* Meinen Sie, ich kann den Portugiesen vertrauen?«

»Vertrauen Sie den Leuten Ihrer eigenen Rasse?«

»Wie soll ich? Nehmen wir nur die Sache mit den Va-Nguni …«

»Und vertrauen Sie den Leuten aus Ihrem eigenen Haus?«

»Nein, das wissen Sie ja. Nicht mal meinem Schwiegersohn hier, der mich begleitet, kann ich vertrauen.«

»Wissen Sie, warum ich Ihnen vertraue? Weil Sie sich größer machen, als Sie tatsächlich sind. Sie wollen mir gefallen. Deshalb habe ich das Gerücht in Umlauf gebracht, dass ich kleine Männer verabscheue. Damit ich nicht ihre Größe beurteilen muss, sondern ihren Willen, mir zu gefallen. Sie brauchen sich nicht weiter hochzurecken, mein Freund.«

»Ich danke Ihnen, Binguane.«

»Mein Vertrauen zu Ihnen ist groß genug, um Ihnen zu sagen: Ich möchte, dass Sie die Portugiesen gut behandeln. Wir haben keine anderen nützlichen Verbündeten. Lassen Sie sich mit Waffen bezahlen. Und lagern Sie die Waffen hier in unserem Dorf. Anschließend rechne ich mit Ihnen ab.«

Tsangatelo verabschiedete sich, doch Musisi blieb etwas zurück. Er nutzte die Gelegenheit, um eine alte Neugier zu befriedigen, und wandte sich an den Herrscher: »Sagen

Sie mir, Binguane: Sie haben gerade Ngungunyane besucht. Ich wollte schon immer wissen, wie er ist. Wie ist dieser Umundungazi?«

»Welche Rolle spielt es, wie er ist?«

»Angeblich ist er bösartig, seine oberen Zähne sollen vor den unteren gekommen sein. Deshalb haben sie ihm diesen Namen gegeben. Wissen Sie, was in deren Sprache Umundungazi bedeutet?«

»Ich sagte bereits, das spielt keine Rolle. Sie alle messen diesem Mann zu viel Gewicht bei. So etwas macht den Feind stark.«

Sie beide wussten: Umundungazi bedeutet »Zerstörer der Nation«. Deshalb haben ihn die Ältesten am Hof umbenannt. Nach Ansicht von Binguane hätte sich der Namenswechsel vermeiden lassen – sein erster Name hätte uns einen guten Grund geliefert, ihn zu mögen. Wer weiß, vielleicht würde er uns helfen, seine eigene Nation zu zerstören?

Dieses Gespräch hatte Musisi noch sehr lebhaft in Erinnerung. Doch hatte er leise Zweifel – ob Binguane sich noch an ihn erinnerte? Da hörte er einen mächtigen Donnerschlag, der den Boden erbeben ließ. Der Himmel war wolkenlos, und Musisi fragte sich, woher dieser Knall gekommen sein mochte. Er zögerte noch ein wenig in seinem Vorhaben, doch schon bald setzte er seinen Weg fort. Auf halber Strecke wurde er von furchtbarem Geschrei überrascht. Dann begriff er, dass es VaNguni-Regimenter waren, die von einer Schlacht heimkehrten. Aus dem Eisenholz-Dickicht konnte er die Soldaten deutlich vorbeimarschieren sehen. Auf dem Kopf trugen sie weiße Federn – das Zeichen dafür, dass sie Feinde getötet hatten. Sie jaulten wie brünstige Tiere. Großvater Tsangatelo hatte recht, wenn er sagte: Das Brüllen macht den Soldaten wohl Mut. Dann müssen sie ihre eigene Angst nicht hören.

In dem dichten Gebüsch, in dem er sich versteckte, fürchtete Musisi um sein Leben, und schon allein das Atmen kam ihm wie unerträglicher Lärm vor. Wenn man ihn entdeckte, würden die Narben im Gesicht ihn sofort verraten. Er würde auf der Stelle hingerichtet. Er war, was die Invasoren als »die mit zerschnittenem Gesicht« bezeichneten. Für sie war er nicht einmal ein Mensch. Sie würden ihn wie ein Tier abschlachten, kein Erbarmen zeigen, ihn nicht begraben.

Die Soldaten verloren sich in der Ferne, und Musisi setzte vorsichtig seinen Weg zu Binguanes Dorf fort. Als er es erreichte, sackte er hilflos zu Boden, als hätte er keine Knie mehr: Das Dorf stand in Flammen, der Erdboden war übersät mit Leichen. Ein paar Frauen sammelten die Verletzten ein und bedeckten die Leichen mit Tüchern und Schlafmatten.

»Wo ist Binguane?«

»Von dem ist nichts übrig«, antworteten sie.

»Wo ist seine Leiche?«

»Nichts mehr da, haben wir doch schon gesagt.«

Folgendes war geschehen: Verzweifelt über das Ausmaß der Niederlage, hatte Binguane die portugiesische Flagge vom Mast eingeholt. Er betrachtete lange die goldene Krone in der Mitte. Es hieß, sie symbolisiere Gold. Doch was er sah, war eine glühende Sonne, und er ließ die Glut seine Augen überfluten. Dann riss er die Fahne entzwei und wickelte sich in den blauen Teil. So setzte er sich auf ein Pulverfass, um sich in die Luft zu sprengen.

Ein Missgeschick vereitelte das edle Unterfangen. Bevor er das Feuer entzünden konnte, fiel das Fass unter seinem Gewicht um. Der graue Staub, der dabei aufstieg, raubte allen, die zu Hilfe kommen wollten, die Luft. Binguane gab nicht auf. Er zündete das Tuch an, in das er sich gewickelt hatte, und umarmte das Fass, als wäre es seine letzte Gemahlin. Da geschah die ohrenbetäubende

Explosion. Und es wurde Nacht, in und außerhalb von Binguane.

Ich schreckte von einem fernen Gewitterdonner aus dem Schlaf hoch. Mir widerfuhr das Gleiche wie meinem Vater in seinen Albträumen: Ich musste an die eisernen Vögel denken, die schwindelerregend über den Himmel jagten. Der Tag brach an. Ich warf einen Blick durch die Gardine. In der Ferne schimmerte etwas, das mir nach dem roten Schein eines Feuers aussah. Ich lief durch das Haus, um mich zu vergewissern, dass die Fenster geschlossen waren. In der Nacht hatte es gestürmt, und der Fußboden war mit dunklen Flecken bedeckt. Das war sicherlich Ruß von den Bränden. Ich nahm einen Besen und fegte den Fußboden. Ich sah mir die schwarzen, gekrümmten Teilchen an, als könnte ich in ihnen die gleiche Materie erkennen, aus der ich bestand. Pulver und Asche. Und damit kehrte ich zu meinem ursprünglichen Namen zurück.

Nur wenige Stunden nach seinem Tod war Binguane schon zu einem Mythos geworden. Am Abend, wenn Geschichten erzählt werden können, erklärten die Alten den Jungen den wahren Grund für den Tod des großen Kriegers. Und diese Geschichte lautete so: Es war einmal ein König, der nicht glaubte, dass Wolken tatsächlich existieren. Er behauptete, die Wolken existierten nur in unseren Augen. »Ich glaube es erst, wenn ich sie berühren kann.« So sprach er. Er ließ eine Leiter bauen, die so hoch sein sollte, dass er bis in die neblige Höhe würde steigen können. Es dauerte Jahre, bis die Leiter fertig war. Als man ihn rief, blickte der König zur Spitze der Konstruktion hinauf, konnte aber nicht alle Stufen sehen. »Ich steige hinauf«, erklärte er entschieden.

Er stieg und stieg und wurde immer müder und müder. Die Schwalben flogen an ihm vorbei und wunderten sich über die unbeholfene Gesellschaft. Als dem König schwindlig wurde und er nicht mehr genug Luft bekam, sah er, dass er von Wolken umgeben war. Er streckte die Arme aus, um sie zu berühren. Doch seine Finger griffen durch die wattige Masse hindurch, als strichen sie durch Wasser. Und er lachte glücklich. Er hatte also recht. Während er die Stufen hinunterstieg, verkündete er: »Ich habe sie nicht berührt. Sie existieren nicht.«

Dann merkte er, dass er, je weiter er abstieg, immer leichter wurde, immer leichter und leichter. Kurz über dem Erdboden musste er sich mit Macht festhalten. Schon beim leisesten Windhauch flatterte er wie eine Fahne. Als seine Füße den Erdboden berührten, war der König zu einer Wolke geworden. Zurück blieb von ihm die Leiter, die alle Ungläubigen hinauf in den Himmel führt.

Es heißt, Binguane sei noch in derselben Nacht vom Tod auferstanden, um seine Asche einzusammeln. Ein Teil war jedoch schon vom Wind verweht worden. Deshalb konnte er sich nur zur Hälfte wiederherstellen. Und so, unvollständig und zerlöchert, wird er durch die Zeit geistern – halb Krieger, halb Chope, halb Held, halb Besiegter. Es heißt auch, dass unsere Urenkel diese Hälfte der Vergangenheit vergessen haben werden. Und ihre Namen verbergen werden, aus Angst, sie würden sonst dafür benutzt, den Dreck der anderen zu tragen.

So wird es sein, bis ein neuer Binguane kommt. Und er wird ein Krieger neuer Art sein, denn er wird uns lehren, die Grenzen zu überwinden, die uns trennten. Dann werden wir die beiden Hälften der Zeit unserer Vorfahren besuchen.

Achter Brief des Sargento

Nkokolani, 5. Juni 1895

Sehr geehrter Senhor
Conselheiro José d'Almeida

Durch dieses Leben hier, so einsam und verlassen, spüre ich, dass ich zu einem zweiten Sardinha werde. Diese Leute, diese Schwarzen sind mir näher als meine eigenen Landsleute. Sie, Senhor Conselheiro, sind mein einziger Freund, die einzige Brücke, die mich mit Portugal verbindet.

In dieser Woche habe ich gespürt, dass mir der Sinn meines Auftrags wieder bewusst wurde. Die Kaffern haben mir einen Vátua-Gefangenen gebracht. Ihre Ehrerbietung, ihre Unterwürfigkeit ließen meinen ermatteten Soldatenstolz neu aufleuchten.

Obwohl man ihn misshandelt hatte, bewies der Soldat von Gungunhane noch immer eine beneidenswerte Würde. Er bat, sprechen zu dürfen, und dank der Hilfe von Imanis Mutter wurde mir klar, dass sein Volk sich den Chopes im gleichen Maße überlegen fühlt, wie wir uns allen Negern überlegen fühlen. Des Weiteren sagte der Gefangene, diese Gegend gehöre ihnen aufgrund eines göttlichen Gesetzes, und die Einheimischen brauchten jemanden, der sie zivilisiere. Ich forderte den Gefangenen auf zu schweigen. Ich verabscheute ihn nicht wegen seiner Worte über die Besiegten. Sondern weil er mit seiner Überheblichkeit denen glich, die mich nach Afrika geschickt haben.

Der Hass des Nguni-Soldaten auf die Einheimischen von Nkokolani wurde von den Nachrichten bestätigt, die mich in den folgenden Tagen erreichten. Denn ich erhielt nacheinander Beschwerden der Chopes über von Gungunhanes Truppen verübte Gräueltaten. Es waren so viele Klagen, dass ich dafür nicht nur unempfänglich wurde, sondern den Opfern gegenüber distanziert und kein Gefühl für Vernunft und Gerechtigkeit mehr hatte. Mir kam der Gedanke, dass der gefangene Vátua recht hatte – von seiner Warte und der Warte seines Volkes aus begehen sie keine Verbrechen. Im Gegenteil, sie bauen heroisch an einem Imperium. Genau besehen, ist das, was sie tun, nicht sehr viel anders als das, was wir tun, mit gebührendem Abstand und Respekt. Auch wir verteidigen ein Imperium, durch Gott und unsere natürliche Überlegenheit ermächtigt. Auch wir verzieren die Geschichte dieses Imperiums mit Pracht und Glanz. Wenn die Vátuas den Krieg gewinnen, wird sich das Schicksal dieser Nation ganz ohne unser Zutun erfüllen. Niemand wird sich mehr an António Enes erinnern. Und der tapfere Mouzinho de Albuquerque wird ein farbloser Verlierer sein. Überleben wird das Gaza-Reich mit seiner ruhmreichen Geschichte. Überleben wird Gungunhane, der einzige große Held. Dieser Schwarze wird strahlen wie einst ein Cäsar, ein Alexander der Große, ein Napoleon, ein Afonso de Albuquerque gestrahlt haben. Und die Statue des afrikanischen Königs wird eines Tages auf einem Platz von Chaimite stehen. Generationen von Kaffern werden den afrikanischen Herrscher als ewigen Beweis für das Heldentum und den Wert ihrer Rasse verehren.

Ich muss zugeben, sehr geehrter Senhor Conselheiro, dass diese Gedanken gewagt sind, und ich könnte sie nur Ihnen gegenüber äußern. Aber ich gestehe, dass sie mich in all diesen Tagen nicht losgelassen haben. Und mir schließlich ein Ereignis in Erinnerung gerufen haben, von dem ich glaubte, es sei längst vergessen. Eines Tages, als ich von der Schule freihatte, sah ich in Lissabon mitten auf dem Rossio einen Mann, der nach oben zeigte und merkwürdig selbstverständlich erklärte: »Die sind alle gleich.« Ich verstand nicht. Der Mann wiederholte: »Die sind alle gleich, überall.«

Er meinte die Statuen. Und wies mit dem Arm auf die Statue von Dom Pedro IV. Dann behauptete der seltsame Mensch, der von der Statue Dargestellte sei nicht unser König, sondern Maximilian I., Kaiser von Mexiko. Ein anonymer Portugiese habe die Statue erworben, die in Paris zum Kauf angeboten wurde, da der Anwärter auf den Kaiserthron erschossen worden sei, noch bevor er den Thron habe besteigen können. Man konnte die Kosten reduzieren und den Glanz maximieren. Dann sagte der Mann noch einmal, dass es zwischen den Statuen, genau wie zwischen den Geschichten der Imperien, keinen Unterschied gebe. »Dieser König steht da. Säße er auf einem Pferd, könnten Sie feststellen, dass es immer das gleiche Pferd ist!«

Im Übrigen sind diese Wochen vergangen, als stünde die Zeit still. Bei dieser Gelegenheit kann ich Ihnen noch etwas Persönlicheres berichten, was ich aber gern mitteile. Vor Tagen kam Imanis Vater zu mir. Im ersten Moment fürchtete ich, er wolle mich zur Rede stellen wegen der Avancen, die ich in letzter Zeit seiner einzigen Tochter gemacht hatte. Deshalb begrüßte ich ihn gleich an der Tür mit übertriebener Herzlichkeit: »Guten Tag, Katini Nsambe!«

»Sie sind Soldat, Sie sollten mich nicht mit meinem Namen ansprechen. Soldaten wollen von niemandem den Namen wissen.«

»Und was führt dich hierher?«

»Ich will Ihnen einen Tragsessel anbieten. Einen, den ich selbst gebaut habe.«

»Und wozu sollte ich einen Tragsessel haben wollen?«

»Um sich durch den Busch tragen zu lassen, so wie alle Europäer.«

»Ich bin aber nicht wie alle Europäer. Ich habe meine Beine, die benutze ich gern, bis sie müde sind.«

»Sie sind ein guter Mensch. Aber seien Sie vorsichtig, mein Herr, denn hier in Nkokolani sprechen Güte und Schwäche dieselbe Sprache.«

Dann verriet er, dass ihm beim Laufen durch den Wald der Gedanke gekommen sei, mir einen Baum zu schenken. Einen ganzen Baum, Wurzeln, Stamm, Zweige und Blätter. Mit diesem Baum würde er mir den Himmel, die Erde und die Zeit schenken. Da er das aber nicht tun konnte und ich außerdem den Tragsessel abgelehnt hatte, wollte er mir nun ein Huhn schenken.

»Ein Huhn?«

Er ließ mir keine Zeit für einen Einwand, sondern schob einen Käfig zu mir hin, darin ein wohlgenährtes Federvieh mit braunem Gefieder.

»Wo Sie ein Huhn sehen, sehe ich Eier. Und nach den Eiern Fleisch. Fleisch für eine Woche Hühnercurry.«

Ich nahm die Henne aus dem Käfig, sie reagierte weder erschrocken, noch rannte sie wie von Sinnen hin und her. Vielmehr duckte sie sich zu meinen Füßen, zahm wie eine Katze.

»Ich werde ihr einen Namen geben«, versprach ich gerührt.

»Nein, bitte nicht«, beschwor mich der arme Neger. »Wenn Sie das tun, denkt die Henne nie mehr, dass sie eine Henne ist. Und dann kommt sie in Ihren Träumen vor, und Sie werden Teil von ihren Träumen …«

Seit jenem Tag teilt die Henne mein Leben und Haus mit mir. Gegen den Ratschlag des Schwarzen habe ich ihr den Namen *Castânia* gegeben. Tagsüber ist sie draußen auf dem Grundstück. Nachts biete ich ihr Unterschlupf im Haus, damit sie nicht von den Wildkatzen gefressen wird. Im Halbdunkel meines Schlafzimmers, im Flackerlicht der Petroleumlampe sieht *Castânia* mich dankbar an, dann schiebt sie den Kopf unter den Flügel. Ich denke an die Warnung ihres früheren Besitzers und amüsiere mich bei der Vorstellung, dass die Henne auf Portugiesisch meine eigenen Träume träumt. Ich hoffe, dass ich dafür ihre sicherlich weniger bedrückenden Träume habe.

Gestern hat Katini wieder bei mir angeklopft. Ich warf einen Blick aus dem Fenster und sah, dass er mit einer enorm großen Marimba unterm Arm im Hof stand. Dieses Mal bot er mir nicht das Erzeugnis seiner Kunst an. Da er wusste, dass ich ein wenig krank war, wollte er für mich spielen, um mein Leiden zu lindern. Musik, sagte er, könne Krankheiten und böse Geister vertreiben. Ich erlaubte ihm, sich in den Hof zu setzen, wo er mit geschlossenen Augen die Schlägel senkrecht gen Himmel hielt. Dann schlug er ein paar Töne an, als wollte er sich Mut machen. Schließlich sagte er langsam und holprig: »Ich spiele jetzt das Lied der Portugiesen …«

»Das Lied der Portugiesen?«

»Das hat der Pater mir beigebracht. Das ist die Hymne von Portugal, hat er gesagt.«

Sofort fing er an zu trällern, mit starkem Akzent, aber bemerkenswert sauberen Tönen:

»Die Wahrheit wird nicht versteckt
Der König täuscht sich nicht, nein
Lasst uns verkünden …«

Ich unterbrach ihn behutsam. Vorsorglich traurig lächelnd über die Enttäuschung, die meine Worte ihm bereiten würden.

»Diese Melodie«, erklärte ich, »ist nicht meine Hymne.«

»Sind Sie kein Portugiese?«, fragte er.

Ich schwieg. Unter diesen Umständen war es das Beste, den armen Musiker sein großzügiges Vorhaben ausführen zu lassen. Und der Mann spielte mit Gefühl eine kuriose Version der portugiesischen Nationalhymne. Anfangs mutete sie mich fremd an. Doch nach und nach, gestehe ich, berührte die Musik mich. Die Melodie wirkte wie ein Balsam. Und während ein Weißer *nsope* trank und ein Schwarzer die portugiesische Nationalhymne spielte, wurde es dunkel in Nkokolani.

Kurzum, ich entdecke, verehrter Senhor Conselheiro, in dieser traurigen Wildnis eine Menschlichkeit, die ich an mir selbst nicht kannte. Diese Menschen, scheinbar so ganz anders als wir, haben mir Lektionen erteilt, wie ich sie an keinem anderen Ort hätte lernen können. Vor ein paar Wochen zum Beispiel erschien bei mir ein Einheimischer aus Nkokolani, den man beschuldigte, keine Steuern zu zahlen, und deshalb zur Verwaltung in Zavala bestellt hatte. Der Verwalter ließ ihn von einem *cipaio* auspeitschen. Es war nicht so sehr der Ungehorsam, der bestraft werden musste. Unverzeihlich aber war die Dreistigkeit eines Schwarzen, sich furchtlos der Macht der Portugiesen zu widersetzen. Diesen Eindruck hinterließ in mir der Bericht des unseligen Kaffern, den er klaglos und ohne Vorwurf vortrug.

Ich verstand die Logik unserer Verwaltung. Sie musste ihn demütigen, mit ihm machen, was man in Indien mit den Elefanten macht, wenn man sie zähmen will – man bricht ihnen die Knie, damit die Füße nicht mehr träumen können. Also befahl der Verwalter zuerst, ihn mit einer Flusspferdpeitsche zu schlagen. Worauf der Schwarze ihn freundlich korrigierte. Es gebe hier keine Pferde, weder an Land noch im Fluss. Und der ausgetrocknete Schwanz stamme von einem Tier, das auf den Namen *mpfufu* höre. Wenn wir dafür in der portugiesischen Sprache keinen passenden Namen hätten, würde er vorschlagen, wir könnten die Bezeichnung aus seiner Sprache leihen.

Der Verwalter kam nicht auf die Idee zu erklären, dass ein Flusspferd nichts mit Pferden zu tun habe, sondern genau dem *mpfufu* entspreche. Er nahm die Erklärung als Beweis noch größerer Frechheit. Wenn es keinen passenden Namen für die Flusspferdpeitsche gebe, dann solle man ihn mit einer alten Handklatsche züchtigen.

Ich muss Ihnen als kurzen Einschub sagen, dass sich das Gesicht des Kaffern, während er dies berichtete, in Falten verzog und dem Mann die Augen feucht wurden. Nun, da er sich an das Geschehen erinnerte, schmerzte es ihn stärker als im Augenblick der Züchtigung. Denn als das Holz ihm das Fleisch aufriss, verharrte er ungerührt. Kein einziger Klagelaut während der insgesamt dreißig Schläge. Diese Trophäe errang sein Peiniger nicht, und als der Gezüchtigte den Raum verließ, drehte er die Handfläche nach oben, wie eine Aufforderung an Gott, diese unerträglichen Schmerzen zu bezeugen. Er verabschiedete sich höflich von dem *cipaio,* der ihn geschlagen hatte. Doch er ging nicht fort. Vorher klopfte er im Büro des Verwalters an und sagte: »Ich möchte um einen Gefallen bitten, Exzellenz.«

»Einen Gefallen?«

»Ja, ich möchte, dass Sie mich schlagen.«

»Hast du noch nicht genug?«

»Ich möchte, dass man sieht, dass ich nicht irgendwer bin. Ich will, wenn ich in mein Dorf komme, laut sagen können, dass es ein Weißer war, der mich geschlagen hat.«

Als ich später mit dem Verwalter sprach, bestätigte dieser die Geschichte. Und stellte klar, dass er sich geweigert hatte zu tun, was der eingebildete Kaffer von ihm verlangte. »Er selbst wollte es«, führte er an. »Diese Neger sind wie Kinder und sehen in uns die Vaterfigur, die strafen und vergeben muss.« Ich bin mir nicht sicher, ob diese Interpretation zutrifft. Meines Erachtens beabsichtigte der Schwarze etwas anderes: Er wollte zeigen, wie feige einer ist, der eine Züchtigung anordnet, aber es nicht fertigbringt, sie selbst vorzunehmen.

Diese scheinbar so beiläufigen Vorfälle gebe ich hier wieder, um zu verdeutlichen, wie hartnäckig wir uns weigern zu verstehen, dass die Situation der Menschen hier weit vielschichtiger ist, als man in Lissabon annimmt. Als Mitglied des Erschießungskommandos in Lourenço Marques war ich nicht in der Lage, das Alter der jungen Männer zu erraten. Sie hätten Kinder sein können, aber auch Erwachsene. Wie sagt Sanches de Miranda ganz richtig: Diese Leute sind undurchschaubar. Und deshalb machen sie uns noch wütender.

Es ist schade, dass wir uns mit so großer Unkenntnis zufriedengeben. Denn diese Ignoranz führt dazu, dass wir nicht nur an Regierungsfähigkeit einbüßen, sondern auch an Möglichkeiten zum militärischen Eingreifen. Es fehlt uns an Verständnis für wesentliche Fragen, und wir halten die Unterstützung, die wir von manchen Stammeshäuptlingen erfahren, für gesichert und endgültig. Dabei ist sie prekär und basiert auf unsicherem und temporärem Einvernehmen. Erst heute habe ich mithilfe eines Dolmetschers einen kuriosen Dialog zwischen zwei Dorfältesten erlebt, die wegen der Lösung eines Kaffernstreits vorstellig wurden. Ich gebe den Schlagabtausch zwischen den beiden möglichst wortgetreu wieder. Sie diskutierten, ob das Abtreten von Land an die Vátua-Invasoren Verrat bedeute oder nicht. Sie stritten folgendermaßen:

»Wir haben ihnen das Land gegeben«, sagte der eine, »aber nicht die Götter, und die allein sind die Herren über das Land.«

»Worte. Das sind nichts als Worte«, gab der andere zurück. »Wir haben ihnen alles gegeben.«

»Wer führt denn weiterhin bei den heiligen Zeremonien das Wort, sind das nicht wir?«

»Dann frage ich: In welcher Sprache sprechen bei diesen Zeremonien unsere *nyangas?* Sprechen sie unsere Sprache? Oder stimmt es nicht, dass wir zu unseren Göttern schon in der Sprache der Invasoren sprechen?«

Ein Blitz aus der Erde

Jeder General weiß, dass er sich mehr noch als vor dem Feind vor dem eigenen Heer in Acht nehmen muss.

Gleich früh am Morgen erfuhr ich, dass Katini und Musisi noch am selben Tag auf dem Posten vorstellig werden wollten. Ich machte mich sofort auf den Weg. Vor Tagen hatte ich selbst den Portugiesen über die Absicht meiner Verwandten informiert. Trotzdem war es sinnvoll, dass ich am Tag ihres Besuchs schon vorher hinging. Seit Binguanes Tod war die Stimmung angespannt, und es war wichtig, dass Sargento Germano nicht den geringsten Zweifel daran hatte, wie dringend das war, um das man ihn bitten würde. Deshalb lief ich durch die Straßen in einem Dunst, den ich zunächst für den Morgennebel des Dorfes hielt, doch dann stellte ich fest, dass es dichter Rauch war. Dieser Rauch kam von weit her, von dort, wo Binguane sich in den Tod befördert hatte.

Am Eingang zum Posten hielt mein Bruder Mwanatu doppelt aufmerksam Wache. Wenn er bisher eine Pseudowaffe bei sich trug, zeigte er jetzt ein neues Requisit: Seine Hände steckten in weißen Handschuhen. »Geh schnell hinein, Schwester, wir haben Alarmzustand«, raunte er mir zu und ließ die Finger flattern.

Germano saß über eine Landkarte gebeugt, die den ganzen Tisch bedeckte. Ohne den Kopf zu heben, fragte er: »Du weißt, was geschehen ist?«

»Das ganze Dorf weiß es.«

»Und weißt du, wer eben noch hier war? Xiperenyane, Binguanes Sohn.«

»Xiperenyane war hier?«

»Er hat mich gebeten, mich für die Rettung der Enkelin einzusetzen. Bei dem gestrigen Angriff haben die Vátuas das Mädchen entführt. Und es geht das Gerücht, dass sie schon tot ist, von Ngungunyanes Hexern verzehrt.«

Der Portugiese war verwirrt, man merkte es an seiner heiseren Stimme. Er machte eine Pause, sah mich mit seinen blauen Augen an und fragte nahezu aggressiv: »Bist du wegen des Unterrichts gekommen? Damit ist es vorbei.«

»Vorbei?«

»Komm auch weiterhin zu mir, aber bring mir nichts bei. Ich bin hierher ans Ende der Welt gekommen, um zu vergessen, dass es Sprachen gibt. Zu vergessen, dass es Menschen gibt, dass ich einen Namen habe ...« Er streckte die Arme über den Tisch, als wollte er die Landkarte umarmen. So, halb auf dem Tisch liegend, sagte er noch einmal: »Vergessen, das will ich.«

Ich trat ein paar Schritte näher und flüsterte ängstlich: »Darf ich um etwas bitten?«

»Was möchtest du?«

»Darf ich Ihr Haar anfassen?«

Er lächelte und senkte den Kopf. Meine Hand gehörte nicht mehr mir, sie legte sich erst auf seine Schulter, dann vergaß sie sich in seinem dichten Haar. Der Portugiese hatte meine Frage wohl nicht richtig verstanden. Mich hatte nur die Neugier geleitet, diese Haare zu berühren, die so ganz anders sind als unsere. Doch er hob die Arme und legte seine Handmuscheln um meine Brüste. Und dann geschah dies: Die Knöpfe lösten sich von der Bluse und rollten wie betäubt über den Fußboden. Dann verbog sich jeder einzelne kleine Knopf und wurde runzlig, so als ließe ihn ein unsichtbares Feuer schmelzen.

Der Portugiese fuhr fort mit seinen Annäherungsabsichten. Ich wollte ihn abwehren, ihm in den Arm beißen, ihn voller Zorn attackieren. Doch ich hielt still, verharrte in der mir anerzogenen Unterwürfigkeit als Frau. In diesem Augenblick, gestehe ich, überkam mich eine merkwürdige Benommenheit: Zum ersten Mal spürte ich mein Herz an einem anderen Körper klopfen. Die Finger des Sargento liebkosten meine Brustspitzen, als wären sie Knospen aus Fleisch. Und ich ließ es geschehen, zögerte hinaus, mich zu entziehen.

»Mein Vater muss gleich hier sein, ich bin nur gekommen, um ihn anzukündigen.«

Der Portugiese nahm abrupt Haltung an und zog sich schweigend zurück. Ich stand mit halb geöffneter Bluse da. Ich betrachtete meine Brust, als hätte ich sie noch nie gesehen. Bei uns zeigt sich am Umfang der Brüste, wann ein Mädchen zur Frau wird. Diese doppelte Rundung verkündet, wann wir ein neues Leben hervorbringen können. Meine Brüste deuteten nur an, wie lange ich noch vor mir hatte.

Ich hatte es sehr eilig, den Posten zu verlassen. Dennoch zögerte ich, bevor ich die Knöpfe aufhob. Vielleicht sollte ich sie lieber so, geschrumpft und verbogen, auf dem Fußboden liegen lassen. Vielleicht war dies eine Strafe für mich – vor mir hatte noch keine einzige Frau in Nkokolani ihre Kleider mit Knöpfen geschlossen. Und als ich, inzwischen ganz in Eile, mit der Hand über den Fußboden strich, merkte ich, dass die Knöpfe heiß waren, wie glühende Kohlen. Dennoch hielt ich sie in der linken Hand, während ich meine Kleidung und mein Haar ordnete.

Dann wartete ich am Eingang des Postens auf meine Verwandten. Als sie eintrafen, lehnte ich mich an den Türrahmen, um sie vorbeigehen zu lassen. Mein Bruder

Mwanatu stellte sich ihnen in den Weg, eifrig auf seine Pflichten als Wachposten bedacht.

»Lass den Unsinn, Mwanatu«, sagte Onkel Musisi. »Das Gewehr ist noch kaputter als dein Kopf.«

Zum Zeichen seines Missfallens schüttelte mein Vater die Achseln. Als er an seinem Sohn vorbeiging, zupfte er ihm den Kragen zurecht. Das war seine Art, ihm unauffällig zu seiner so europäischen Haltung zu gratulieren. »Wie geht es unserem *kabweni?*«, fragte er unverhohlen stolz.

»Nein, nicht *kabweni,* Vater«, korrigierte ihn mein Bruder. »Ich bin Untergefreiter der Infanterie.« Er lächelte mir zu, dann nahm er wieder seine Statuenhaltung an, als wäre es seine einzige Aufgabe, ins Unendliche zu blicken.

Meine Absicht war eine ganz andere – ich wollte mich schnellstens davonmachen. Doch der Arm meines Vaters vereitelte es. »Du kommst mit hinein, wer soll uns denn sonst übersetzen?«

»Das ist nicht nötig, du sprichst so gut, Vater!«

»Für das, worüber wir reden wollen, reicht mein Portugiesisch nicht«, entgegnete mein Vater.

»Ich werde über gar nichts reden«, widersprach ihm mein Onkel. »Ich will nur kontrollieren, was dein Vater sagt.«

Der Sargento empfing uns überaus höflich. Er hatte seine Uniform angelegt, um zu zeigen, dass er in seiner offiziellen Funktion auftrat. Doch die Freundlichkeit, die er uns gegenüber zeigte, galt mehr mir als meinen Verwandten. Er öffnete eine Flasche Wein, um die Gäste zu begrüßen. Es war gut gemeint, doch kannte der Gastgeber unsere Sitten nicht – bei uns trinken als Erste die Toten. Im Namen der Verstorbenen schütten wir die ersten Tropfen auf den Boden. Dann gibt es eine Pause, um zu zeigen, dass die nicht Anwesenden immer noch über die Zeit bestimmen. Anschließend wird den Frauen serviert, doch nicht aus Ehrerbietung, sondern weil der Wein vergiftet sein könnte. Dann erst wird den Männern und den Gästen serviert. Das ist bei uns gute Sitte.

Der Sargento trank als Erster. Er trank direkt aus der Flasche, den Hut auf dem Kopf. Der Wein lief ihm reichlich über das Kinn und den Hals. Man konnte meinen, er wolle sich eher duschen als trinken. Nachdem er die Befürchtungen meines Vaters angehört hatte, schlug er einen förmlichen Ton an und bemühte sich, uns zu beruhigen: »Ich habe euch schon gesagt, dass wir nicht zulassen werden, dass ihr belästigt werdet. Das wurde von denen zugesichert, die über mich befehlen, die über euch befehlen und die über Gungunhane befehlen. Es war nicht nötig, herzukommen und zu bitten, dass …«

»Bitten?«, hakte Onkel Musisi auf *txitxope* nach. Und zu mir gewandt: »Übersetz mal, Nichte. Ich möchte diesem Weißen etwas sagen.«

»Sprich, Onkel, aber überleg dir, in welchem Ton. Wir gehen nicht zu anderen Menschen, um sie schlecht zu behandeln.«

»Sei still, Imani. Binguane ist gerade erst gestorben. Und wir werden alle sterben, wenn diese Leute, deine Herren, das nicht ernst nehmen.«

»Gut, Onkel. Und jetzt lass uns mit ihm auf Portugiesisch sprechen, damit er nicht misstrauisch wird, worüber wir reden.«

»Frag deinen Herrn Folgendes: An wen zahlen wir Abgaben? An die Portugiesen, oder? Wir sind Untertanen der Krone. Wir sind Portugiesen, das sagen sie doch, oder? Ja, und wenn das so ist, dann ist Portugal verpflichtet, uns zu beschützen. Oder irre ich mich?«

Nervös geworden, versuchte mein Vater, die Worte seines Schwagers abzumildern. Und setzte dazu sein holperiges Portugiesisch ein: »Nicht ernst nehmen, der Herr. Mein Schwager hier hat nur Sorge …«

»Sie brauchen nicht zu übersetzen. Ich verstehe sehr gut, dass Ihr Schwager verärgert ist. Ich weiß schon lange, was er von den Portugiesen hält. Lassen Sie uns wie Menschen reden …, ich meine …, wie zivilisierte Menschen. Und du, Imani, du kennst dich ja schon im Haus aus, geh in die Küche und hol mir noch so eine Flasche.«

Mit gemäßigtem Dienstbotentempo begab ich mich in die Küche, wo auf dem Tisch zwei Flaschen Schnaps standen. Darunter lag ein Telegramm, unterschrieben vom Königlichen Kommissar. Es war zwei Wochen zuvor datiert und an die Militärführungen der Provinz Inhambane adressiert. Ich konnte nicht widerstehen und fing an zu lesen.

Während ich weiter im Text vorankam, stieg ein bitterer Geschmack in mir hoch. Dies ist der Wortlaut des Schriftstücks:

»Wir dürfen unter keinen Umständen die dringende Unterstützung der Chopes gegen die Notwendigkeit eintauschen, Lourenço Marques zu verteidigen. Wir können keine Verstärkung nach Inhambane schicken, weil sonst die Gebiete im Süden schutzlos wären. Es ist möglich, dass Gungunhane seinen Rachedurst gegenüber den Chopes, die ihm so großen Widerstand leisten, nicht zügeln kann. Doch das ist ein Verlust, über den wir hinwegsehen müssen. Im Übrigen müssen wir Folgendes bedenken: Sollten die Chopes bestraft werden, ist dies in erster Linie ihnen selbst zuzuschreiben. Die Vátuas, die jetzt mit ihren Regimentern gen Süden ziehen, planen nicht, sich an uns Portugiesen, ihren natürlichen Feinden, zu rächen, sondern an denen, die ebenso schwarz sind wie sie. Die sind es, die sie jetzt strafen wollen. Es wäre für uns nicht von Vorteil, uns einzumischen. Der Befehl lautet folglich: Lassen wir den Dingen ihren Lauf.«

Ich kehrte in den Wohnraum zurück. Weil es mir im Ohr summte, konnte ich nicht richtig hören, nur an der Gestik des Portugiesen wahrnehmen, dass er nach der Flasche fragte, die ich vergessen hatte mitzubringen. »Ich habe das Telegramm gelesen«, erklärte ich und ging zum Ausgang.

»Welches Telegramm?«, fragte der Portugiese verwirrt.

Ich wedelte mit dem Blatt Papier, das ich mitgenommen hatte, öffnete die Haustür und forderte meine Verwandten energisch auf, mit mir zu gehen. Als ich auf die Treppenstufen blickte, sah ich, dass sie kein Ende hatten. Ich stieg hinab in die Tiefen der Hölle. Der Portugiese hatte gelogen. Und dass diese Lüge mich so tief verletzte, sagte mir, wie sehr ich ihn mochte.

Am nächsten Morgen lief ich barfuß zum Rio Inharrime. Ich ging in den Fluss hinein, bis mir das Wasser bis zur Brust reichte. Ich hatte nicht vor, mich von der Strömung in die Tiefe reißen zu lassen und zu ertrinken. Meine Absicht war eine ganz andere: Ich wollte vom Fluss geschwängert werden. So eine fruchtbare Liebelei hatten schon andere Frauen erlebt. Das Geheimnis bestand darin, ganz still zu halten, bis die Seele sich nicht mehr von den abgestorbenen Blättern unterschied, die mit der Strömung trieben.

Das war es, was ich jetzt wollte. Denn eins stand für mich fest: Kein Mann sollte mich je besitzen. Mir blieb nur der Fluss, der Fluss meiner Geburt. Das Wasser floss bereits in mir, als ich am Ufer hängen blieb, unbeweglich wie ein alter, versunkener Baumstamm. Ich verharrte dort, bis ich wieder bei Kräften für den Heimweg war. Doch dann sanken meine Füße in den Morast. Anstatt mich zu ärgern, weil ich keinen Grund unter den Füßen hatte, befreite ich mich von meinen Kleidern und gab mich vollkommen nackt der sämigen Umarmung hin.

Für einen Moment überließ ich mich ganz der Lust, auf meiner Haut eine andere Haut zu spüren. Und ich begriff, warum die Tiere so gern im Schlamm baden. Danach sehnte ich mich: ein Tier sein, ohne an etwas zu glauben, ohne auf etwas zu hoffen.

Von Kopf bis Fuß mit Schlamm beschmiert, lief ich zurück ins Dorf. Unter den harten Blicken der Frauen ging ich zum Haus des Sargento. Als Mwanatu mich erblickte, lief er von seinem Wachposten davon. Der Portugiese saß auf der Terrasse und erkannte mich erst, als ich ihn ansprach: »Wollen Sie mich nackt sehen, Germano? Dann gießen Sie Wasser über meinen Körper. Niemand wird mich jemals so endgültig entkleiden.«

Verwirrt forderte der Portugiese mich auf, ins Haus zu gehen. Er schloss die Tür und schlich an den Wänden entlang wie ein Jäger, der sich vor seiner Beute fürchtet. Dann ging er hinaus und kehrte mit einem Tuch und einem Kübel Wasser zurück. »Jetzt ist es an mir, dich von bösen Geistern reinzuwaschen«, erklärte er. Er wischte mir über die Arme, die Schulter und den Rücken. Dann legte er das Tuch weg und ließ das Wasser über meinen Körper laufen. Als er mich so entblößt und schutzlos sah, drehte der Portugiese durch. Er riss sich die Kleider vom Leib, die Finger zitterten ihm, Speichel lief ihm über das Kinn. Und als er mich um die Taille fasste, ließ ich zu, dass er meine Brüste leckte, bis ich das Pochen seines Bluts auf meiner Haut spürte. Dann legte er sich auf den Fußboden. Seine Hände klopften auf den Boden und forderten mich auf, mich zu ihm zu legen. Ich weigerte mich. Vielmehr ließ ich von oben herab den Blick einer Königin auf ihm verweilen. Während ich so das Urteil hinauszögerte, verspürte ich die perverse Lust der Löwinnen, bevor sie endgültig zuschlagen. Ich warf das Telegramm vom Tag zuvor auf den Fußboden, setzte ihm einen Fuß auf die Brust, spuckte ihm ins Gesicht und beleidigte ihn mit säuselnder Stimme in meiner Muttersprache: »Du verlogener Weißer! Du wirst wie eine Schlange kriechen.«

Der Portugiese schleppte sich noch über den Fußboden, als er mich hinausgehen sah, in weißen Stoff gewickelt, den ich aus dem Regal genommen hatte. Mehr noch als die Beleidigung erfreute mich, dass ich auf *txitxope* gesprochen hatte. Vielleicht beherrschte kein anderer Schwarzer die portugiesische Sprache so gut. Doch der Hass, den ich empfand, konnte nur in meiner Muttersprache ausgedrückt werden. Ich war verurteilt – geboren werden und sterben musste ich in meiner eigenen Sprache.

Zu Hause rief ich die Familie zusammen, um ihnen klarzumachen, wie sehr Germano de Melo mit seinen Versprechungen gelogen hatte. »Der Portugiese lügt?«, fragte mein Vater ungläubig. »Das hast du verkehrt gelesen, meine Tochter. Du hast dich geirrt.« Und er sagte noch einmal: »Du hast dich geirrt.« Onkel Musisi sagte nichts, in stiller Genugtuung darüber, dass sein Verdacht sich nun bestätigt hatte.

Wortlos öffnete mein Vater eine Flasche Wein und trank reichlich. Als die Flasche so leer war wie er, setzte Katini sich vor seine Marimba. Inzwischen genügte der Fußboden schon nicht mehr als Sitz – der Rausch hatte seinen Blick vervielfacht, und die Klangstäbe gehorchten ihm nicht mehr. Er hob den Kopf, als wollte er die Geister anrufen. In dieser Haltung brüllte er nach seiner Frau: »Komm tanzen, Chikazi. Ich will dich tanzen sehen.«

Wie eine Marionette schleppte meine Mutter sich in die Hofmitte und blieb dort regungslos stehen.

»Wir wollen feiern, Frau. Hast du nicht gehört, was unsere portugiesischen Freunde geschworen haben? Der Krieg kommt nie hierher! Gibt es einen besseren Grund zum Tanzen?« Mein Vater hämmerte auf die Stäbe, als wollte er das Instrument, das er selbst gebaut hatte, strafen. Seine Frau verharrte regungslos, den Blick starr auf den Boden gerichtet.

»Du brauchst dich nicht zu bewegen, wenn dir das lieber ist. Du, meine liebe Chikazi, du tanzt auch, wenn du stillstehst.«

Ich dachte einen Moment daran, meine Mutter von dieser Demütigung zu erlösen und an ihre Stelle zu treten. Doch musste ich etwas anderes tun, etwas, das mir der Zorn in meiner Brust auferlegte. In Eile schlug ich den Landweg zum Dorf ein. Die unrhythmischen Marimbaklänge dröhnten weiter, während ich aufgeregt durch den Busch lief. Schließlich betrat ich die alte Kirche, dort erwartete mich mein Bruder Dubula.

»Ich habe deine Nachricht erhalten«, sagte er, ohne mich zu begrüßen. »Was willst du?«

Der Fußboden der Kirche war von Eulenfedern bedeckt. Ich zog die Schuhe aus. Der Stein fühlte sich weich wie eine Wolke an. Wasser rann die Wände hinunter, wie in den Wunden, die die Zeit in eine Grotte gräbt. Ich nahm allen Mut zusammen, um ihm mein Anliegen vorzutragen. Ich bohrte die Fingernägel in eine feuchte Ritze im Stein und sagte: »Du weißt, mein Körper hat nie gelernt, Frau zu sein.«

»Ich weiß nicht, wovon du sprichst.«

»Doch. Das weißt du genau. Mutter hat mich nie zu den Initiationszeremonien gehen lassen. Ich bin hier, damit du mir beibringst, wie eine Frau von einem Mann geweckt werden kann.«

»Sag so was nicht, Imani. Wir sind Geschwister, wir dürfen über solche Sachen nicht einmal sprechen.«

»Doch, du kannst es, du hast es immer getan.«

»Was habe ich getan?«

»Du hast mich immer belauert, wenn ich mich im Hof gewaschen habe.«

Dubula stritt es vehement ab. Er log. Aber es war nur halb gelogen. Denn er hatte heimlich gelauert, aber nie etwas sehen können. Wenn mein Körper zu sehen war, wurde Dubula blind. Diese vorübergehende Erblindung beruhte nicht auf einem Augenschaden, sondern auf übergroßem Begehren.

»Heute habe ich mich im Fluss gebadet. Habe mich mit Wasser und Schlamm gewaschen.«

»Und warum?«, wunderte sich Dubula.

Ich antwortete nicht. Mein Bruder wusste, die anderen wuschen sich im Fluss. Wir nicht. Unsere Familie machte es wie die Europäer, wir trugen Kübel und Eimer in den Hof. Wenn ich so ein Bad nahm, ließ ich mir viel Zeit, vielleicht, weil ich wusste, dass Dubula heimlich zuschaute. Mein Bruder motivierte mich zu der Choreografie, in der ich mich zeigte und verbarg. Eine Fontäne fiel auf den Stein, und das Geräusch des Wassers klang genau wie Regen. Die Tropfen zitterten glänzend auf meinen Brüsten, das Wasser rann mir über das Gesäß. Und es war wie ein Tanz – ich badete nur, um liebkost zu werden.

»Es gibt Krieg, mein Bruder. Deshalb habe ich an die Vergangenheit gedacht. Aus Angst vor der Zukunft.« Und ich erzählte Dubula, was im Posten geschehen war. Als ich von dem vermaledeiten Telegramm sprach, sprang er auf und hatte es eilig, die Kirche zu verlassen.

»Ich muss gehen«, flüsterte er. Er sah sich von der Tür aus um, ob er sich ungefährdet zurückziehen konnte.

Bevor er verschwand, fragte ich: »Dubula, sag mir eines: Gibt es in deinem Leben keine Frau?«

»Ich bin Soldat. Frauen schwächen das Herz. Sieh dir nur an, was mit deinem Sargento passiert.«

»Sprich nicht von diesem Mann.«

»Ich kenne dich, Imani. Die ganze Zeit, die wir hier zusammen waren, hast du nicht mit mir gesprochen. Du hast mit deinem Portugiesen gesprochen.«

»Nein, Dubula, das stimmt nicht!«

»Weißt du, was passieren wird? Es wird das passieren, wovon unser Vater immer geträumt hat. Der Portugiese wird dahin zurückgehen, woher er gekommen ist, und er wird dich mitnehmen.«

»Niemals!«

»An deiner Stelle, liebe Schwester, würde ich jetzt zu ihm gehen. Und ihn auffordern, von hier zu fliehen. Tu das, falls du ihn gernhast. Denn wenn ich mit den VaNguni in Nkokolani einmarschiere, ist mit dem Posten endgültig Schluss.«

»Willst du dich nicht von mir verabschieden?«

Nein, das habe er nicht vor, murmelte er. Nur wer auf ein Wiedersehen hoffe, verabschiede sich. Aber er wollte mich nie wiedersehen.

Ich ging nach Hause zurück, als müsste ich meine Schultern über den Boden schleifen. Unsere Ältesten sagen: Wer allein geht, schützt sich im eigenen Schatten. Aber ich hatte gar keinen Schatten.

Meine Mutter erwartete mich draußen. Sie sagte, gerade sei ihre Freundin weggegangen, die Mutter von Ndzila, meiner besten Freundin in der Kindheit. Wir hatten gemeinsam die Missionsschule besucht.

»Ndzila ist hier?«, fragte ich begeistert.

Ihre Antwort ließ auf sich warten. Sie hatte ihre Worte sorgfältig gewählt und abgemildert, um mich nicht zu verletzen. »Sie ist gestern gekommen. Aber ihr Vater hat sie nach Chicomo zurückgeschickt. Er möchte nicht, dass sie herkommt.«

»Meinetwegen?«

»Du bist keine gute Gesellschaft, das sagt er. Für dieses Dorf, mein Kind, bist du höchst verdächtig. Dein Schicksal ist es, allein zu bleiben, unverheiratet und kinderlos. Bedank dich dafür bei deinem Vater.«

Das war der Preis dafür, dass ich mich auf die Welt der Portugiesen eingelassen hatte. Der Gedanke, Ndzila wiederzusehen, vergegenwärtigte mir etwas, das ich möglichst nicht wahrhaben wollte. Ich hatte in Nkokolani keinen Freund und keine Freundin. Schlimmer noch: Ich wünschte mir noch nicht einmal, Freunde zu haben.

Meine Mutter verstand, dass ich traurig war, und setzte sich neben mich. Sie fasste mich nicht an, sah mich nicht an. Als führte sie ein Selbstgespräch, sagte sie: Ich sei eine Frau, und die Frauen in Nkokolani müssen zu jemandem gehören, damit sie nicht mehr niemand sind. Deshalb gibt man den unverheirateten Mädchen den Beinamen *lamu,* das bedeutet »die noch wartet«. Damit wird ausgedrückt, dass wir erst als Ehefrau jemand sind. »Gib die Hoffnung nicht auf, mein Kind. Du bist immer noch eine *lamu.*«

Einen besseren Trost als diese Gewissheit konnte meine Mutter mir nicht bieten.

Neunter Brief des Sargento

Nkokolani, 9. Juni 1895

Sehr geehrter Senhor
Conselheiro José d'Almeida

In dieser Woche hat Imani, gekränkt, weil ich sie belogen hatte, Front gegen mich gemacht und mich auf raffinierte Weise gedemütigt. Ich erspare Ihnen die Einzelheiten der Szene, die sie im Militärposten veranstaltet hat. Zu meinem Glück liegt der Posten vor den Blicken und der Neugier des Pöbels geschützt.

Doch es gibt etwas, das ich gestehen muss: Als Imani mich so schlecht behandelte, hatte ich das Gefühl, ich würde auf dem Fußboden des Postens gefoltert. Ihr rasender Zorn machte mir klar, dass sie der einzige Grund ist, weshalb ich am Leben hänge. Nun, da ich keine Möglichkeit mehr habe, sie zu erobern, was bleibt mir da noch auf dieser Welt?

Ich weiß nicht, Senhor Conselheiro, ob ich in der Lage bin, meinen Auftrag weiterhin zu erfüllen. Ehrlich gesagt, habe ich inzwischen vergessen, welcher Art dieser Auftrag ist, falls es ihn denn überhaupt jemals gab. Ich erinnere mich daran, was ich in einem Brief von Afonso I., dem König des Kongo, an den portugiesischen König gelesen habe. Ohne Anspruch auf Genauigkeit zitiere ich die Worte des schwarzen Monarchen: »In Konflikten mit anderen Nationen können wir gefangen nehmen, können wir töten. Doch nichts wird jemals so erfolgreich sein wie die Verführungskraft unserer Frauen.« König Afonso hatte recht. Letztlich bin auch ich ein Opfer dieser Verführungskraft geworden. Ich bin ein Besiegter. Besiegt in einer Schlacht, die nie stattgefunden hat.

Ich weiß nicht, wie ich die Tage herumbringen soll, vor den Nächten graut mir. Sie können sich nicht vorstellen, welche bösen Träume mich heimsuchen. Und es gibt einen Albtraum, der häufiger auftritt, als die Falter um die Petroleumlampen flattern. In diesem Albtraum sehe ich Tausende von Kaffern in unseren Uniformen, die in einer großen Runde sitzen. Und wir Portugiesen tanzen um ein Feuer herum, bekleidet mit den Fellen und Lendenschurzen der Eingeborenen. Alles umgekehrt.

Auf einem Schimmel reitend, nimmt Gungunhane die Parade ab. Anschließend sitzt er mit dem eitlen Gebaren eines Herrschers ab und nimmt auf einem Thron Platz. Aus größerer Nähe sieht man, dass der Kaffer einen kurzen Schnurrbart trägt, der Mode unserer Offiziere entsprechend getrimmt. Er befiehlt, das Tanzen zu beenden, es ist ihm zu laut und zu sinnlich. Dann sollen wir uns setzen und den Mund öffnen. Und ihn offen halten, bis er zu Ende gesprochen hat. In untadeligem Portugiesisch erklärt er: »Ihr wolltet unser Land? Ihr könnt alles haben.« Und mit Gewalt lässt er uns Sand in die Kehle laufen. Da wir rasch überfüllt sind, lässt der Häuptling eine seiner Königinnen holen, die sich mit einem riesigen Elefantenstoßzahn nähert.

»Ihr habt von Elfenbein geträumt? Hier habt ihr es.«

Als wäre es der Stößel eines Mörsers, stampft die Königin den Sand in unserem Mund, bis wir endgültig ersticken. Und so sterben wir, im Sitzen, das Gesicht zur Sonne gewandt, während uns Sand das Kinn hinunterläuft. Das ist der Albtraum, der mich aus dem Schlaf hochschrecken und nach der nächsten Flasche am Bettende greifen lässt. Ich trinke gierig, und als ich die Flasche abstelle, lese ich auf dem Etikett: *Negerwein.*

Verzeihen Sie mir diesen Schwall von privaten Dingen. Schreiben Sie meine Kühnheit dem Umstand zu, dass ich in dieser Einsamkeit lebe, fern von allem und jedem. Ich bin so niedergeschlagen, dass ich in den letzten Tagen immer wieder die verfallene Kirche des Dorfes aufgesucht habe. Wenn es dort einen Priester gäbe, würde ich nie meinen Fuß hineinsetzen. Vielleicht, weil die Kirche so verlassen ist, verharre ich darin zu einem langen stummen Gebet. Und wissen Sie, für wen ich so bete? Ich bete zu Gott für diese armen Eingeborenen. Ich bete dafür, dass sie von der Zerstörungswut der Vátuas verschont bleiben.

Ich bete immer mehr mit immer weniger Glauben. Einmal bin ich in der Stille der verfallenen Kirche eingeschlafen. Und als ich aufwachte, hatte ich das Gefühl, dass die Kirche wie auf einem Fluss schwankte. Die Kirche war ein Boot, und in dem Boot saß Maurício, ein Onkel von mir, der Priester geworden war. Diesem Onkel, der mir jetzt erschien, war der Kopf nur mit einem Streifen Fleisch befestigt. Und er flehte mich mit einer Stimme an, die so stranguliert war wie seine Kehle: »Verwandle mich in Buchstaben und steck mich in einen Brief, mein lieber Neffe. Schick mich in einem Kuvert zurück in die Heimat.«

Maurício hatte aus Zweifel an seinem Priesteramt die Kirche verlassen. Er hatte geheiratet und war Vater eines entzückenden Kindes geworden. Doch er blieb ein strenger, mürrischer Mann. Entschlossen, dem eigenen Leben ein Ende zu setzen, tötete er erst seine Frau und dann das Kind. Mit dem Blut der Opfer wollte er die Wände bestreichen. Doch die Wände stießen die Farbe ab. Das Haus war lebendig. Es löste sich von seinen Fundamenten. Der Mann wurde obdachlos, hatte einzig die Nacht als Dach über sich. Als er am nächsten Morgen aufwachte, wusste er nicht, wo er sich befand. Er sah seine Frau und sein Kind, die sich beide mit einem Messer in der Hand über ihn beugten. Die Leiche wurde nie gefunden, das Blut, das dabei geflossen war, hinterließ keinen Fleck und kein Gerinnsel. Maurício ging dahin und vergaß, dass er einmal einen Körper besessen hatte. Er, der sich von Gott abgewandt hatte, konnte seiner Seele keinen Weg weisen.

Da ich fürchtete, Onkel Maurícios Gespenst wohne in der Kirche, habe ich sie nach diesem Spuk nie wieder aufgesucht. Aber ich befolgte den Rat des Gespenster-Onkels. Die zahllosen Briefe, die ich geschrieben habe (den größten Teil ohne Adressat und Adresse), habe ich dazu benutzt, die wahnwitzigen Visionen, die mich ständig heimsuchen, einzuordnen und zu verarbeiten.

Ich habe so viele Briefe geschrieben, dass ich fürchte, ich mache tatsächlich wahr, was meine Mutter mir vorausgesagt hat. Sie hat erzählt, sie habe einen Mann gekannt, der von klein auf nichts anderes getan hat als schreiben. Seine rechte Hand verformte sich, die Augen wurden immer schmaler. Aber er hörte nicht auf zu schreiben. Letztlich bildete das gesamte endlose Geschriebene einen einzigen Text: Es war ein Brief an den Messias. Darin benannte er alle Übel der Welt. Keine Plage der Menschheit durfte er übersehen, weil uns sonst die endgültige Erlösung versagt bleiben würde.

Er schrieb Jahre und Jahre, nicht ein Tag verging, ohne dass er die Seiten füllte. Der Messias starb, bevor er sein langes Schreiben beendet hatte. Trotzdem schrieb der arme Mann immer weiter, in dem Glauben, das Schriftstück würde für den Nachfolger des Erlösers der Welt fertig. Umgeben von Papierstapeln bis an die Decke, wurde er alt. Irgendwann wusste er nicht mehr, wo sich die Tür und die Fenster befanden. Seine Welt hatte nur noch ein Inneres. Da beschloss er, sein langes Schreiben müsse beendet werden. Er setzte seinen Namen unter den letzten

Absatz und legte sich mit diesem Blatt auf der Brust zum Schlafen. Dabei entdeckte er, dass er selbst der Adressat des unendlichen Briefes war. Er war der Messias. Und er war tot.

Weiße Pferde, schwarze Ameisen

Die gefährlichsten Feinde sind nicht jene, die dich seit jeher gehasst haben. Mehr noch musst du die fürchten, die eine Zeit lang dir nah waren und von dir fasziniert.

Den ganzen Vormittag zogen Wolken auf. Dunkle Wolken ballten sich zusammen, bis der Himmel riss wie ein altes Tuch aus Musaradinas Ladenkneipe. Das Dorf brachte sich in Sicherheit. Nur ich setzte mich dem Regen aus. In Nkokolani herrscht panische Angst vor Blitzen, und bei Gewitter suchen alle Schutz unter dem Strohdach der Hütten.

Ich blieb vollkommen allein unter dem dichten Wolkendach, und um noch ungeschützter zu sein, stieg ich auf die Düne. Von dieser Anhöhe bot sich mir ein überraschender Anblick über den ganzen Horizont – eine menschliche Masse, die sich in einer endlosen Woge bewegte. Es war ein Menschenmeer, so riesengroß, dass selbst Gott sich nicht vorgestellt hatte, so viele hervorgebracht zu haben. Am Seitenrand der Kolonne marschierten Soldaten, die Waffen aller Art trugen.

Der Anblick war wie der Regen – für das Auge nicht erfassbar. Im ersten Moment war ich starr vor Angst. Doch allmählich wich die Panik einem merkwürdigen Gefühl von Resignation. In mir regte sich der Wunsch, mich der Menschenwoge anzuschließen. Und fortzugehen, weit weg von Nkokolani. Weit weg von mir selbst.

Der Marsch dieser Menschenmenge musste fraglos zahllose Tage andauern. Gewehre und Wurfspeere zogen unendlich lange Zeit vorbei. Der Erdboden bebte unter den Fuhrwerken, und die Landschaft neigte sich unter dem Gewicht der Rinderkarawanen.

Im Nu hatte sich das ganze Dorf auf dem Aussichtspunkt versammelt und starrte entsetzt auf den apokalyptischen Anblick. Meine Mutter neben mir bemerkte: »In dem Aufmarsch gibt es mehr Schießpulver als Sand in der ganzen Welt.«

»Wenn es wieder regnet«, fügte Tante Rosi hinzu, »dann fallen Kugeln statt Tropfen.«

Der größte Teil derer, die da marschierten, waren Bauern, die sich mühselig vorwärtsschleppten, als wären sie schon tot. Onkel Musisis Quellen zufolge waren es VaNdau, die man gezwungen hatte, ihr Land im Norden zu verlassen, wo Ngungunyane die Hauptstadt seines Reiches hatte.

Unser Onkel verkündete lauthals, was wir alle längst wussten. Die Portugiesen hatten die *angolas,* weil es entwurzelte Schwarze waren, ohne Familie, ohne Hoffnung auf Rückkehr. Die VaNguni hatte jetzt auch ihre *angolas,* und das waren die VaNdau. Sie zwangen sie auf diesen Marsch nach Süden, weil ihre Truppen in Gaza keine Garantie für Loyalität boten. Und diese Truppen, die alten und die neuen, fragten sich, ob es sich lohnte, sich für einen König zu opfern, der sie quälte. Deshalb desertierten sie, halb verhungert und verdurstet. Dann verstummte Musisi. Wir horchten wieder auf den vorwärtsmarschierenden Menschenzug, so als hörten wir eine endlose Ameisenstraße.

Hin und wieder tauchten zwischen den Zivilisten Uniformierte auf. Das waren die Soldaten des Herrschers. In teuflischem Rhythmus stampften sie mit den Füßen im Einklang auf den Erdboden, und das Brausen eines

Vulkans stieg von der Erde auf. Ich fürchtete schon, Großvater Tsangatelo würde sich erschrecken, aus dem Bauch der Erde herauskommen und den schrecklichen Menschenzug stören.

Meinen Vater plagten andere Befürchtungen. Mit belegter Stimme seufzte er: »Das ist unser Ende. Diese verfluchten VaNguni!«

Der Marsch war noch lange nicht beendet, und im Dorf hatten Verwandte und Nachbarn inzwischen begonnen, neben den Häusern und Wasserstellen Gruben auszuheben.

Erst dachte ich, sie wollten die Erde bearbeiten. Doch die Löcher wurden immer tiefer, so tief, dass ganze Häuser hineingepasst hätten. Die Männer stiegen in die Gruben und hoben die Arme über den Kopf, um die Tiefe zu prüfen. Dann gruben sie weiter.

Am nächsten Morgen ging eine Abordnung los und überprüfte den Zustand der Befestigung rund um das Dorf.

Währenddessen rief mein Vater uns zusammen und befahl uns, in die Gruben hinabzusteigen. Meine Mutter nahm Proviant mit, die Nachbarinnen und Tanten statteten die Gräben mit Wasserkrügen aus und deckten sie mit Holzplatten ab.

Da erschien Mwanatu. Die Verwandten waren sprachlos. Seit Monaten hatte er sich nicht bei uns sehen lassen. Er wirkte noch schwachsinniger als üblich, und ich hatte Angst, er könnte in eine der Gruben fallen. »Der Sargento schickt mich, ich soll fragen, was ihr hier macht«, erklärte Mwanatu.

»Wir säen uns«, antwortete ich gereizt. Und ich erkannte mich selbst nicht wieder in dem schroffen Ton, den ich dann anschlug: »Das kannst du deinem Herrn sagen. Sag ihm, so entstehen die Menschen: Ihre Samen werden in der passenden Jahreszeit in die Erde geworfen. Also, ehrlich, Mwanatu – wie kannst du so dumm sein?«

»Ich dachte schon«, erwiderte er einfältig, »wir graben nach unserem Großvater unter der Erde.«

Und da ihn niemand beachtete, drehte er sich um und kehrte zum Posten zurück. Als ich ihn fortgehen sah, dachte ich: Man begräbt uns nicht erst, wenn wir gestorben sind. Sondern schon bei der Geburt.

Am nächsten Tag drangen die feindlichen Truppen in unser Dorf ein. Die Behauptung, es seien VaNguni-Soldaten, stimmte nicht. Zum größten Teil waren es Angehörige anderer Völker. Die einen waren VaNdau, andere Makwakwa, wieder andere waren Bila, und manche waren einfach andere. Es gab sogar einige der Unseren, mit unseren Namen. Diese Leute, die von überall stammten, umringten das Dorf und kamen zu den Gruben, in denen wir uns versteckt hatten. Wütend beschimpften sie uns, so als würdigte diese Ameisenarbeit ihren Kriegerstatus herab.

Ein Nguni-Anführer stellte sich an den Rand meiner Grube und befahl uns allen herauszukommen. Während ich nach oben kletterte, sah er mir zu, wie man ein Tier beobachtet, das aus seiner Höhle kriecht. Als wir uns auf der freien Fläche aufgestellt hatten, griffen die Invasoren zu Stöcken und Schaufeln und begannen, die Gruben wieder zuzuschütten. Ich spürte den Aufprall der Erde auf meiner Brust. Die Erde deckte nicht nur die Gruben wieder zu, sondern nahm mir auch den Atem. Bei jeder Bewegung der Schaufel verlosch mein Körper immer mehr. Stück für Stück erstarb ich, begraben.

Da bestätigte sich mir, was ich schon seit Langem vermutet hatte: Es gibt nichts auf dieser Welt, was sich nicht unter meiner Haut findet. Der Fels, der Baum, alles lebt unter meiner Haut. Es gibt kein Draußen, keine

Ferne – alles ist Fleisch, Nerven und Knochen. Vielleicht musste ich gar nicht schwanger werden. In meinem Körper steckte die ganze Welt.

Die feindlichen Soldaten verzogen sich, nachdem sie am Dorfrand Häuser in Brand gesteckt und Mädchen und Frauen, die von den Äckern kamen, geraubt hatten. Felder wurden verwüstet, viele Leute hatten nichts mehr zu ernten. Recht hatte mein Vater in seinem apokalyptischen Wahnsinn – es wäre besser gewesen, wir selbst hätten unsere Felder verwüstet.

Wie alle anderen Häuser in der Dorfmitte war auch unser Haus verschont geblieben, doch die Aufregung war nicht minder groß. Denn die Stunden vergingen, und niemand wusste, wo mein Vater war. Einen Moment lang glaubten wir, er sei entführt worden. Aber nein, das war nicht geschehen. Im heiligen Wald unseres Hauses tauchte er wieder auf. Auf einem alten Stampfer saß er da, die Finger umklammerten den Schaft einer Axt. Die überraschte Hand schien ihre göttliche Macht über die Welt neu entdeckt zu haben. Neben ihm lag eine frisch gefällte Kokospalme. Er wies auf den Stamm: »Das ist nur die erste. Ich fälle noch eine Menge.«

Es waren nur noch wenige Kokospalmen auf unserer Pflanzung, aber meine Mutter vermied es, etwas zu der irrwitzigen Idee zu sagen. Ihr Mann mochte mit allem Bescheid wissen, nur nicht mit dem Leben. Ohne die Kokospalmen würden wir im Elend versinken. Aber Katinis Überzeugung war die eines Menschen, der von den Geistern geleitet wird. Also musste man sie gebührend respektieren.

So kam es, dass die Nachbarn mithalfen, die Kokospalmen zu fällen und das Holz zu transportieren. Mein Vater stapelte die Stämme und zersägte sie. Meistens aber starrte er staunend auf das Material. Wenn er so still stand, verhielt er sich wie schon immer – als würde die Arbeit dadurch getan, dass er darüber träumte.

Niemand fragte jemals nach dem Sinn des Ganzen. Wir glaubten, es sei die Vorbereitung für den Bau eines neuen *kokholo* um unser Dorf herum. Im Hinblick auf einen womöglich weiteren Überfall waren solche Palisaden nun nur zu berechtigt.

Eines Tages jedoch stellten wir fest, dass mein Vater bei seiner Tischlerarbeit die Stämme hintereinandergelegt hatte, alle in einer Reihe. Dann, nachdem das eine Ende am anderen befestigt war, richtete er einen endlos hohen Mast auf, so hoch, dass er fast am Himmel kratzte.

Meine Mutter nahm allen Mut zusammen und unterbrach ihren Mann bei seinem rätselhaften Tun: »Was soll das werden?«

»Das ist ein Mast.«

»Ich verstehe nicht, baust du ein Boot?« Chikazis Augen funkelten. Aber ihr Mann antwortete nichts. Er reagierte, als wäre Boote bauen die normalste Tätigkeit der Welt. Da forderte meine Mutter mich auf: »Geh du mit deinem Vater sprechen. Ganz sanft, behutsam, ganz ruhig. Manchmal hat dein Vater vor den Wörtern große Angst.«

Doch als ich bei ihm war, kam ich nicht dazu, etwas zu sagen. Denn er stellte mir unvermittelt eine Frage: »Weißt du, wo ich deinen anderen Bruder finden kann?«

Ich zuckte die Achseln. Mir gefiel nicht, dass mein Bruder seinen Namen verloren haben sollte, so wie die Toten. Dubula war »der andere«, so wie ich seinerzeit »die Lebende« gewesen war.

Mein Vater ordnete an, wir, die »derzeitige Familie«, wie er sagte, sollten uns versammeln. Also kamen Onkel Musisi und Tante Rosi, die Vettern und Cousinen und die engsten Nachbarn. Wir setzten uns auf die Holzklötze im Innenhof und warteten darauf, dass Katini zu uns sprach.

Er nutzte die respektvolle Höflichkeit aus und ließ eine Weile verstreichen, ehe er das Wort ergriff. Schließlich wies er auf den langen Mast und verkündete: »Das sieht nach einem Boot aus, ist es aber nicht. Was ich hier baue, ist eine Insel. Eine Insel, die uns alle retten wird.«

Kein Schatten, kein Zweifel trübte unsere Blicke. Wir warteten darauf, dass die Rätsel sich von allein auflösen würden. Einige glaubten noch, Katini beziehe sich auf die Pfahlbauten, die unsere Brüder in Chidenguele errichtet hatten und in die sie immer flüchteten, wenn sie an Land angegriffen wurden. Musisi ließ als Einziger Ungeduld erkennen. Gereizt gab er mir ein Zeichen, die Getränke servieren zu lassen.

Mein Vater hob die Stimme, um seine Autorität zu unterstreichen: »Dieser Krieg kann nur außerhalb des Krieges gewonnen werden.« Wir, die VaChopi, seien wenige. Um die Schlacht zu gewinnen, prophezeite er, müssten wir uns nicht mit Menschen verbünden, sondern mit Gespenstern. Das seien die Seelen, die über die Angst gebieten. Und niemand habe mehr Macht als die Angst. Die Gespenster hätten mehr Befehlsgewalt als die berühmten Militärkommandanten wie dieser Maguiguana, der ein *machangane* im Dienste des Herrschers sei. Die VaNguni, fuhr mein Vater fort, seien nur stark an Land, wo man Fußstapfen hinterlässt. »Im Wasser werden sie körperlos.«

Beim Gedanken an das Meer lächelte meine Mutter. Und wiegte die Schultern, als wären es Wellen. Ihre Arme tanzten, ihr Körper wurde zu Wasser. In dieser Schaukelbewegung vereinten sich alle die Stunden, die sie am Ufer des Inharrime gesessen und darauf gehofft hatte, dass der Fluss zum Meer würde.

An diese frühere Zeit dachte sie nun zurück. An die Vergangenheit, als sie und der alte Tsangatelo am Strand saßen und er sie fragte: »Was siehst du, wenn du auf das Meer blickst?« Chikazi wusste nicht, was sie antworten sollte. Denn sie sah nichts als Menschen. Jede Welle trug Menschen heran, ein Leben nach dem anderen strandete an der Küste und zerfiel in Gischt. Seit Generationen und Generationen landeten die unterschiedlichsten Menschen am Strand. Die Toten liebkosten ihre Füße, wenn sie über den nassen Sand lief. Deshalb lächelte meine Mutter, als sie ihren Mann von Ozeanen und Inseln sprechen hörte.

»Im Wasser werden sie körperlos«, wiederholte Katini.

Ein Nachbar, schon älter, stand auf und legte unserem Inselerbauer die Hand auf die Schulter. Dann nahm er seinen Mut zusammen, um zu uns allen zu sprechen. Schließlich sagte er, es habe keinen Sinn, sich etwas vorzumachen. Ngungunyanes Truppen seien jetzt anders. Der Großteil der Soldaten seien VaNdau. Und die hätten keine Angst vor dem Meer. Ganz gleich, ob wir zum Meer flüchteten oder zu den Lagunen, wir blieben so verwundbar wie an Land. Diejenigen, die von den VaNguni versklavt worden waren, seien noch grausamer als ihre Herren. Leider sei dies das Gesetz der Welt: Wer hat leiden müssen, will auch andere leiden lassen. Wir würden mehr unter den Sklaven der VaNguni leiden als unter den VaNguni selbst. Wir würden so sehr unter den Schwarzen leiden, dass wir vergessen würden, was wir unter den Weißen gelitten haben. Dann verstummte er, und es folgte ein langes Schweigen.

Schließlich ergriff mein Vater wieder das Wort: »Das ist alles Unsinn, meine Brüder. Wir müssen die Feinde nicht töten. Wenn wir sie töten, werden sie mehr. Man muss sie entkräften, mehr nicht. Sie kaputt machen, als hätte es sie nie gegeben.«

So sprach unser Vater. Und nicht einmal er selbst hörte sich noch zu. Denn er tat nur so, als gäbe es ihn.

Wie war dieses Meer, zu dem meine Mutter nie mehr zurückkehren sollte? Das kann ich nicht beantworten.

Ehrlich gesagt, konnte ich mich kaum an das Dorf meiner Kindheit erinnern. Wir wohnten jahrelang bei den Fischern an der nördlichen Küste des Mündungstrichters des Inharrime. Dann entschied sich Großvater Tsangatelo für das Exil im Binnenland. Die Familie wunderte sich. Am Meer waren wir geschützt. Wenn die feindlichen Truppen näher rückten, liefen wir zu unseren Segelflößen und fuhren hinaus auf die Wellen des Indischen Ozeans. Die Angreifer hatten panische Angst vor dem Meer, für sie war das ein namenloses Gebiet und von den Göttern verboten. Allenfalls kletterten sie auf die Dünen und blickten machtlos unseren farbigen Segeln hinterher. Auf den Wellen waren wir vor den feindlichen Horden in Sicherheit.

Diese Schwäche der Feinde hatte mein Großvater nur durch Zufall entdeckt. Einmal lief er mit mir auf dem Arm über den Strand. Wir waren auf der Flucht vor den *timbissi,* dem Exekutionskommando des Herrschers von Gaza. In seiner blinden Hast stolperte mein Großvater über die Leinen eines alten vertäuten Bootes. Vor Verzweiflung stieg er ins Boot und ruderte über die Brandung hinaus. So entdeckte er, dass der Ozean eine Grenze bildete – der Schneid der *ihimpis* versickerte im feuchten Sandstrand. Bei späteren Gelegenheiten bestätigte sich seine Vermutung. Die VaNguni wagten sich niemals ins Meer. Sie fürchteten sich nicht vor dem Wasser an sich, sondern vor den Geistern, die darin wohnen.

Meine Mutter hatte letztlich recht mit ihrer ängstlichen Frage: Darf man sich von der eigenen Rettung entfernen? Aus welchem Grund hat Tsangatelo uns dieser geschützten Stätte entrissen und die Familie über Dünen, Flüsse und Sümpfe geführt?

An diesem Nachmittag ließ Tante Rosi mich rufen. Sie saß auf ihrer üblichen Matte und siebte Reis. Ich sprach sie darauf an, dass sie müde aussah, als wäre ihr das Sieb zu schwer. Rosi sagte, ohne mich anzusehen: »Am meisten Arbeit machen uns die Toten, schon bevor sie tot sind.«

Sie war aus dem Nachbardorf gekommen, wo ihre Mutter todkrank im Sterben lag. Seit Monaten ging Tante Rosi morgens los und kehrte am frühen Abend zurück, die Erschöpfung zeichnete sich in der Krümmung ihres Rückens ab. Vorher hatte sie schon ihre Großmutter gepflegt, deren Sterben sich über Jahre hingezogen hatte. In jeder Familie gibt es jemanden, der stillschweigend die Aufgabe übernimmt, für jene zu sorgen, die sich verabschieden.

»Ich komme dir nicht mit Klagen«, erklärte meine Tante. »Ich will dir von einem Traum erzählen, der mich in der letzten Nacht gequält hat.«

Sie hatte von blinden Pferden geträumt. Die Pferde liefen gegen Bäume und stolperten über Felsen, bis sie sich die Beine brachen. Sie starrte die Augen der Pferde an, die wie schwarzes Wasser waren, und plötzlich verlor sie den Boden unter den Füßen und versank in der Verzweiflung der großen Tiere. Das hatte sie geträumt. Sie atmete schwer, nachdem sie es erzählt hatte. Tante Rosi war eine Hellseherin und erwartete von uns, dass wir den Sinn solcher Beschwörungen entzifferten.

»Sieh zu, dass du in euren Büchern das Bild von einem Pferd findest. Und dann bring es mir.«

»Ich will sehen, was ich tun kann.«

»Beeil dich damit. Ich habe nämlich eine böse Vorahnung. Denn ich will dir eins sagen, mein Kind: Diese Pferde, das sind Menschen. Die Portugiesen geben ihnen Namen, so wie sie ihren Kindern Namen geben. Das hast du mir doch erzählt, oder nicht?«

»Doch, das stimmt«, sagte ich.

Die Pferde, die Tante Rosi Albträume bereiteten, waren für mich eine Verheißung. Wie schön wäre es, wenn es in meinen Nächten zu Hufgetrappel käme. Ich empfand die Träume, die mich Größe und Ort vergessen ließen, als segensreich. Die Träume waren mein Tabak, mein Schnaps.

Mein Vater war es, der mich von der Matte holte, auf der ich schlummerte. Er strich mir über den Kopf, bevor er fragte: »Warst du bei Tante Rosi? Und hat sie dir von ihren Albträumen erzählt?«

»Ja.«

»Diese Träume machen mir große Sorgen.« Er überlegte eine Weile, drehte einen Kräuterstängel zwischen den Zähnen, den Blick nach unten gerichtet. Mit einem Ruck fasste er den Entschluss: »Geh zum Posten, Imani. Sieh die Papiere der Weißen durch, such in den Briefen, ob da irgendwo von Pferden die Rede ist …«

»Tante Rosi hat mich fast dasselbe gebeten.«

»Mich beschäftigt etwas anderes. Ich will wissen, ob es Neuigkeiten zu Mouzinho und seiner Kavallerie gibt. Er müsste längst hier sein mit seinen Pferden und Seite an Seite mit Xiperenyane kämpfen. Irgendetwas ist passiert.«

Mein Vater hatte recht. In der Unterkunft des portugiesischen Sargento lag zwischen Aufstellungen über Rechnungen und Ausgaben der Bericht. Darin stand:

»Als Mouzinho de Albuquerques Kavallerieschwadron in Lourenço Marques landete und über die Sete de Março bis Ponta Vermelha marschierte, entlockten der Schneid und die Eleganz unserer Soldaten den Zuschauern den einmütigen Ausruf: ›Welch schöne Truppe!‹ Eine Welle der Begeisterung belebte die zermürbte Bevölkerung der Stadt. Hauptmann Mouzinho hatte man versprochen, er werde alles Erforderliche vorfinden, um den Einsatzplan sofort in die Tat umzusetzen. Doch schon am nächsten Tag regte sich beim Hauptmann Enttäuschung: Die Pferde, die ihn erwarteten, waren überhaupt nicht zugeritten, erst recht nicht für den Kriegseinsatz. Er gab noch Anweisung, das Training zu intensivieren und das Futter zu verbessern. Doch was in der darauffolgenden Woche geschah, überstieg die pessimistischsten Befürchtungen. Der Zustand der Tiere verschlimmerte sich auf merkwürdige Art. Die einen wurden über Nacht krank und taugten nicht einmal mehr dazu, eine Kutsche zu ziehen; andere verwandelten sich in unbezähmbare Bestien. Mouzinho vertraute noch darauf, dass die Pferde, die aus Durban kommen sollten, die Mähren und Klepper wettmachen würden, mit denen er sich herumschlug. Mouzinho kämpfte gegen die Skepsis der Offiziere, die klar und deutlich sagten, für einen Krieg im afrikanischen Busch sei die Kavallerie nicht zu gebrauchen. Er hatte sich darauf versteift, das Gegenteil zu beweisen, aber dafür benötigte er dringend Tiere in gutem Zustand.

Doch als die Pferde aus Durban eintrafen, hätte seine Enttäuschung nicht größer sein können – die meisten waren launische, an Spat erkrankte und vom Karrenziehen im Dienste der Engländer erschöpfte Lastentiere. Der Verkäufer in Durban bescheinigte mit Untersuchungspapieren, dass die Sendung in gutem Zustand verschifft worden war. Die Aussage des portugiesischen Militärangehörigen, der dem Kauf beigewohnt hatte, bestätigte dies. Was war während der Seereise geschehen, dass die Tiere so heruntergekommen waren? Welche Rätsel sorgen dafür, die patriotischen Pläne unseres schneidigen Hauptmanns hinauszuzögern?«

Fest entschlossen zu lügen, ging ich nach Hause. Es gebe keinen Bericht. Keinen Brief, keinen Hinweis auf Pferde. Zwar könne Tante Rosi davon träumen. Doch die Ursachen ihrer Albträume seien privater Natur und hätten nichts mit dem zu tun, was auf der Welt geschehe. Es gebe keinen Anlass für die Vermutung, da sei böser Zauber im

Spiel. Auf diese Weise kämen meine Brüder auch nicht in den Verdacht, Berichte zu unterschlagen und Feinden in die Hände zu spielen. Alles sei in Ordnung, bald schon werde Mouzinho mit seiner Heil bringenden Kavallerie eintreffen.

Am nächsten Tag war es an uns, Tante Rosi zu besuchen. Die Gelegenheit war günstig, denn Onkel Musisi war auf die Jagd gegangen, und die Hellseherin stand uns ganz zur Verfügung. Auch ohne Dokumente zum Beweis raubte ihr der Verdacht meines Vaters den Schlaf. Es musste irgendeinen obskuren Grund dafür geben, dass die Pferde und Reiter noch nicht eingetroffen waren.

»Heute hat er den ganzen Tag geweint«, teilte sie mit, sowie sie uns kommen sah.

»Onkel Musisi, geweint?«

»Nein. Mein Sohn, der hat geweint. Der, der hier in mir wartet.«

Tante Rosi war niemals Mutter geworden. Immer wenn sie schwanger geworden war, hatte sie eine Fehlgeburt erlitten. Die Kinder hatten »es sich anders überlegt«, wie man von den Fehlgeburten sagt. Meine Tante war dazu verurteilt, keine Nachkommen zu hinterlassen. Seinerzeit hatte sie den Spinnentest gemacht, um herauszufinden, wer daran schuld war. Neben ein Spinnennetz hatte sie zwei Stoffstücke gelegt, das eine Stück von den Kleidern ihres Mannes, das andere von ihren. Derjenige, dessen Stück die Spinne aussuchen würde, wäre der Schuldige. Doch der Test verlief ergebnislos. Die Spinne lief zwischen den beiden Stoffstücken hindurch, ohne eins zu berühren.

Und nun stand sie dort und drückte den Rücken durch, um den flachen Leib vorzuwölben.

»Man muss sich um ihn kümmern«, sagte meine Mutter, »alle Kinder brauchen Aufmerksamkeit.«

Und so redete Chikazi weiter, als steckte in den Worten

ihrer Schwägerin eine unbestreitbare Wahrheit. Damals wusste ich noch nicht: Alle Frauen der Welt bilden einen einzigen Leib. Wir alle werden mit allen Kindern schwanger. Mit denen, die zur Welt kommen, und mit denen, die es sich anders überlegen.

Mein Vater musste Rosis ständig wiederkehrende Wahnvorstellungen längst gewohnt sein. Immer wenn unsere Tante verkündete, sie sei schwanger, wölbte sich ihr Bauch. Alles falsch, alles echt. Denn selbst ihre Hände, ihr Mund und ihre Nase nahmen die Rundung der guten Hoffnung an.

Dieses Mal jedoch wirkte Tante Rosi überzeugender denn je, so wie ihre Hände den dicken Bauch streichelten. Ich sah zu meinem Vater hinüber, ich wollte wortlos fragen, ob es einen Sinn hatte, an dem Zweck unseres Besuchs festzuhalten.

Tante Rosi begriff unser stummes Zögern und beruhigte uns: »Tut euch keinen Zwang an, dieses Kind kommt nicht heute zur Welt. Das wartet schon seit ein paar Jahren. Wir beide warten auf eine Zeit ohne Krieg.«

Unsere Mutter führte ihre Schwägerin in den Schatten, und beide beugten sich über ein und dasselbe Reissieb. Gemeinsam sortierten sie die Körner, ihre Finger berührten sich und verhakten sich, bis Rosi fragte: »Nichte Imani, hast du vielleicht Mwenua hier irgendwo gesehen? Und die andere, Munyia, diese faule Person, hast du die gesehen?«

Ich schüttelte den Kopf. Tat so, als hätte das alles einen Sinn. Tante Rosi war die *nkossikazi,* wörtlich die »große Ehefrau«, die erste der Frauen in ihrem Haus. Onkel Musisi hatte noch zwei Frauen geheiratet, beide weit jünger. Sie, die erste Ehefrau, hatte die anderen beiden ausgesucht: Mwenua und Munyia. Das ganze Dorf wusste, dass diese beiden Frauen von den VaNguni vergewaltigt und umgebracht worden waren. Das ganze Dorf, nur Tante Rosi nicht.

»Hast du meine Frage gehört?«

Mein Blick blieb unbeteiligt, als wäre ringsum alles dunkel. In diesem Dämmerlicht war mein Vater verschwunden.

»Ich gehe nachsehen, ob ich die anderen Tanten finde«, sagte ich und ging hinaus.

Doch ich ging nicht weit weg. Hinter dem Haus fand ich meinen Vater, er rauchte. Er gab mir mit einer Bewegung der Augenbrauen ein verständnisvolles Zeichen: »Das ist traurig. Sehr traurig. Ich gehe wieder hinein, ich kann deine Mutter nicht mit ihr allein lassen.« Er drückte die Zigarette im Sand aus und schlich davon, um sich zu den Frauen zu gesellen.

Ich warf von Weitem einen Blick zu ihnen. Die Tante hatte die Papiere, die sie von meinem Vater erhalten hatte, auf dem Fußboden ausgebreitet. Sowie er auftauchte, fragte Rosi: »Erklärst du mir, wie man das macht?«

»Wie man was macht?«

»Wie geht das, dass man lesen kann? Das möchte ich so gern können …«

»Es dauert, bis man das gelernt hat, Rosi.«

»Ich habe gesehen, wie du das machst. Du gehst mit dem Finger über die Zeilen und bewegst dabei die Lippen. Das habe ich auch gemacht, aber nichts gehört. Sag mir, was ist das Geheimnis. Ich kann schnell lernen.«

Mein Vater verdrehte die Augen und strich mit den Händen über die Blätter, die auf dem Erdboden lagen.

»Um diese Papiere zu lesen, musst du stillhalten. Vollkommen still, Augen, Körper, Seele. Und das eine ganze Weile, wie ein Jäger auf der Lauer.« Wenn sie so eine Weile verharre, würde das, was sie erwartete, umgekehrt geschehen: Die Buchstaben würden allmählich sie ansehen. Und ihr Geschichten erzählen. Sie alle sähen wie Zeichnungen aus, doch in den Buchstaben steckten Stimmen. Jedes Blatt sei ein Gehäuse für unendlich viele Stimmen. Wenn wir läsen, seien wir nicht das Auge, sondern das Ohr. So sprach Katini Nsambe.

Rosi kniete sich vor die Blätter, verharrte ganz regungslos und wartete darauf, dass die Buchstaben zu ihr sprächen.

Zehnter Brief des Sargento

Nkokolani, 28. Juni 1895

Sehr geehrter Senhor
Conselheiro José d'Almeida

Für das Schuldgefühl, das auf mir lastet, gibt es keine Worte, Exzellenz. Gestern fand in Nkokolani ein Überfall statt, verübt von den abscheulichen Vátuas (ich weiß nicht, warum ich sie beharrlich so nenne, denn sie selbst bezeichnen sich als VaNguni). Diese Banditen haben gebrandschatzt, vergewaltigt, gemordet. Vor dem Überfall hatte ich Mwanatu ins Dorf geschickt, um zu erkunden, warum die Bewohner die riesigen Gräben ausgehoben hatten. Sie sollten nicht zum Schutz im Kampf dienen. Vielmehr als Versteck, weil sie hofften, darin nicht gesehen zu werden. Der Plan ist nicht aufgegangen. Die unseligen Dorfbewohner wurden überrannt und hatten keinerlei Möglichkeit, sich gegen die feige Brutalität von Gungunhanes Soldaten zu wehren.

Nach dem Überfall habe ich das Dorf und die Äcker besichtigt, hatte aber nicht den Mut, einen kurzen Blick auf die trostlose weite Ebene zu werfen, vollkommen mit Asche bedeckt, die von Zeit zu Zeit ziellos aufstieg. Ich kehrte zum Posten zurück, nie hätte ich gedacht, dass diese Ruine von Posten mich so gut würde beschützen können. Ich setzte mich hin, nahm Castânia auf den Schoß und wandte mich der einzigen Betätigung zu, die noch einen Sinn hat: Schreiben.

Ich weiß nicht, wie ich aus dem Haus gehen kann, so schwer wiegt meine Reue. Ich bin schon zu lange hier, habe Bindungen aufgebaut und mich auf ein Gefühl der Empathie eingelassen, die Ornelas in der Musik gefunden hat, ich aber in den simpelsten Details im Leben dieser so einfachen Menschen entdecke.

Des Schreibens müde, legte ich die Uniform ab, hängte sie auf einen Bügel und betrachtete sie, als wäre ich es, der da schlaff, glanz- und körperlos hing. Ein merkwürdiges Gefühl für einen, der niemals wirklich Soldat war. Doch mein Problem – wenn Sie, Senhor Conselheiro, mir diese Kühnheit gestatten –, mein Problem ist, dass ich nie etwas anderes gewesen bin, überhaupt nichts anderes. Ich bin die leere, auf einem Bügel hängende Uniform, die lediglich die Geister an- und ablegen.

Ich gestehe, Senhor Conselheiro, dass ich oft den Gedanken hatte, alles stehen und liegen zu lassen, mich durch den Busch auf den Weg nach Inhambane zu machen und mich von dort gen Norden durchzuschlagen, zur Hauptstadt der Kolonie, der Ilha de Moçambique. Ich würde nicht bloß zu einer Insel gehen. Ich wäre eine Insel. Holen Sie mich von hier fort, ich bitte Sie.

Schon seit Langem habe ich hier schrittweise den Verstand verloren, doch nach dem, was ich gestern in dem niedergemetzelten Nkokolani gesehen habe, gleicht mein Zustand einem unwiderruflichen Untergang. Als ich heute Morgen aufwachte, war ich vollkommen gelähmt. Ich konnte nur die Lider bewegen. Ich dachte, ich müsste hier sterben, ohne dass mir irgendjemand beisteht. Selbst mein dümmlicher Gehilfe, der für mich Botengänge erledigt, hätte mir wenig helfen können. Denn er betritt meine privaten Räume nie ohne Erlaubnis. Und ich war nicht in der Lage, nach ihm zu rufen. Zum Glück kam Imani mich besuchen. Von meinem Schweigen alarmiert, trat sie ein und fand mich in dieser unseligen Erstarrung.

Ich teilte mich ihr durch einen Wimpernschlag mit. Sie zögerte kurz. Als wollte sie mich dort in meinen Qualen hilflos liegen lassen. Aber sie tat, was sie immer in diesen Notsituationen machte: Sie massierte mir die Brust und die Arme. Nach und nach kam ich wieder zu mir.

Ich weiß noch, dass sie zu mir sagte: Die Augenlider sind Flügel, die wir noch aus der Zeit haben, als wir Vögel waren. Und die Wimpern sind die übrig gebliebenen Federn. Das ist die feste Überzeugung ihrer Leute, die haben unzählige absurde Vorstellungen. Dann führte sie noch weitere Beispiele von Aberglauben an, während ich zu meinem Normalzustand zurückfand. Zum Beispiel sagte sie, dass man in der Sprache der Zulus für »fliegen« und »träumen« ein und dasselbe Verb verwendet. Das hoffe ich, dachte ich. Ich hoffe, dass unsere Kugeln diese vermaledeiten Vátuas im Flug erwischen.

Was die junge Schwarze tat, hat mir geholfen, mich aber nicht geheilt, denn die Krankheit, an der ich leide, geht nicht von meinem Körper aus. Sie hat ihren Ursprung viel früher, in der Geschichte meines Volkes, verdammt durch die Kleingeistigkeit seiner Führer. Ich denke daran, wie Tsangatelo nach der Größe meines Landes fragte. Dabei wusste er von unserer Kleinheit, die nicht von der Geografie herrührt, sondern von einem atavistischen Seelenzustand, der rückwärtsgewandtes Sehnen mit Schicksal verwechselt.

Diese ganze erstickende Enge könnte durch Afrikas unendliche Geografie wettgemacht werden. Aber die Weite bewirkt Gegenteiliges – hier rückt alles näher. Die Linie des Horizonts ist für unsere Finger erreichbar. Ich stelle mir vor, welche immense Entfernung unsere Briefe auf dem Weg durch den afrikanischen Busch zurücklegen. Während ich daran denke, schreibe ich diese Worte, als wären es Pferde, als wären es Boote, die diese Strecke überwinden. Ich weiß nicht, ob Sie auch so empfinden.

Und ich weiß nicht, aus welchem Grund ich Ihnen diese abwegigen Gefühle mitteile.

In der vergangenen Woche wollte ich das Gefühl, unterwegs zu sein, ausprobieren. Ich begab mich, lediglich von Mwanatu geführt, ans Ufer des Inharrime. Ich wollte miterleben, wie unsere Truppe unter dem Befehl von Coronel Eduardo Galhardo vorrückt. Ich wollte eine portugiesische Kolonne in Bewegung sehen, als Beweis für den unerbittlichen Vormarsch unserer nach Norden verlegten Truppen, um den niederträchtigen Vátua-Anführer zu belagern. Die Unternehmung würde, so glaubte ich, meinen Grübeleien und Malaisen guttun. Besser wäre es gewesen, ich hätte die Reise nicht angetreten. Ich hatte die Hoffnung gehabt, Stärkung zu erfahren. Doch was ich sah, ließ meine Zuversicht noch weiter schwinden. Niemand kann sich vorstellen, welch titanische Kraftanstrengung die Querung von Flüssen mit einem Tross von Wagen, Kanonen und Menschen bedeutet.

Der Coronel rief mich beiseite und sagte: »Gut, dass Sie sehen, wie mühsam das ist, und dass Sie António Enes davon berichten; damit er weiß, wie sehr wir kämpfen, um im Gelände voranzukommen.« Galhardo wünschte sich einen Boten, einen Verbündeten in seinem Konflikt mit den Offiziellen in Lourenço Marques. Und deshalb sagte er immer wieder: »António Enes glaubt mir nicht, er denkt, ich habe Angst, ich denke mir Ausflüchte aus.« Der Coronel hatte recht, und das war sein Pech.

Ich stieg die Böschung hinunter, um mir den ganzen Wagentross anzusehen. Ich erblickte die jungen Soldaten, die bis zu den Hüften im Schlamm steckten, und es war, als würden sie vom afrikanischen Busch verschlungen. Da überkam mich wieder eine meiner Wahnvorstellungen. Plötzlich sah ich keine Munitionskisten, sondern Särge; statt Gewehren sah ich Christuskreuze; anstelle von Coronel Galhardo erschien mir ein Priester in seiner Soutane.

Und binnen eines Wimpernschlags verwandelte sich die ganze Karawane in einen Leichenzug. Ich war auf einem Begräbnis. Und zwischen den diversen Särgen befand sich auch der Sarg von Francelino Sardinha. Meine blutenden Hände gruben in dem steinigen Boden unentwegt weiter an einem Grab.

Wenn ich schon Gründe hatte, die mich nicht schlafen ließen, hatte ich jetzt einen Grund, weswegen ich gar nicht erst einschlafen wollte – das Geräusch der in der Erde kratzenden Schaufel. Die Nacht, heißt es, ist die Tür zur Hölle. Die Würmer, die zuvor auf dem Boden des Grabes krochen, wuseln jetzt vor dieser Tür. Die riesigen, fleischfarbenen Würmer vertreiben meinen Schlaf.

Während ich diesen Brief verfasse, überfällt mich eine lähmende Sehnsucht. Ich schreibe Ihnen im Liegen, und wegen dieser Stellung verwandelt sich meine sonst so gelobte Schrift in wirres Gekritzel. Es ist dieser Stumpfsinn, Senhor Conselheiro, der mich außerstande gesetzt hat, einen Auftrag zu erfüllen, von dem ich anfangs glaubte, ich hätte ihn nicht richtig verstanden, inzwischen jedoch vermute ich, dass er nie existiert hat. Dies habe ich im Laufe der Zeit herausgefunden: Die Spinnen, die ich gleich am ersten Tag auf dem Tisch gesehen habe, sind seit jeher in meinem Inneren gewesen. Und in mir haben sie ein Netz gesponnen, das nicht nur meine Bewegungen hemmt, sondern mein ganzes Leben.

Aus den Sisalrollen, den alten Stoffen, den Wänden des Hauses, aus alldem habe ich mein Netz geknüpft. Und ich blieb gefangen in der Hoffnung, dieser Pseudo-Militärposten werde meiner, werde portugiesisch, werde mein Zuhause. Ich bin gescheitert. Ein größeres Geschöpf hat die Spinne und das Netz verschlungen. Dieses Geschöpf heißt Afrika. Keine Mauer, keine Festung hätte es aufhalten können. Es drang durch die Ritzen ein, in Form von Marimba-Musik und Stimmen und Weinen von Kindern.

Es war in Wurzeln verwandelt, die zwischen Ziegelspalten wuchsen. Es besetzte meine Träume, drang in mein Leben ein in Gestalt einer Frau. Imani.

Ein Bruder aus Asche

*»Ich kenne das Spiel der Europäer.
Zuerst schicken sie die Händler und Missionare;
dann die Botschafter; und dann die Kanonen.
Eigentlich könnten sie gleich mit den Kanonen
anfangen.«*

Kaiser Theodor II. von Äthiopien

Man hat nach mir gerufen. Ein fremder Besucher hatte etwas mitgebracht und wollte es persönlich übergeben. Er kam von weither, aus einer Gegend, die nur in anderen Sprachen einen Namen hat. Misstrauisch und unschlüssig sah ich verstohlen aus der Tür. Die Großzügigkeit einer Familie misst sich daran, wie sie Gäste empfängt. Andererseits gilt in unserer Heimat auch, dass kein Mann zu anderen Leuten geht und mit einer unverheirateten Frau sprechen will. Die guten Sitten verlangen, dass er sich an den Vater wendet und die zur Prüfung seiner Absichten notwendige Zeit abwartet. Doch wir, die Nsambe, waren anders, wir hielten uns nicht so streng an die Traditionen. Deshalb war ich bereit, die Tür zu öffnen.

Ein älterer Mann schwenkte einen Haufen Blätter und sagte mit heiserer Stimme: »Das sind Briefe aus den Minen.«

»Wir haben niemanden in den Minen.«

»Doch.«

»Wen denn?«

»Denken Sie mal nach.«

Die Blätter waren verknittert und so schmutzig, dass

man darauf keine Schrift erkennen konnte. Trotzdem breiteten die groben Finger des Boten sie mit weiblicher Sorgfalt aus. Eine ganze Flut an Zweifeln überfiel mich. War Großvater wirklich noch am Leben? Und hatte diese Briefe geschrieben, er, der keinen einzigen Buchstaben kannte?

»Tsangatelo hat diktiert, ich habe geschrieben«, erklärte der Bote, als hätte er meine Gedanken gehört. Im ersten Moment war mir schon ein Verdacht gekommen. Jetzt war ich mir sicher, dass dieser Mann sein Gefährte war, der *tshipa,* der tief in der Erde für ihn gesorgt hatte.

Wenn ich zunächst die Schrift nicht hatte entziffern können, verstand ich anschließend nichts von dem, was der Fremde sagte. Eine Art Ruß kam aus seinem Mund und blieb an der Unterlippe kleben, weshalb diese unter dem Gewicht des schwarzen Speichels hinunterhing. Großvaters Sendbote hustete mehr, als dass er sprach.

Schließlich sprach er verständlich. Der alte Tsangatelo ließ meiner Mutter ausrichten: Sie würde das Meer nie mehr sehen. Keiner von uns, unserer Familie in Nkokolani, würde an die Küste heimkehren. Der *tshipa* wiederholte mit der Gewissheit einer Prophezeiung: »Man kehrt nie heim, niemand kehrt heim.«

Ich musterte die Miene des Sendboten und begriff, dass er Geheimnisse hütete und vielleicht Antworten für manche unserer alten Fragen hatte. »Ich werde Sie nicht nach Ihrem Namen fragen. Aber ich wünschte, Sie würden mir helfen zu verstehen, was unseren Großvater dazu bewogen hat, vom Ozean fortzugehen.«

»Tsangatelo hat mich gelehrt, niemandem etwas zu sagen, das diese Person nicht vergessen könne.«

»Es ist nicht meinetwegen. Es ist wegen meiner Mutter, damit sie nicht länger in der Illusion lebt, sie könnte heimkehren.«

»Dann will ich die Geschichte erzählen«, sagte der Sendbote.

Alles begann an einem sonnigen Morgen in der Regenzeit im Jahre 1862. Tsangatelo hatte noch nie zuvor einen Weißen gesehen. Der erste Europäer, der ihm begegnete, saß auf einem Pferd, einem Tier, das er auch nicht kannte. Das Pferd war weiß, wesentlich heller als der Reiter. Pferd und Reiter bildeten zusammen eine Gestalt, sodass der Großvater glaubte, es sei ein einziges Lebewesen. Und mit Entsetzen beobachtete er, dass die Erscheinung Anstalten machte, sich von ihrer unteren Hälfte zu trennen. Der Reiter saß ab, und Tsangatelo Nsambe hörte, wie Fleisch zerfetzt wurde und Knochen zertrümmert. Er schloss die Augen, um sich den Anblick von Blut, das wie aus dem Hals eines Huhns spritzt, zu ersparen. Die Frage in portugiesischer Sprache holte ihn in die Wirklichkeit zurück: »Bist du dieser Tsangatelo? Bist du der *pombeiro* dieser Gegend?«

Der Großvater sprach kein Wort Portugiesisch. Er erriet die Frage des Fremden eher, als dass er sie verstanden hätte. Er nickte, als Antwort auf die erste Frage. Aber weder er noch sonst einer aus dem Dorf hätte das Wort *pombeiro* verstehen können. Der Begriff kam aus Angola und bezeichnete Händler, die Expeditionen im afrikanischen Landesinneren organisierten.

»Ich bin Tsangatelo, Sohn des Zulumeri, dem Sohn von Masakula, dem Sohn von Mindwane, dem Sohn von …«

Der Portugiese hob den Arm, um die nicht enden wollende Aufzählung abzubrechen. Doch tatsächlich kam es nicht dazu, denn je weiter Großvater in der Liste seiner Vorfahren kam, umso leiser sprach er. Er wollte sich nicht zu sehr bemerkbar machen, was in einem so kleinen und so armen Umfeld verhängnisvoll werden kann. Doch vergeblich. Innerhalb weniger Sekunden sammelte sich ein Menschenmeer um den Fremden herum. Aus Furcht, er könnte von der Menge verschluckt werden, schwang er sich wieder in den Sattel. Er wollte auf höherer Ebene gesehen werden, so wie Götter: im Gegenlicht, als Silhouette vor dem Himmel. Von seinem Pferd blickte der Portugiese herablassend in die Runde, als dächte er: so viele Leute, aber kein Mensch!

Neben dem Reiter stellten sich zwei weitere Portugiesen auf, beide ebenfalls zu Pferd. Die Tiere waren sehr unterschiedlich, sowohl in der Größe wie in den Farben. Aber die Weißen waren gleich. Das Gesicht durch einen breitkrempigen Hut verdeckt, langer, hochgezwirbelter Schnurrbart und unruhiger, scheuer Blick. Ein Portugiese, der kleinste, sagte etwas in einer Art Mischsprache, was Tsangatelo mit Mühe und Fantasie folgendermaßen übersetzte: »Wir brauchen deine Dienste.«

Großvater besaß Trägerkarawanen. Er war derjenige, der Lastentransporte über große Entfernungen organisierte. Damals gab es keine Landstraßen. Die Wege wurden einzig von den Füßen der Reisenden zurückgelegt. Die Träger waren die Landstraße, statt Eisenbahnen gab es das Meer und die Flüsse. Auf dem Rücken der Träger wurden jahrhundertelang Elend und Reichtümer, Ruhm und Verrat transportiert.

Tsangatelo war, so heißt es, wohl nicht gerade beliebt dafür, wie er seine Träger behandelte. Unzählige Male ließ er jene enthaupten, die, da sie erschöpft und krank waren, als unfolgsam galten. Er selbst erzählte die Geschichte von einer Frau, die mit Stricken an andere Frauen angebunden war und sich nicht davon abbringen ließ, ihr Kind auf dem Arm zu tragen, das vor Tagen verhungert war. Er musste sie erschlagen lassen. Das war nicht böse, verteidigte Tsangatelo sich. So etwas übte schlechten Einfluss auf die anderen aus. Diese Leute sind gerissen, sagte er. Das Leben hat sie gelehrt zu lügen, Trauer und Krankheit vorzutäuschen.

So wäre es nur natürlich gewesen, dass sie Tsangatelo Nsambe wegen dieser jahrelangen schlechten Behandlung hassten. Doch mehr noch wurde er dafür gehasst, dass er sich vor den anderen hervortat, reicher war und herrschaftlicher als alle anderen im Dorf. In einer armen Gegend ist es ein Verbrechen, zu Wohlstand zu kommen. In unserem Dorf entsteht Reichtum nie auf saubere Weise.

Ein mulmiges Gefühl überkam Tsangatelo, als er sich mit dem Portugiesen, der die Mischlingssprache sprach, zusammensetzte. Es war ein Vorgespräch, ein »Mund-öffnen«, wie wir es nennen. Die Fremden wollten lediglich mitteilen, dass sie angekommen waren, und ein Treffen für den nächsten Tag verabreden.

An diesem Abend hatte der Großvater Mühe einzuschlafen. Er war auf der Hut. An anderen Orten hatten bereits Weiße und Mischlinge das Geschäft mit den Lasten und den Trägern an sich gerissen. Deshalb stand er früh auf und machte sich fertig, um die portugiesische Abordnung zu beeindrucken. Sie sollten ihn nicht für einen wertlosen Bauern halten. Er bat seinen ältesten Bruder, ihm europäische Kleider zu leihen. Der Bruder besaß nur ein Jackett und eine Brille, die er am Dorfeingang gefunden hatte. Das Jackett über einem Kuhfell, das ihm als Unterrock diente, die Brille auf der Nasenspitze, so präsentierte Tsangatelo sich eitel und voller Zuversicht. Und dass daran kein Zweifel blieb: Weit und breit gab es keine besseren Dienste, als er sie anbot. »Und mehr noch: Ich bezahle nur die Träger, die am Ende der Strecke ankommen.«

Doch er bezahlte nicht mit Geld. Er bezahlte mit Sklaven, die er unterwegs einfing. So ist das Leben, philosophierte er: Wer heute einem anderen gehört, wird morgen andere besitzen. Wir alle auf dieser Welt stammen von Sklaven oder Sklavenhaltern ab.

Der Portugiese zog eine mächtig große Pistole aus dem Halfter, und Tsangatelo war von glänzendem Metall geblendet. Er senkte den Kopf und tat, als schüttelte er seine schrundigen Füße.

Der Europäer wedelte mit der Waffe wie mit einem Fächer und sagte: »Die Ladung, die du transportieren sollst, ist sehr empfindlich.«

»Ich habe für Portugiesen und Engländer viel Elfenbein transportiert. Meine Karawanen gehen bis nach Inhambane und noch weiter, bis Lourenço Marques.«

»Das hier ist etwas anderes. Ich will es nicht verheimlichen – es sind Waffen.«

Großvater zog die Jackenärmel zurück, die ihm schon bis zum Ellbogen hinaufgerutscht waren, schob die Brille auf dem Nasenrücken hoch und schüttelte das Hüfttuch, um es von angeblichem Staub zu säubern. Dann blickte er den Europäer zum ersten Mal direkt an und sah ihm in die Augen: »Die Herren sind von auswärts. Die einzige Entfernung, die Sie kennen, ist die Entfernung über das Meer. Zu Land kann die Entfernung einen großen Vorteil haben.«

»Und welcher Vorteil wäre das?«

»Man glaubt, diese Entfernung bietet tausend Möglichkeiten zu entweichen. Aber in Wirklichkeit ist sie ein großes Gefängnis. Kein Träger wagt es zu fliehen.«

»Nun gut, kommen wir zu dem, was uns interessiert. Transportierst du die Waffen oder nicht?«

»Diese Waffen, die kommen von wo und gehen wohin?«

»Jemand bringt sie von Lourenço Marques bis zum Rio Limpopo. Von da bringst du sie dann nach Chicomo.«

Auf dem Heimweg hatte der Großvater ein merkwürdiges Gefühl; Waffen, dachte er, wandern nicht. Die sind schon immer dort gewesen, wo sie sich heute befinden. Sie entstehen immer wieder neu, so wie Unkraut, ohne Sinn und Verstand.

Tsangatelo ging am Strand entlang nach Hause. Die Dunkelheit war hereingebrochen, und die Wege durch den Busch waren voller Gefahren.

Seine Frau erwartete ihn im Hof und hörte sich schweigend den Bericht über das Treffen mit den Portugiesen an. »Waffen?«, fragte sie verwundert.

Dann schwieg sie eine Weile. Und blickte auf das Meer, was eine Möglichkeit ist, auf nichts zu blicken. Schließlich stand sie auf, die Hände über den Nieren, als wehrte sich ihr Körper. Mit der Gelassenheit tiefer Gewissheit erklärte sie: »Merk dir eins, Mann: Waffen dürfen kein Geschäft sein. Wenn du den Auftrag annimmst, verlasse ich dieses Haus, dieses Dorf. Und niemand wird mich jemals wiedersehen.«

»Aber diese Waffen sind dazu bestimmt, unsere Feinde zu vertreiben, Frau.«

»Wenn die Feinde vertrieben sind, werden die Gewehre sich nicht schlafen legen. Und wir werden von denselben Waffen massakriert, die wir jetzt hüten.«

»Ich weiß nicht, warum ich es dir erzählt habe. Ich habe meine Geschäfte, das ist Männersache.«

Die Einwände seiner Frau beschäftigten den Großvater und bereiteten ihm eine unruhige Nacht. Am nächsten Morgen, schlecht geschlafen und noch schlechter aufgewacht, traf Tsangatelo einen seiner Träger vor der Haustür an. Zu seinen Füßen ein Bündel mit Elfenbein und Tierfellen. Der Mann verneigte sich und nutzte die Verneigung dazu, mit den Händen tief in das Tragbündel zu greifen. Als er das Bündel anhob, geschah etwas, das Tsangatelo niemals zu beschreiben gelang: Mit dem Bündel zusammen kam der ganze Erdboden ringsum hoch. Wie ein Tischtuch erhob sich die Erde um das Bündel, und eine Staubwolke schwebte in der Luft. Um den Träger herum bildete sich ein abgrundtiefer Krater. Offenbar mühelos hob der Mann die ganze Landschaft höher an, als er groß war. Dann setzte er sich die Welt auf den Kopf. Regungslos auf der überraschenden Insel stehend, verkündete der Sklave: »Jetzt kann niemand mehr gehen! Die Karawanen sind tot, für immer tot.«

Der Herr der Träger, der mächtige Tsangatelo, erzitterte von Kopf bis Fuß – jemand hatte ihm den bösen Blick geschickt. Irgendwo in einem unbekannten Topf wurde sein unheilvolles Schicksal geschmiedet.

Noch am selben Tag beschloss Tsangatelo, das Dorf am Strand zu verlassen. Das war der über Jahre verheimlichte Grund, warum wir von dort, wo wir glücklich gewesen waren, fortgezogen sind.

Tsangatelos Sendbote ging davon, auf dem gefegten Sand rings um das Haus blieb kein einziger Fußabdruck von ihm zurück. Ich hätte zu meiner Mutter gehen und ihr die Nachricht aus den Tiefen der Erde überbringen sollen. Aber ich tat es nicht. Ich hielt mich an den Brauch, dass Botschaften bei uns sehr gemächlich weitergegeben werden, und blieb den ganzen Tag im Haus. Ich wollte am nächsten Tag mit meiner Mutter sprechen.

Aber ich tat es nicht. Denn schon in der Nacht erreichte uns die Nachricht, dass ein Schreckgespenst ins Dorf eingedrungen sei und mit wildem Geschrei durch die Straßen renne. Dieser Kobold – der *txigono,* wie wir sagen – überfiel die Häuser, drang in die Ställe ein und hinterließ eine Spur größter Aufregung.

Gleich darauf konnten wir uns selbst davon überzeugen, ob das Gerücht der Wahrheit entsprach. Eine monströse Gestalt war auf unser Grundstück eingedrungen, nachdem sie über den Palisadenzaun geklettert und die Frauen und Kinder in Angst und Schrecken versetzt hatte.

Auf den ersten Blick sah die Gestalt wie eine höchst groteske und grässliche Bestie aus. Dann aber kam sie uns in gewisser Weise bekannt vor. Ungeheuer sind umso erschreckender, je mehr sie an ein menschliches Wesen erinnern. Und das war hier der Fall. Auf dem Kopf des *txigono* wippten drei Straußenfedern. Eine Art Fellmütze, hinten mit einem Band zusammengeschnürt, ließ den Kopf viel größer aussehen. Um den Hals trug das Ungeheuer einen Streifen aus schwarzem Kuhfell, den wir *tinkosho* nennen. Beine, Bauch und Arme waren mit Schnüren aus Kuhfell verziert. Um die Taille hatte der *txigono* das Fell einer Wildkatze gebunden. Zuerst brüllte er eher wie ein Tier als wie ein Mensch. Allmählich begriffen wir, dass er in *xizulu* schrie, der Sprache der Besatzer. Und damit wurde die Angst noch größer.

Nachdem sie sich von der Überraschung erholt hatten, fassten ein paar Männer Mut, stürzten sich auf ihn und überwältigten ihn. Als sie ihn schon verprügelten, griff mein Vater ein: »Jetzt wollen wir doch mal sehen, wer der Kerl ist!«

Sie rissen ihm die Sachen ab, mit denen er sich maskiert hatte. Ich weiß nicht, ob es für mich eine Überraschung war: Wer sich unter der Verkleidung verbarg, war kein anderer als mein Bruder Dubula. Ich half ihm auf die Beine, während mein Vater die wütenden Nachbarn wegschickte. Als wir schließlich unter uns waren, sah Katini seinen Sohn eine ganze Weile an, dann fragte er: »Warum?«

Dubula antwortete nicht, er war damit beschäftigt, seinen auf dem Fußboden verstreuten Schmuck aufzusammeln.

»Warum hast du dich so verkleidet?«, fragte mein Vater noch einmal.

»Ich habe mich nicht als Krieger verkleidet. Ich bin ein Nguni-Krieger.«

»Bist du verrückt geworden?«

»Ich war noch nie bei so klarem Verstand wie heute.«

Unser Vater drehte sich im Kreis, die Hände auf dem Kopf – was würde Germano de Melo sagen, wenn er erfuhr, dass jemand aus unserer Familie dieses traurige Spektakel aufgeführt hatte?

Unsere Mutter kniete sich vor ihren Sohn, legte ihm eine Hand auf den Kopf und bat ihn liebevoll: »Geh, bevor dein Onkel kommt. Wenn mein Bruder dich so verkleidet sieht, bohrt er dir eine Lanze in den Leib.«

»Ich bin extra dafür hergekommen, dass er mich sieht.«

»Willst du ihn herausfordern?«

»Im Gegenteil, ich tue das aus Respekt vor ihm.«

»Das verstehe ich nicht.«

»Onkel Musisi ist der einzige Mann in dieser Familie. Ich bin stolz darauf, ihn zum Feind zu haben. Ich hoffe, dass ich eines Tages ihm die Stirn bieten muss, in einem Kampf Mann gegen Mann.«

Ein Bruder sind wir selbst, aber nur halb. Dubula war mehr als die Hälfte von mir. Er war ich, in einem anderen Körper. Obwohl er mein Lieblingsbruder und das Lieblingskind meiner Mutter war, hatte das Leben ihn von uns und unserem Zuhause fortgeführt. Mein großer Bruder gehörte zu der kleinen Minderheit, die den VaNguni Sympathie entgegenbrachte. Für ihn war der größere Feind – derjenige, gegen den sich alle Wut, die gegenwärtige und die künftige richten musste – die portugiesische Herrschaft.

Vor den Überfällen wussten wir nicht, wie sehr Dubula die VaNguni verehrte. Wir sahen, dass er am späten Nachmittag die höchste Anhöhe hinaufstieg. Es war eine Düne, ohne jeden Bewuchs, so weiß, dass es im Auge schmerzte. Dort setzte er sich auf den gen Süden gewandten Kamm und hielt Ausschau. Das Dorf glaubte, er wolle warnen, wenn die VaNguni kämen. Doch war es keine Furcht, die ihn antrieb. Es war sein Wunsch, dass sie kamen.

Am frühen Abend stieg ich den Hang hinauf, rüttelte an ihm und verlangte, er solle nach Hause kommen. »So geht es nicht weiter, Dubula. Du sollst zurückkommen und dich bei unserem Vater entschuldigen.«

Er antwortete nie. Er wartete auf die Barbaren, als wartete er auf sich selbst. Er wollte überfallen werden. Er wollte erobert, von Kopf bis Fuß besetzt werden, bis er vergaß, wer er vor dem Überfall gewesen war.

»Ngungunyane ist besser als jeder Portugiese.« Und er erklärte: Der Nguni-Monarch war ein Herrscher ohne Reich; die Weißen waren ein Reich ohne Herrscher. Ein Herrscher endet, wenn er stirbt; ein Reich nistet sich in unserem Kopf ein und bleibt lebendig, auch wenn es untergegangen ist. Wir mussten uns gegen die Hölle verteidigen und nicht gegen den Dämon.

Unzählige Male baten wir Dubula um Zurückhaltung in seiner erklärten Sympathie für die Besatzer. Onkel Musisi würde solche Schwärmerei nicht dulden. Wenn er sich nicht mehr anders zu helfen wusste, fragte mein Vater: »Und wenn am Ende dieses Krieges zwischen Besatzern die VaNguni gewinnen sollten, was wird dann für uns anders?«

»Wenn die VaNguni gewinnen, kann ich immer noch jemand werden. Aber wer werden wir, wenn die Portugiesen gewinnen?« Wir sollten uns zum Beispiel Maguiguane ansehen, sagte er, Ngungunyanes Militärchef. Er war kein Nguni, aber akzeptiert und befördert worden. Herausfordernd sprach er weiter: In der Armee der Portugiesen, gab es da einen einzigen schwarzen Chef? Tausende von Schwarzen hatten im Kampf aufseiten der Portugiesen ihr Leben verloren. Hatte es jemals eine Ehrung, eine Entschädigung für die gefallenen Afrikaner gegeben? Nur unser Bruder Mwanatu, der von Geburt an stumpfsinnig war, glaubte noch, er habe den Respekt der Weißen. Das alles sagte sehr aufgewühlt unser Bruder Dubula.

Wenn ein Vater und ein Sohn streiten, geht es in Wahrheit um etwas anderes, um einen als alle Worte älteren Zwist. Ich wusste schon, mit welchem Argument es auf beiden Seiten endete. Und es war immer mein Vater, der die Diskussion abschloss: »Mich interessiert nicht, welche Farbe die Schlange hat. Das Gift, das uns tötet, ist immer gleich.«

Am Vorabend der entscheidenden Schlacht – die in der Ebene von Madzimuyni stattfinden sollte – besuchte der Krieger Xiperenyane unser Dorf. Sein Auftreten flößte allen Vertrauen ein. Der Chope-Kommandant besaß die Unterstützung der Portugiesen. Doch offenbar verzichtete er auf Schutzherren. Als Sohn des Königs Binguane und Thronfolger glaubte er mehr als jeder andere an seine Macht.

Sämtliche Dörfer in der Umgebung hatten bereits ihre Männer zur Verstärkung der Streitkraft abgeordnet, mit der Xiperenyane sich den VaNguni entgegenstellen wollte. Alle Familien bis auf meine waren mit den Vorbereitungen für den großen Angriff beschäftigt.

Am Vorabend lud mein Vater seinen Schwager Musisi ein, zusammen *mbangue* zu rauchen. »Zusammen rauchen« wurde alles genannt, was das Ende einer Meinungsverschiedenheit besiegelte. Aber mein Vater rauchte nicht. Nur Musisi zog den benommen machenden Rauch ein und hielt ihn in der Lunge zurück. Mein Vater beschränkte sich darauf, von Zeit zu Zeit das Horn zu reinigen, das ihm als Pfeife diente. Wenn er sich vorbeugte, verzog er das Gesicht und beklagte sich: »Der Erdboden sinkt immer tiefer.«

Sie ließen die Zeit verstreichen, bis sie den wahren Gegenstand des Treffens ansprachen. Mein Vater lüftete den Schleier: »Heute grabe ich meinen Wurfspeer aus.«

Er nahm eine Handvoll Sand und blies kräftig auf die geschlossene Faust. Damit zeigte er, dass er einen Schwur aussprach.

»Ich verstehe nicht«, bemerkte Musisi. »Was willst du ausgraben?«

»Morgen gehe ich mit dir auf das Schlachtfeld.«

»Hast du vor dem Rauchen getrunken?«

»Ich bin fest entschlossen: Morgen gehe ich gegen die Aasgeier kämpfen.«

Musisis Antwort war schallendes Gelächter. Die Einladung zur Rauchzeremonie hatte Eintracht bezweckt. Doch sie hätte zu keiner größeren Zwietracht führen können. Als der Onkel ging, achtete er darauf, nicht zurückzublicken. Er wollte sich vor einem schlechten Omen schützen.

Musisis Verachtung bestärkte meinen Vater nur noch in seinem Entschluss. Am späten Nachmittag präsentierte er sich feierlich und bewaffnet seiner Frau. »Ich habe mich getäuscht, ich habe keine Illusionen mehr«, erklärte er. Und fügte hinzu: »Morgen werde ich Soldat, ich gehe mit deinem Bruder mit.«

Chikazi kippte den Reis um, den sie gerade siebte. Von der Ankündigung ihres Mannes wurde ihr das Herz ganz klein, wie ein Korn zwischen Reiskörnern. Sie erregte sich noch mehr, als ihr Mann eine Matte hinaus in den Hof zog. Er wollte die Nacht im Freien verbringen, zum Beweis dafür, dass er an dem Entschluss festhielt, in den Krieg zu gehen. In der Nacht vor einer Schlacht schlafen die Krieger fern von ihrer Geliebten.

An diesem Abend versammelten sich Männer und junge Leute auf dem Platz. Musisi stieg auf einen alten Baumstamm und sprach zu der Menge: »Was denkt ihr, Brüder? Warten wir auf die Portugiesen?«

Ein bebendes »Nein« hallte durch das ganze Dorf. Und noch einmal brachte der Onkel die Menge zum Beben: »Warten wir auf jene, die Versprechungen machen, aber sie nie einlösen?«

Er sprach von den Portugiesen, meinte aber meinen Vater Katini Nsambe, der sich nirgends blicken ließ.

Die portugiesischen Truppen hatten Befehl, nicht einzugreifen. Mein Vater lag betäubt auf seiner Matte und gehorchte den Befehlen des Alkohols, den er reichlich zu sich genommen hatte.

Der *nyanga* nahm den Platz meines Onkels auf dem improvisierten Podest ein, um von dort sein mächtiges Wort zu verkünden. In einer mehr gesungenen als gesprochenen Ansprache versicherte er, die Männer könnten beruhigt sein, denn dank der Mittel, die er ihnen verabreicht hatte, seien sie gegen die feindlichen Waffen gefeit.

Die Horde zog lärmend, mit Gesängen und Gebrüll in ungeordnetem Marsch davon. Und bei ihrem Anblick auf der Landstraße dachte ich, wie ähnlich sie doch unseren Feinden waren.

Als unsere Männer zurückkamen, erwies sich, dass sie keine Soldaten waren. Sie waren Bauern und Fischer, ohne kriegerische Ausbildung. Im Grunde waren sie im gleichen Maß richtige Soldaten, wie mein Bruder Mwanatu ein richtiger Wachposten war. Wie dem auch sei, Tatsache ist, dass sie in ihrem Marsch als vernichtend Geschlagene Trauer und Scham über die Niederlage mitführten. Sie überquerten den Platz, ließen den Kopf hängen, die Speere im Sand ritzen. Mein Vater stand neben mir und sah das trostlose Schauspiel an. Noch nie hatte ich diese Leere in seinen Augen, so wenig Licht in seinem Blick gesehen. Katini tat, als sähe er, er gab vor, er weine.

Die Besiegten verschwanden im Dunkel ihrer Häuser. Alle kehrten zurück, nur nicht Dubula.

Zwei Tage vergingen ohne Nachricht von meinem älteren Bruder. Es war bekannt, dass er in die Schlacht von Madzimuyni gezogen war und sich den Regimentern der Angreifer angeschlossen hatte. Doch mehr wusste man nicht. In diesen Tagen wurde nicht darüber gesprochen, aber eine düstere Wolke schwebte über unserem Haus.

Am dritten Tag beschloss Chikazi, ihren Bruder zu besuchen. Ich ging unaufgefordert mit. Bei Musisi angelangt, setzte sie sich gar nicht erst. Ihre Hände legten sich nervös auf der Brust übereinander und nebeneinander, und schließlich wurden sie nach vorn gestreckt, als wollte meine Mutter sie Musisi zusammen mit den anklagenden Worten entgegenschleudern: »Dubula ist bis heute nicht zurückgekommen. Du, Musisi, hast meinen Sohn getötet.«

»Wer hat dir das gesagt?«

»Ein Traum. Wir sind Geschwister, wir werden von denselben Vorfahren heimgesucht.«

»Ich habe Dubula nicht gesehen, weder vor noch nach der Schlacht habe ich ihn gesehen.«

»Du hast ihn nicht gesehen, weil mein Sohn im Krieg zu einem anderen geworden ist. Du hast ihn getötet, Musisi. Und jetzt hör gut zu, was ich dir sage: Du wirst nie wieder eine Nacht nur für dich haben.«

Am selben Morgen ging ich allein zu der verwünschten Niederung von Madzimuyni, inzwischen schon berühmt als »die Ebene der Toten«. Ich wollte nach meinem Bruder suchen, in der vagen Hoffnung, er sei noch am Leben.

Als ich das Dorf verließ, sprachen Bauern mich erstaunt an: »Wo willst du hin? Dieser Weg ist verboten.« Als ich mein Ziel nannte, ließ dies ihren Blick erschaudern. Sie flehten mich an, nicht zu gehen. Da ich darauf bestand, schüttelten sie den Kopf und suchten rasch das Weite, so wie man von Verrückten und Leprakranken auf Abstand geht. Bevor ich mich auf ungewisse Pfade begab, rief ich zu meiner eigenen Überraschung: »Habt ihr Angst vor mir? Das sollt ihr auch. Denn ich gehe als Frau los und komme als Gespenst zurück.«

Ich stieg ganz ohne Eile den Hang hinunter, der zur Ebene führte. Während ich ging, dachte ich: Mein Bruder war mit der Gewissheit in die Schlacht gezogen, dass er seinen Feind kannte. Bei mir war es umgekehrt, ich wusste nicht, wen ich hassen sollte. Ich hatte niemanden, für den ich sterben wollte. Was bedeutet, dass ich nicht wusste, wen ich lieben konnte. Ich beneidete ihn darum, dass er, nachdem er im Leben keinen Sinn mehr sah, einen Grund zu sterben gefunden hatte.

Dubula und mich einte die Angst, die andere vor uns hatten. Bei ihm fürchtete man den uneingeschränkten Ungehorsam. Mich fürchteten die Männer und die Frauen.

Die Männer fürchteten mich, weil ich eine Frau war. Die verheirateten Frauen fürchteten mich, weil ich jung und schön war. Denn ich konnte sein, was sie einmal gewesen waren. Die unverheirateten Frauen beneideten mich, weil ich zu der Welt der Weißen gehörte. Ich war, was sie niemals würden sein können.

In diese Gedanken versunken, merkte ich nicht, dass ich schon den Schauplatz der Tragödie erreicht hatte. Ich zog meine Sandalen aus, bevor ich das Schlachtfeld betrat. So als träte ich in ein fremdes Haus. Ich überquerte das Schlachtfeld zwischen Leichen, begleitet von Stöhnen und Röcheln. Es waren so viele Tote, dass ich eine Weile nichts mehr sah. Ich wurde blind, starr, regungslos. Inmitten so vieler Körper existierte nur mein Körper. Als ich wieder sehen konnte, stellte ich fest, dass meine Füße rot waren. Da gewahrte ich, dass der ganze Erdboden blutete, als wäre ein unterirdischer Leib aufgerissen.

Die Grausamkeit eines Krieges bemisst sich nicht nach der Anzahl der Gräber auf den Friedhöfen. Sie bemisst sich nach den Toten, die nicht begraben werden. Das dachte ich, während ich darauf achtete, wohin ich die

Füße setzte, zwischen zerstückelten Menschen, Schakalen und Raubvögeln.

Die größte Kriegsversehrtheit ist, dass wir niemals aufgeben, nach den Leichen derer zu suchen, die wir lieben. Wer hätte gedacht, dass ich einmal eine jener Frauen sein würde, die dazu verdammt sind, sich ihr Leben lang zwischen Asche und Ruinen zu bewegen?

Während ich auf der Ebene umherging, rief ich, in der vergeblichen Hoffnung, er möge auf meinen Ruf hören, den Namen meines Bruders: »Dubula!«

Man konnte meinen, ein betrunkener Gott habe die Leichen verstreut – sie lagen ziellos weit auseinander, hier und da aber plötzlich übereinander. Hatte jemand sie dorthin getragen? Oder hatten sie sich beim letzten Aufwallen eines Herdentriebs zum selben Ort geschleppt, aus Angst, der Tod könnte sie in schutzloser Einsamkeit überraschen?

Und wieder erklang mein Ruf über der trostlosen Landschaft: »Dubula, mein Bruder!«

Plötzlich hörte ich eine Antwort. Vor mir krümmte sich stöhnend ein Krieger, der noch die militärische Kleidung trug. Er lag auf dem Rücken, den Kopf von der Kriegsmaske bedeckt, und schien furchtbar verletzt zu sein. Er sagte immer wieder in düsterem Ton: »Schwesterchen? Ich bin hier, Schwesterherz. Hilf mir!«

Im ersten Moment kam mir seine Stimme fast fremd vor. Er war so stark versehrt, dass sogar seine Stimme verstellt war. Unter den Federn über seinem Gesicht bahnte sich sein Stöhnen hervor: »Ich bin hier, Schwesterchen!« Die Tränen trübten mir den Blick. Mir rutschte die unglaublich absurde Frage heraus: »Dubula, bist du am Leben?«

Zur Antwort bekam ich nur mein eigenes Weinen. Der, den ich suchte, war hier. Vielleicht war es zu spät, um ihn zu retten. Doch zumindest würde Dubula mit einem Menschen, der ihn liebte, nach Hause zurückkehren. Ich stellte mir die Freude meiner Mutter vor, wenn wir, aufeinander gestützt, als wären wir eine einzige Gestalt, taumelnd näher kämen. »Komm, Bruder. Ich helfe dir.« Ich vermied, ihm ins Gesicht zu sehen. In den Augen Sterbender sehen wir unseren eigenen Tod. Als ich seine Hände berührte, überfiel mich plötzlich ein Zweifel. Das waren nicht die Hände meines Bruders. Der junge Mann war ein anderer, ein Unbekannter, der mich in der Stunde des Todes für eine Verwandte hielt. Ich stand auf. Ging um den Körper herum, wollte mich schon entfernen. Da flüsterte der Sterbende: »Ich wusste, du würdest kommen. Deshalb habe ich gewartet …«

Mühsam half ich ihm aufzustehen. Ich bot ihm an, sich auf mich zu stützen, damit wir uns gemeinsam, Arm in Arm wie ein Pärchen, auf den Weg zum Dorf machen konnten. »Komm, Bruder. Wir gehen nach Hause.«

Der Soldat tat ein paar Schritte, dann sackte er auf mich. Ein Blutschwall ergoss sich über mich, und seine Arme verloren jede Kraft. Trotzdem richtete ich den Ohnmächtigen auf und schleppte mich weiter, bis der Soldat wieder hilflos auf dem letzten Erdboden zusammenbrach. Kniend ordnete ich seine Kleidung, so wie ich es immer bei meinem Bruder getan hatte, wenn er betrunken vor der Haustür einschlief.

Da hörte ich ein Geräusch. Jemand näherte sich. Zunächst war es nur eine Gestalt. Sie trug einen schwarzen Umhang, der sie wie einen Raubvogel aussehen ließ. Als die Gestalt näher kam, stellte ich fest, dass es sich um einen jener Unseligen handelte, die im Krieg vom Plündern leben. Er bewegte sich zwischen den Leichen so lächerlich hopsend wie die Aasgeier. Auf dem Rücken trug er einen Beutel voller Kleider und Waffen. Fast stimmlos flehte ich ihn an: »Bitte hilf mir!«

Er sah mich an, als wäre ich nichts anderes als ein Stück Kriegsbeute, das seinen dicken Beutel weiter füllen könnte. Ich wich ängstlich zurück. Und der Mann fragte: »Woher kommst du? Ich habe dich noch nie gesehen.«

»Ich bin von hier.«

»Bist du auch am Sammeln? Noch nie hat sich das so gelohnt wie hier, die Götter sind uns wohlgesinnt.«

Mein Schweigen verstand der Mann als den schlimmsten Tadel. Mit dem Arm, den er erhob, bestätigte er das Bild vom Flügel eines Raubvogels.

»Ich stehle nur von den Toten, um ihnen zu ersparen, dass die eigene Familie sie bestiehlt. Nicht lange, dann sind sie hier, diese Schakale … Und du, was machst du hier?«

»Ich suche jemanden. Einen Bruder.«

»Ich meine nicht diesen Totenacker. Ich frage, warum du in Nkokolani bist.«

Der Mann roch nach Tier, und als er näher kam, spürte ich den Hyänenatem. Er beugte sich über den Körper, der in meinen Armen lag, und spuckte aus, bevor er sprach: »In dem Mann steckt kein Mensch mehr.«

Als er schon gehen wollte, überlegte er es sich anders, schleifte seinen Beutel geräuschvoll über den Erdboden, ging einmal um mich herum, dann fragte er: »Wie heißt du?«

»Ich? Ich habe keinen Namen«, antwortete ich.

Es war, als hätte ich ihm einen Schlag versetzt. Er ließ den Beutel fallen, der Inhalt purzelte über den Erdboden. Mit erhobenem Arm kam er auf mich zu: »Sag das nie wieder. Weißt du, wie man einen anderen richtig tötet? Du musst ihm nicht die Kehle durchschneiden oder ein Messer ins Herz stoßen. Es genügt, dass du ihm seinen Namen nimmst. Das nämlich bringt Lebende wie Tote um. Deshalb, meine Gute, sag nie wieder, dass du keinen Namen hast.«

Er hockte sich hin, um die gestohlenen Sachen in den Beutel zurückzustecken. Dabei redete er in vertraulichem Ton, fast so, als ginge es um ein privates Geständnis. Und er sagte, er könne mich die Kniffe seines Handwerks lehren, denn an Angebot würde es nie mangeln. Er habe schon auf den Friedhöfen der Weißen in Inhambane und Lourenço Marques gestohlen. Und festgestellt, dass die Europäer den Namen derer, die dort begraben wurden, auf einen Stein schreiben. Das sei deren Weg zur Wiederauferstehung, sagte er. »Und der, den du hier suchst, war das nicht ein Militärchef?«

»Nein, er war ein Soldat wie jeder andere.«

»Zum Glück für ihn. Weißt du, was Ngungunyane mit den Leichen seiner mächtigeren Feinde macht? Er nimmt ihnen das Herz und die Wirbel heraus, mahlt sie zu Pulver und gibt sie dann seinen Soldaten zu essen. So nehmen sie unsere Kraft in sich auf.« Dann ging er, den staubigen Beutel hinter sich herschleifend, trällernd davon. Die sanfte Stimme passte nicht zu der Furcht einflößenden Gestalt.

Ich wartete, bis die Gestalt nicht mehr zu sehen war, dann legte ich meine Kleider ab und deckte damit den leblosen Körper dessen zu, der für einen Moment mein Bruder gewesen war. Ich ließ ihn dort bäuchlings liegen, ohne Grab und Grabstein, aber bedeckt, wie es der Respekt gegenüber dem Schöpfer verlangt.

Vollkommen nackt kehrte ich ins Dorf zurück, doch hatte es für mich den Anschein, als hätte ich mich in meinem Ziel geirrt. Nkokolani war menschenleer. Leerer noch als menschenleer, es wirkte so, als hätte dort nie jemand gelebt. Ich rief, ich weinte, ich war aufgelöst.

Nach und nach kamen die Frauen angelaufen. »Warum schreist du, Mädchen?«, fragten sie. Ich wusste nicht, was ich antworten sollte. In den meisten Fällen schreien wir, damit wir uns selbst nicht mehr hören müssen. »Warum weinst du so?«, fragten sie weiter. Und wieder bekamen sie keine Antwort. Wer von den Toten zurückkommt, hat keine Worte.

»Wir bringen dich nach Hause.«

Das ist es, was der Tod anrichtet: Wir kehren nie mehr nach Hause zurück. Dieses Zuhause, das einmal unseres war, dieses Zuhause stirbt, nie ist jemand darin geboren. Und es gibt kein Lager, keinen Leib, nicht einmal eine Ruine, die unserer Erinnerung als Boden dienen könnte.

Am nächsten Tag beschloss ich, zu dem Zauberkundigen zu gehen, der die Truppen gesegnet und ihnen versprochen hatte, ihre Körper gegen die Kugeln zu versiegeln. Sein Haus stand an der Biegung des Flusses, wo niemand mehr zu wohnen wagte.

Der *nyanga* saß an einem noch brennenden Feuer. Dort hatte er die Mittel gebraut, die er meinem Bruder zu trinken gegeben hatte. Ich griff in die noch heiße Asche und wollte sie dem Zauberkundigen ins Gesicht werfen. Ich wollte ihm die Augen ausbrennen, damit er für immer blind wurde. Doch ich war nicht dazu in der Lage, die Glutstückchen verbrannten mir die Hand.

»Es ist nicht meine Schuld!«, verteidigte er sich. »Dein Bruder ist schon ohne Körper von hier weggegangen.«

Vielleicht stimmte das. Vielleicht war Dubula ein Engel, und eine Kugel hatte ihm die Flügel zerfetzt. So gehen die himmlischen Geschöpfe zugrunde. Um seine Worte zu unterstreichen, wirbelte der Zauberkundige mit seinen bloßen Füßen eine Aschewolke auf. Dann zwang er mich, die Finger zu spreizen und die Glutstückchen fallen zu lassen. »Spürst du die Verbrennung nicht?«, fragte er.

Ich ging, ohne mich zu verabschieden, und schlenderte am Ufer des Inharrime entlang. Irgendwann ließ ich mich ins Wasser gleiten und von dem trägen Fluss bäuchlings wie ein totes Blatt davontragen. Der Regen wäscht die Toten. Der Fluss wäscht die Lebenden.

Als ich so in der trägen Strömung trieb, begriff ich, dass es nicht genügte, Nkokolani zu verlassen. Ich wollte das Leben an sich verlassen. Großmutter Layeluane war im Feuer des Himmels umgekommen. Großvater Tsangatelo war tief in der Erde verloschen. Ich wollte mich der Umarmung des Wassers hingeben.

»Dubula!«, rief ich.

Eine schwarze Gestalt tauchte am Ufer auf und winkte müde. Die Bewegung und die Kleidung gehörten zu dem Mann, der noch kurz zuvor auf dem Schlachtfeld geplündert hatte. Aber er war es nicht. Es war der Blinde aus dem Dorf, der da nahte, er erschnüffelte den Weg wie ein Hund. Er forderte mich auf, unablässig zu ihm zu sprechen, damit er wisse, wo er mich finden konnte. Ich sagte, wer ich war. Er warf die Arme hoch, zu einer leeren Umarmung. »Komm an Land, Imani. Der Fluss ist ein Ort zum Geborenwerden.«

Als er meinen Körper spürte, zog er mich an den Armen, als wollte er mich retten. »Woher wusstest du, dass ich hier bin?«, fragte ich. Und er antwortete, dass meine Traurigkeit sehr geräuschvoll sei und dass ich mich bewegte wie Tsangatelo in den Minen: Meine Finger schabten auf dem Erdboden auf der Suche nach einem Ausweg. »Dein Ausweg ist dieser Fluss, mein Kind. Eine andere Straße gibt es nicht. Und nimm deinen Vater mit. Denn der alte Katini ist genauso blind wie ich.«

In einer Welt von Schüssen und Toten hörte mein Vater nur Musik. Ich sollte ihn von hier fortbringen, bat der Blinde.

Elfter Brief des Sargento

Nkokolani, 10. Juli 1895

Sehr geehrter Senhor
Conselheiro José d'Almeida

Imani ist heute Morgen wutentbrannt im Posten erschienen. Sie brauchte gar nichts zu sagen. Ich begriff, dass ich mitkommen sollte. Ich folgte ihr über lange Pfade und konnte dabei unauffällig beobachten, dass sie in ihrer Wut noch schöner war. »Darf ich fragen, wohin du mich führst?«

Sie antwortete nicht. Wir gingen mit schnellen, entschlossenen Schritten in den Busch hinein. Dann spürte ich den Geruch von verwestem Fleisch, und vor meinen Augen dehnte sich der furchtbarste Anblick: eine riesige Ebene, über und über mit Leichen bedeckt. Ich wollte zurückweichen, aber Imani nahm mich an der Hand und strich mir fast zärtlich über den Arm. Ihre Stimme hatte einen scharfen Unterton: »Hier, Sargento Germano. Sehen Sie sich diesen riesigen Friedhof an, und sagen Sie mir, wo ich zwischen so vielen Toten meinen Bruder Dubula finden soll …«

Und dann sagte sie, immer in beherrschtem Ton, dass meine Lüge nicht geringer sei als die des Zauberkundigen, der versichert hatte, sie seien gegen die Waffen des Feindes gefeit.

Wo waren, fragte sie, die lusitanischen Truppen, die ich versprochen hatte? »Erinnern Sie sich, dass Sie versprochen haben, uns zu helfen? Wie werden Sie uns jetzt helfen, Senhor Sargento?«

Ich riss mich von ihrer Hand los und lief nach Hause. Ich lief über dornige Pfade, hatte kein anderes Ziel im Sinn, als mich von dem ekelerregenden Geruch zu entfernen.

Ich habe fraglos das Bewusstsein verloren. Als Nächstes ist mir nur bewusst, dass ich im Garten meines Hauses aufgewacht bin. Eine Handbreit von mir entfernt starrte mich Castânia mit ihrem leeren kurzsichtigen Blick an. Aus der Ferne hörte ich die Klänge einer Timbila. Dann erreichte mich von Weitem der Gesang einer Frau. Und ich sagte zu Castânia: Auf der anderen Seite des Meeres gibt es eine Frau, die singt. Wie sie heißt? Sie hat keinen Namen. Ich sage »Mutter« zu ihr. Sie singt leise, meine Mutter, damit mein Vater sie nicht hört. Diese alten Lieder sind jetzt meine, und für wen soll ich sie singen? Für dich, meine liebe Henne.

Während ich fantasiere, schläft Castânia ein. Es ist niemand sonst im Haus, aber ich verhalte mich, als fürchtete ich, jemanden aufzuwecken. Ich bin noch immer ein Gefangener jenes Mannes, der in meiner Kindheit über die Nacht wachte.

Schließlich, inzwischen klarer im Kopf, schleppe ich mich ins Haus, wärme mir einen Rest Tee auf und mache mich daran, die Korrespondenz durchzusehen, die ich hatte liegen lassen, als Imani mich holte. Ich gehe Ihre jüngsten Klagen durch, mein verehrter Senhor Conselheiro. Ich male mir aus, wie sehr das törichte Misstrauen unser beider Vorgesetzten Sie verletzen muss. Es kann nur sein, dass unser Königlicher Kommissar falsche Informationen über Sie erhält.

Die gegen Sie erhobenen Anschuldigungen sind nicht nur unbegründet, sondern zutiefst ungerecht. Die Behauptung, dass sich die Verhandlungen mit Gungunhane innerhalb weniger Tage abschließen ließen, zeugt wahrhaft von Unkenntnis des Zeitbegriffs, der für das Leben der Eingeborenen gilt. Ich sehe für mich, dass ich das Vertrauen des hiesigen Dorfältesten gewinnen muss. Aber nach all dieser Zeit habe ich noch keine Ahnung, ob es der Vater oder der Onkel von Imani ist. Die beiden streiten sich, wer im Dorf das Sagen hat. Ich sollte mich für den Onkel entscheiden, der uns nicht freundlich gesinnt ist und dem Hof von Binguane nähersteht. Doch bin ich befangen wegen der Gefälligkeiten, die Imanis Vater Katini mir erweist.

Jedenfalls ist unmöglich zu verstehen, warum man Ihnen befohlen hat, sich unverzüglich aus Manjacaze zurückzuziehen und in Chicomo auf neue Anweisungen zu warten. Und was werden Sie in Chicomo tun, ganz abgesehen von sinnloser Warterei? Verehrter Senhor Conselheiro, was man mit Ihnen macht, ist das Gleiche, was man mit mir gemacht hat: Man hat einen Haftbefehl gegen Sie erlassen. Diese Willkür wird sich auf unsere Präsenz in Südmosambik katastrophal auswirken.

Allmählich kann ich Ihnen zustimmen, wenn Sie sagen, dass die Behandlung, die man Ihnen zuteilwerden lässt, darauf zurückzuführen ist, dass Sie mit einer Schwarzen zusammenleben. Für Sie von Vorteil ist, verzeihen Sie mir meine Aufrichtigkeit, dass Sie Ruhm und Nutzen haben. Mir steht weder das eine noch das andere zu. Kommen Sie nach Nkokolani, verehrter Senhor Conselheiro. Hier ist mehr als genug Platz, um Sie und Ihre schwarze Gemahlin zu beherbergen.

Nehmen Sie diese kühne Einladung nicht ernst, verehrter Conselheiro. Wenn ich jetzt noch einmal durchsehe, was ich hier geschrieben habe, stelle ich fest, wie sich der Ton meiner Korrespondenz verändert hat. Diese Briefe sind sozusagen die Terrasse, auf der in unserer Heimat die Frauen der Einsamkeit entfliehen. Ich setze mich auf diese Terrasse, so als betrachtete ich eine Straße in Lissabon.

Leider könnte es keine Straße in meinem Dorf sein. Denn in dem Dorf hatte ich keinen Bruder. Keine Kindheit.

Sie werden sich über meinen Redeschwall wundern. Vielleicht bin ich weit mehr ein Dichter als ein Soldat. Tatsächlich sind das Kostbarste, was ich mitgebracht habe, zwei Lyrikbände, in denen ich immer und immer wieder lese. Der eine ist von Antero de Quental. Der andere von Guerra Junqueiro. Dieser konnte nur den hiesigen Militärposten meinen, als er in dem Buch *Finis Patriae* schrieb:

Sie waren aus lebendem Stein die verwitterten Scharten
Für Giganten und Kondore.
Heute machen aus den versehrten Felsen
Die Steinbrecher Schotter
Für Landstraßen.

Und in solchem Gemütszustand lese ich diese Zeilen erneut, weshalb mich an einem sonnigen Nachmittag ein seltsames Gefühl überkommt. Ich hatte getrunken und legte mich benommen auf den Rücken, sodass das Sonnenlicht mir direkt ins Gesicht schien. Ich spürte, wie ein Stein unter mir sich bewegte. Erschrocken setzte ich mich auf. Und stellte fest, dass ich mich auf einer Lichtung voller Steine von beachtlicher Größe befand. In meinem Wahn merkte ich, dass einer der Steine sprach.

»Nicht erschrecken, wir sind Steine«, sagte er.

»Das stimmt nicht«, widersprach ihm ein anderer. »Wir sind Menschen. Wir tun so, als wären wir Steine, damit man uns nicht als Sklaven auf Schiffen verschleppt.«

»Wer verschleppt euch?«

»Alle. Die Schwarzen verschleppen uns genauso wie die Weißen.«

Dann tauchte die Gestalt des Mouzinho de Albuquerque auf. Er war ein erfahrener Militär, er konnte echte

Steine von falschen unterscheiden. Während er auf seinem Pferd vorbeiritt, ließ er die Klinge seines Schwertes über die Steine schleifen und entfachte auf diese Weise Brände, die sich über die Pfade ausbreiteten. Dann kehrten Pferd und Reiter um und passierten unversehrt das ganze Flammenmeer. Mit Adleraugen entschied Mouzinho über die Echtheit der Steine. Auf die lebenden Steine schlug er mit gewaltiger Kraft ein. Fleischfetzen flogen in alle Richtungen, das Blut und das Feuer vermischten sich zu einer einzigen roten Fläche.

Stellen Sie sich diesen ganzen Unsinn vor. Deshalb sage ich: Es reicht mit schlecht geschriebenen Versen und kaum gelebten Träumen. Es reicht mit mir. In Ihrem letzten Brief fordern Sie mich auf, meinen Alltag zu beschreiben, denn Sie hätten genug davon, sich mit den trockenen Themen der Politik zu beschäftigen. Ich fürchte, verehrter Senhor Conselheiro, an unserer sterilen Monotonie wird sich nichts ändern. Denn mein Alltag kennt sozusagen keinen Tag. Vielmehr tut es mir gut, eine Routine zu haben. Ich sollte nicht vergessen, dass ich ein Häftling bin. Und wie jeder Häftling muss ich mir eine Routine schaffen, um gegen die Eintönigkeit anzukommen.

Frühmorgens bringt Mwanatu mir Wasser und die Eimer für die morgendlichen Waschungen. Später kommt Imani mit dem Essen, das ihre Mutter für mich zubereitet hat. Wenn ich den Topf in Empfang nehme, lacht sie: »Sie sind schon wie ein Ehemann meiner Mutter, ich weiß nicht, wieso mein Vater das akzeptiert.« Es tut mir gut, sie lachen zu sehen, was ich immer erhoffe, aber immer überrascht sehe. Inzwischen besteht Imani nicht mehr auf dem Unterricht. Jetzt beschäftigt sie sich mit anderem: Sie räumt auf, putzt, wäscht meine Kleidung. Doch hätte ich nicht zulassen sollen, dass sie mein Zimmer aufräumt. Das ist riskant, sie kann lesen, sie kann an meine Papiere gehen. Aber der Fehler, wenn es denn einer war, ist bereits geschehen. Und es vergeht kein Tag, ohne dass Imani mich um Papier, ein Tintenfass und eine Schreibfeder bittet. Dann sitzt sie in der Küche und verfasst irgendwelche Schriftstücke. Ich gestehe, das sind die einzigen Momente, in denen ich mich nicht über ihre Anwesenheit freue. Schließlich habe ich ihr eine Feder, ein Tintenfass und einen Stapel Papier geschenkt unter der Bedingung, dass sie zum Schreiben an einen anderen Ort geht, wo ich es nicht sehen kann. Ich weiß nicht, warum es mir unangenehm ist, Neger schreiben zu sehen. Dass sie unsere Sprache ordentlich und ohne Akzent sprechen, gefällt mir. Doch empfinde ich es als eine Art Übergriff, dass sie auch die Schrift beherrschen könnten.

Und so, verehrter Senhor Conselheiro, sieht mein Alltag in Nkokolani aus. Wie Sie sehen, lässt er sich in einem halben Dutzend Zeilen beschreiben. Das ist auch gut, denn es ist spät geworden, draußen hört man die Hyänen und Schakale. Es ist dunkel, ich bin umgeben von Insekten, die um die Petroleumlampe schwirren, und mit der Spitze meiner Feder hole ich die Käfer heraus, die ins Tintenfass gefallen sind. Sie leben noch, ich lasse sie über das Papier krabbeln. Dabei entsteht eine Tintenspur, als hätten sie eine verschlüsselte Botschaft geschrieben.

Es gibt etwas in meinem Alltag, von dem ich noch nicht gesprochen habe, verehrter Senhor Conselheiro. Ich meine die Routine, die ich wie das Amen in der Kirche geradezu zelebriere. Bevor ich Mwanatu morgen beauftrage, diesen Brief zu überbringen, werde ich ihn auffordern, sich in den Sessel zu setzen und mir zuzuhören. Zum tausendsten Mal werde ich ihm von dem Prozess gegen die Aufständischen vom 31. Januar berichten. Das tue ich jeden Tag. Der schwachsinnige Mwanatu ist der perfekte Adressat für einen obsessiven Erzähler. Er hört, was gesagt wird, ist aber nicht in der Lage zu verstehen, was damit gesagt werden soll. Er ist ein Stein mit Ohren. Auch wenn ich stundenlang spreche, lässt er weder Langeweile noch Ermüdung erkennen.

Das, was ich Mwanatu unzählige Male berichtet habe, muss ich jetzt Ihnen berichten. Sie sollen wissen, was in dem Prozess geschehen ist, in dem nicht nur ich, sondern das ganze Land verurteilt wurde. Auch Sie, verehrter Senhor Conselheiro, wurden von diesem Kriegsrat verurteilt. Folgendes geschah: Wir mussten tagelang auf dem Dampfer *Moçambique* in Gemeinschaftskabinen warten. Alle zusammen, Zivilisten und Militärs, Sargentos und Hauptleute, Journalisten und Politiker.

Jedes Mal, wenn wir, von Wärtern geführt, über das Deck gingen, bot sich uns das triste Schauspiel unserer Angehörigen und Freunde, die am Kai klagten. Sie weinten und riefen nach ihren Männern, ihren Söhnen, ihren Brüdern. Es gab Frauen, die sich in ihrer Verzweiflung gegen die Leinen des Schiffs warfen. Jedes Mal blickte ich heimlich hin, um zu sehen, ob womöglich eine davon meine geliebte Mutter war. Aber ich habe sie nie gesehen. Ganz gewiss befand sie sich in unserem fernen Dorf und ahnte nichts von meiner prekären Situation.

Meine Kameraden wurden einer nach dem anderen in die Kabine gerufen, in welcher das Kriegsgericht tagte. Dort wurden sie summarisch abgeurteilt. Als ich an der Reihe war, brach ein furchtbarer Sturm los, und riesige Wellen brachten das Schiff so zum Schaukeln, dass wir ständig von einer Wand gegen die andere schlitterten. Bleich wie ein Gespenst, mit dem linken Arm an einer Luke abgestützt, verlas der Sekretär des Kriegsgerichts das Urteil. Die übliche Überheblichkeit der großen Richter war hier aufgehoben. Wie betrunken hin- und hertorkelnd, waren die Verurteilenden so verletzlich wie die Verurteilten.

Mehrmals zwang Übelkeit den Sekretär, das feierliche Verlesen zu unterbrechen. Mit Übelkeit kämpfend, kam er zum letzten Satz: »… und aus allen diesen Gründen wird der Angeklagte Germano de Melo verurteilt zu … verurteilt zu …« Von unkontrollierbarem Brechreiz geschüttelt, war er nicht mehr in der Lage, zu Ende zu lesen. Die anderen Juristen beeilten sich, an Deck zu kommen, alle aneinandergeklammert, um nicht von den Wellen über Bord gerissen zu werden.

Ein paar Tage später, als der Sturm abgeflaut war, mussten wir uns versammeln, um die noch nicht bekannt gegebenen Urteile anzuhören. Derselbe Sekretär des Kriegsgerichts verlas die Namen der Betreffenden, und bei jedem Namen, den er vorlas, erhob sich ein Angeklagter und wurde von Bord geleitet. Da begriffen wir, dass die Liste jene betraf, die freigelassen werden sollten. Bei jedem Namen erhoben sich mehrere Soldaten und legten, bevor sie schleunigst verschwanden, die Feldmützen und Jacken ab, die sie als Soldaten auswiesen. Die Liste war erst zur Hälfte verlesen, aber der Raum praktisch leer. Verwirrt blickte ich zu einem Journalisten, der neben mir saß und sich das Ganze in Ruhe ansah. »Und du«, fragte er, »bist du so erpicht darauf, verurteilt zu werden?« Ich antwortete, ich vertraute auf die Worte unseres Verteidigers. Während der Eröffnungssitzung hatte ich mir Passagen seiner mitreißenden Rede notiert. Ich faltete ein Blatt auseinander und las einen Auszug aus dem Plädoyer vor, damit mein Kamerad wieder Zuversicht fasste. »Was soll ich Euch sagen, wie das Volk diese Männer feiert, die hier als Verbrecher stehen? Könnte es sein, dass Ihr dies nicht wisst? Ist Euch, meine Herren Richter, das Echo dieser Begeisterung nicht zu Ohren gekommen? Stimmt es nicht, dass in den Straßen und Fenstern die Menschen sich drängten und den vorbeiziehenden aufständischen Soldaten applaudierten? Stimmt es nicht, dass die Praça de D. Pedro wie ein jubelnder Morgen strahlte und auf jedem Gesicht die größte Freude lag?«

Ich hielt inne und blickte auf die spöttische Miene des Journalisten. Er fragte: »Ist das alles?« Und ich antwortete, nein, ich müsse noch das Ende der mitreißenden Rede lesen. Es war mir ein Bedürfnis aufzustehen, um den Worten des Anwalts gebührenden Glanz zu verleihen: »Aus solch mannigfaltigen Gründen müsst Ihr gegen so viele Unglückliche überaus gnädig sein. Warum auch solltet Ihr es nicht sein? Ihr urteilt, doch die Geschichte wird über Euch richten …«

Der Journalist sah mich eindringlich an. Seine belustigte Miene war einem väterlichen Ton gewichen, als er sprach: »Weißt du, was mich tröstet? Dass wir, die Verlierer vom 31. Januar, glücklicher sein werden als die Richter des Kriegsrats.«

Und dann geschah es, dass der Dampfer *Moçambique* sich unverhofft in Bewegung setzte. Wir hielten es zunächst für eine Täuschung. Oder für ein Manöver, um das Schiff wegen der starken Wellen in eine andere Position zu bringen. Dann aber stellten wir verblüfft fest, dass der Dampfer Leixões verließ und Matosinhos passierte. Die *Moçambique* fuhr weiter über die aufgewühlte See, bis sie die geschützten Gewässer der Tejo-Mündung erreichte. Dort warf der Dampfer Anker. In diesen ruhigen Gewässern fand ich zurück zu einer Art ungewissen Harmonie, einer Mischung aus Anspannung und Ruhe, die der Ankündigung eines Unglücks vorausgeht. Denn hier wurde ich zur Verbannung nach Afrika verurteilt.

Eine Fledermaus ohne Flügel

So begraben wir unsere Toten: Wir gehen zu ihrem Kornspeicher und holen die Körner, die wir ihnen dann in die kalten Hände legen. Anschließend sagen wir zu ihnen: Tretet ab mit eurer Saat.

Mitten in der Nacht stürmte eine Gruppe Frauen in das Haus des Portugiesen und riss ihn aus dem Schlaf. Es herrschte so große Aufregung, dass der Sargento eine ganze Weile nicht begriff, was sie da schrien. Schließlich verstand er die Frau, die am wildesten fuchtelte: »Wir haben eben die Jungfrau gesehen.«

»Die Jungfrau? Welche Jungfrau?«

»Das wissen wir nicht, wie viele gibt es denn?«

Germano zog sich hastig an, dann humpelte er über den Hof, während er sich bemühte, die Schuhe an die Füße zu bekommen. Die Frauen machten sich auf den Weg zu unserem Haus. Es war dunkel, der Portugiese orientierte sich an den Gestalten, die vor ihm gingen. Die Frau an der Spitze der Gruppe wies auf den Erdboden und verkündete in einem mit *txitxope* vermischten Portugiesisch: »Sehen Sie hier, Senhor? Das sind die Fußabdrücke.«

»Sind die von ihr?«

»Nein, das sind die Fußabdrücke des Engels.«

»Von welchem Engel?«

»Dem, der mit ihr gekommen ist.«

Der Sargento blieb stehen, um Sand aus dem Schuh zu schütteln. Am liebsten hätte er sich von dem Unsinn verabschiedet und wäre nach Hause gegangen, doch fürchtete er, das würde schlecht aufgenommen. Die Sonne war noch nicht aufgegangen, aber es herrschte glühende Hitze. »Ist es noch weit?«

»Wir sind gleich da, nur noch ein Stückchen.«

Das sagen sie immer, dachte der Sargento, dass man gleich da ist. Warum haben diese Menschen kein Gefühl für Entfernungen? Er äußerte wieder Zweifel an der Erscheinung. Um diese Uhrzeit, in dieser Dunkelheit, hatten sie sich nicht vielleicht getäuscht? Worauf eine Frau erwiderte: »Wenn wir da sind, werden Sie es sehen. Es ist genauso eine Jungfrau wie die in der Kirche.«

»Bestimmt ist es ihre Zwillingsschwester«, sagte eine andere Frau.

»Und diese hat auch zusammengeklebte Hände«, fügte eine Dritte hinzu.

»Zusammengeklebte Hände?«, fragte der Sargento erstaunt.

»Der Pater hat sie immer die Jungfrau der Geklebten Hand genannt, weil sie die Hände immer zusammengehalten hat.«

Der Portugiese hatte keine Lust, die Sache richtigzustellen. Es war schon schwierig genug, das Kauderwelsch der Frauen zu verstehen. Die Älteste übersetzte gelegentlich die verquere Ausdrucksweise ihrer Gefährtinnen. Dem Sargento fehlte jemand, der ihm seine eigenen Gedanken übersetzte. Er ertappte sich dabei, dass er sich vorstellte, wie er zärtlich gleich einem Liebenden die Hände der Unbefleckten Jungfrau löste. Und spürte, dass dieselben Hände, nun frei und dankbar, seinen Körper liebkosten. Verdammte Hitze, die uns zum Sündigen verleitet, dachte er und wischte sich den Schweiß vom Gesicht.

Da hörte er einen Schuss bei seinem Posten. Dann noch einen. Und noch einen. Die Frauen sahen, wie der Portugiese atemlos zurück zu seinem Haus rannte.

Seit dem Tod meines Bruders Dubula flogen die Vögel nicht mehr am Himmel über unserem Dorf. Die wenigen, die es doch taten, stürzten hilflos herunter, wie abgerissene Wolkenfetzen. Während sie fielen, lösten sich ihre Federn, und der Wind wirbelte sie umher, jede Feder tanzte allein wild durch die Luft. Doch der Anblick wurde immer seltener. Nach kurzer Zeit sollten die Einwohner von Nkokolani sich abgewöhnen, gen Himmel zu blicken.

In dieser Nacht blickte Mwanatu, während er Wache hielt, unablässig gen Himmel. Auf einmal hörte er Frauenstimmen hinter dem Haus. Und er sah, dass der Sargento mit einer Prozession von Frauen hinaus in die Dunkelheit ging. Zuerst wollte er noch der aufgeregten Gruppe folgen. Doch er durfte seine Pflichten als Wache nicht vernachlässigen. In diesem Augenblick flog ein riesiger Fisch über das Dach. Er ließ sich auf dem Mangobaum nieder, doch da er Mühe hatte, sich wie ein Vogel auf dem Ast zu halten, schwang er sich wieder hinauf in den Himmel, indem er die Flossen wie beim Schwimmen bewegte. Mwanatu legte an und schoss. Einmal, zweimal, dreimal. Der Fisch taumelte in der Luft, als wollte er abstürzen, doch mit ruckelnden Bewegungen gewann er wieder an Höhe, was erkennen ließ, dass er seine Flügel zum ersten Mal benutzte.

Mwanatu rannte atemlos auf die Straße, um zu verkünden, was er gerade erlebt hatte. Bauern liefen zusammen und hörten ihm halb fasziniert, halb ungläubig zu. Widersprüchliche Ansichten wurden geäußert. Die einen behaupteten, die Götter seien verwirrt und hätten den Himmel mit dem Wasser verwechselt; andere vertraten die Ansicht, das sei die allerletzte Strafe der Götter; und die größeren Optimisten meinten, das auf diese Weise angekündigte Unheil werde nicht über unser Volk kommen, sondern über die VaNguni. Wenn der Himmel zum Meer geworden sei, dann wären die Angreifer, die ja das Wasser scheuen, zum Sterben verurteilt. Und die Feinde unseres

Volkes würden verflucht und in dem strömenden Wasser ertrinken.

In diesem Augenblick erschien keuchend der Sargento.

Von den Schüssen aufgeschreckt, hatte er kein Ohr für die Geschichte mit dem fliegenden Fisch. Er bekreuzigte sich, schüttelte den Kopf und blickte Hilfe heischend gen Himmel. »Hier, in deiner Heimat, mein werter Mwanatu, würde Jesus arbeitslos. Hier gibt es niemanden, der keine Wunder vollbringt.«

Mein Bruder ging erhobenen Hauptes und zum Unterstreichen seiner Worte mit aufgerichtetem Zeigefinger davon: »Hier sind Engel unterwegs. Ich habe schon ein paarmal auf sie geschossen.«

Was uns verrückt machte, war der Gestank. Er kam von den Schlachtfeldern von Madzimuyni und kündete davon, dass die Aasgeier und Hyänen aus den Leichen noch nicht nackte Gebeine gemacht hatten. Nicht die Kadaver verwesten, es war der Erdboden.

Der Gestank setzte sich in den Wänden unseres Hauses fest, er kroch in die Kleider, die meine Mutter trug, seit sie von dem Tod ihres Sohnes erfahren hatte. Selbst als mein Vater brüllend hereinkam, blieb unsere Mutter geistesabwesend und teilnahmslos. Katinis Gesicht war blutüberströmt. Wie alle Männer machte er riesiges Aufheben von seiner kleinen Verletzung. »Ich werde erblinden!« Ich half ihm, sich zu setzen, und er starrte auf meine Mutter und erwartete von ihr eine Reaktion.

»Wer hat dich so zerkratzt, Mann?«, fragte sie schließlich. »Welche Frau hat so spitze Fingernägel?«

»Ein Baum! Es war ein Baum, der mich so zugerichtet hat«, erklärte er, während wir ihm das Gesicht abwuschen.

Auf der Suche nach Material für seine Marimbas legte unser Vater immer das Ohr an den Baumstamm. Daraus schloss er, ob der Baum brauchbar war. So hatte er es auch an diesem Tag gehalten, als er nach Holz für seine jüngste

Marimba suchte. Doch irgendjemand vergiftete ihm, was er fühlte und tat.

»Der verdammte Baum hatte Krallen, ich habe gesehen, wie seine Krallen mich in die Hölle zerren wollten.« Er sprach laut, um seine Frau zu beeindrucken. Was ihm nicht gelang. Der Himmel war weit, und Chikazis Blick schweifte über die unendliche Weite. Mein Vater schloss die Lider, damit ihm das Wasser über das Gesicht rann. Mit geschlossenen Augen hörte er seine Frau fragen: »Die weiße Henne, warum hast du die geschlachtet?«

»Weil ich Hunger hatte.«

»Die sollte für die Zeremonien aufbewahrt werden.«

»Welche Zeremonien denn? Es ist niemand gestorben.«

»Doch. Dein Sohn, dein erster Sohn ist tot. Belüg dich nicht selbst, Katini Nsambe.« Und im selben Atemzug sprach sie weiter: »Der andere ist aus seinem eigenen Kopf ausgewandert. Und unsere Tochter hier, die hat uns auch schon verlassen. Wir sind allein, mein Alter.«

»Imani, willst du uns im Stich lassen?«, fragte meine Mutter. Ohne meine Antwort abzuwarten, fuhr sie fort: Ich sei nicht da, ich dächte mir den Besuch von Boten aus, als wäre der Großvater noch am Leben. Ich sei allein, hätte keine Freunde, keine Verehrer. Das sagte meine Mutter. Und schuld daran sei mein Vater.

»Du wirfst mir vor, ich sei ein schlechter Vater? Weil ich möchte, dass meine Tochter aus diesem Elend herauskommt, weil ich möchte, dass sie es irgendwo besser hat?«

»Sie läuft vor sich selbst weg.«

Chikazi richtete sich auf und legte die Hände auf den Rücken, so wie sich schwangere Frauen halten. Nach einer langen Pause fügte sie hinzu: »Die weiße Henne war für unseren Sohn. Und der ist tot.«

»Haben wir seine Leiche gesehen?«, fragte mein Vater. »Antworte mir, Chikazi, und dreh mir nicht den Rücken zu. Hat jemand seine Leiche gesehen?«

Mich überkam der glühende Wunsch, ihnen zu sagen, Dubula habe sein Leben in meinen Armen ausgehaucht. Doch ich schwieg. Derjenige, der seinen letzten Atemzug in meinen Armen getan hatte, war noch auf dem Weg dahin, mein Bruder zu werden.

Eine Woche war seit Dubulas Tod vergangen, und kein Vogel war an unseren Himmel zurückgekehrt. Am frühen Sonntagmorgen hing meine Mutter an dem großen *tsontso*-Baum. Als wäre sie eine trockene Frucht, eine dunkle, schlaffe Fledermaus. Wir riefen nach unserem Vater, er kam vorsichtig, schlurfend, näher. Er setzte sich unter die mächtige Baumkrone und betrachtete die Tote, als erwartete er, dass aus ihr Blätter sprießen. »Sie ist nicht tot. Eure Mutter hat sich nur aufgebäumt.«

Ab und zu ließ der leichte Wind die Tote hin- und herschaukeln. Es sah aus wie ein Tanz, ähnlich den Tänzen, die sie so oft für uns getanzt hatte. Als es dunkel wurde, fragte ich: »Lassen wir sie da hängen? Die Tiere werden sie fressen.«

In der Dunkelheit merkte ich nicht, dass der Sargento gekommen war. Er befahl entsetzt: »Nehmt die Leiche da ab! Auf der Stelle!«

Mwanatu wollte wie immer sofort gehorchen. Doch mein Vater hob den Arm und verkündete: »Niemand macht hier etwas. Das ist keine Leiche. Das ist Chikazi, meine Frau.«

Der Sargento Germano lief hilflos um den Baum herum. Mehrmals machte er Anstalten, mir unbeholfen sein Beileid auszusprechen. Einmal schlug er sogar vor, wir sollten zusammen beten. Aber gleich darauf korrigierte er sich: »Nein, nicht beten, denn für Selbstmörder betet man nicht.« Und dann fügte er ganz entschieden hinzu: »Um Gottes willen, Imani, sag deinem Vater, er soll sie in die Kirche bringen.«

»Sie in die Kirche bringen?«, erwiderte mein Vater. »Sie ist doch schon in der Kirche. Unsere Kirche ist dieser Baum.«

Dass mein Vater dies sagte, war verwunderlich. Der Sargento starrte ihn ungläubig an. War Katini nicht bekehrt? Germano schüttelte den Kopf, um die unlösbare Frage abzuwehren. Wie sicher konnte man sich der Loyalität eines Schwarzen sein, wenn selbst dieser Familienvater so leichthin von einem Glauben zum anderen wechselte? Germano bekreuzigte sich unauffällig und knurrte vor sich hin, als er wegging: »Die kennen weder Schuldbewusstsein, noch wissen sie, was Scham ist – wie können wir da erwarten, dass sie gute Christen sind?«

Und so blieb die Leiche bis zum nächsten Tag hängen, wie eine Fledermaus im Dunkeln. Am frühen Morgen ging ich zu ihr mit der Befürchtung, die Zeit hätte ihr, die ich für unsterblich hielt, Schaden zugefügt. Doch es gab keinerlei Anzeichen von Zersetzung, keinen Geruch, weder Fliegen noch Krähen. Und am klaren Himmel kreisten keine Aasgeier. Ich setzte mich neben meinen Vater, der dort die ganze Nacht über gesessen hatte. Den Blick fest auf seine tote Frau gerichtet. Irgendwann sagte er: »Wie schön sie ist!«

Er hatte recht. Selbst so, ausgedorrt, besaß sie noch die Anmut eines Lebewesens. Vielleicht, weil ihr Körper von dem Regen durchtränkt war, der über Nacht gefallen war. Von ihren Füßen lösten sich Tropfen und nährten eine kleine, traurige Lache. »So ist es richtig«, sagte mein Vater gemächlich nickend. »Die Toten müssen vom Regen gewaschen werden.«

»Soll ich in den Baum klettern, Vater?«, fragte ich nach langem Schweigen.

»Lass sie an dem Platz, den sie sich ausgesucht hat.«

Nach einer Weile begann der Strick, mit dem unsere Mutter sich erhängt hatte, mir die Kehle zuzuschnüren. Gegen Mittag, als die Tote keinen Schatten mehr warf, gingen die Nachbarn allmählich wortlos und bedrückt auseinander. Auch ich machte Anstalten wegzugehen. Mein Vater durchkreuzte meine Absicht und hielt mich am Arm fest. »Du bleibst hier, meine Tochter!«

Dann kletterte mein Vater, ein Buschmesser in der Hand, überraschend behände den Baum hinauf. Mit einem Hieb durchtrennte er den Strick. Ich dachte, der Körper würde dumpf auf dem Boden aufschlagen, so wie umstürzende Bäume. Aber nein. Kein Laut war zu hören, was da fiel, war eine abgeschlagene Wolke, körper- und klanglos.

Mein schwachsinniger Bruder Mwanatu versuchte noch schnell, die Leiche abzustützen. Fast hätte ihn das Gewicht erschlagen, und sekundenlang befürchteten wir, als er mit der Mutter auf der Erde lag, wir hätten einen zweifachen Tod.

Mwanatu kümmerte sich von Anfang an um die Trauerfeier für unsere Mutter und verhielt sich so, als wären ihm die Rituale des Dorfes und die christliche Zeremonie vollkommen vertraut. Er wirkte verändert, klarer im Kopf, als er unserem Vater seine Hilfe anbot, denn er trug die Leiche so, als wäre sein Rücken die Erde, in der er sie begraben wollte. Er trug sie länger, als es nötig gewesen wäre, da er, ohne dass jemand davon gesprochen hätte, entschlossen war, sie unter dem Baum zu begraben, an dem sie sich erhängt hatte.

Unser Vater ging mehrmals um das Grab herum, dann fiel er hilflos auf die Knie. Wir alle liefen zu ihm und halfen mit, die Tote in der Grube zu betten. Wir schlossen das Grab, so wie wir ihr vorher die Lider geschlossen hatten. Dann fragte ich mich, warum wir den Toten die Augen schließen. Wir fürchten uns davor, dass sie uns ansehen. Warum verbergen wir die kalten Körper in der Erde? Weil wir Angst davor haben zu erkennen, wie tot wir schon sind.

Als die Erde eingeebnet war, steckte der Sargento ein eisernes Kreuz in das Grab und forderte uns mit geschlossenen Augen auf, zusammen zu beten. Mwanatu ging als Einziger darauf ein. Onkel Musisi trat vor die Anwesenden, riss das Kreuz aus der Erde und begann mit erhobener Stimme, in *txitxope* unsere Vorfahren anzurufen. Der Sargento sah uns gleichsam Hilfe suchend an, doch Musisi missachtete das stille Flehen und benutzte mich als Dolmetscherin, um sich an den Portugiesen zu wenden: »Ich frage Sie, Senhor Sargento, wenn Ihr Gott unser aller Vater ist und der Schöpfer aller Sprache, kann es dann sein, dass er nur Portugiesisch versteht? Und du, meine Nichte, übersetz nicht nur. Sag ihm, wie wir, die Schwarzen, es machen. Oder hast du schon vergessen, von welcher Rasse du bist, Imani Nsambe?«

»Von welcher Rasse ich bin?«, fragte ich mich im Stillen. In diesem Augenblick wurde mir klar, dass ich tiefe Traurigkeit empfand, dass ich aber schon vorher Waise gewesen war. Und dass nicht nur ich so schutzlos war, sondern alle meine schwarzen Brüder. Zum Verwaisen braucht es keinen Tod. Das beginnt schon vor der Geburt.

Ich beugte mich über die Erde, dort, wo das Kreuz lag, und steckte es wieder in das Grab unserer Mutter. Und ich dachte an ihre Worte zurück, an ihre so sanfte Art zu sprechen: Nicht die Toten bedrücken uns. Uns bedrücken jene, die niemals endgültig sterben.

Zwölfter Brief des Sargento

Nkokolani, 29. Juli 1895

Sehr geehrter Senhor
Conselheiro José d'Almeida.

Da ich nicht wusste, wie ich Imani trösten konnte, sagte ich, ihre Mutter werde eines Tages zurückkommen. »Sie braucht nicht zurückzukommen«, antwortete Imani sofort. »Sie ist nie von hier weggegangen.« Und sie führte mich zu einem Termitenhügel hinter ihrem Haus. Sie wies auf den Termitenhügel: »Hier begraben wir das ganze Leben lang Sterne. Das ist mein Trost.«

Was sie dann sagte, mögen Blasphemien sein, doch für mich sind es die schönsten, die ich je gehört habe. Sie sagte, dass die Toten sich nicht auf der Erde bewegen; vielmehr seien es die Toten, die dafür sorgen, dass die Erde sich bewegt. An einem Strick aus Sand und Wind binden sie die Sonne fest, damit sie nicht am Firmament verloren geht. Dann sagte sie noch, dass die Toten den Vögeln und dem Regen den Weg bahnen. Und dass sie in jedem Tautropfen herniederfallen, um den Erdboden zu düngen und den Käfern zu trinken zu geben.

Sie sagte das alles in einem einzigen Atemzug. »Wo hast du das gelernt?«, fragte ich ängstlich. »Das musste ich nicht lernen«, antwortete sie. »Das habe ich alles in mir. Was ich lernen musste, sind die Geschichten der Weißen.«

»Aber bist du nicht katholisch?«

»Doch. Aber ich habe viele andere Götter.«

Ihre Worte schockierten mich nicht. Vielleicht, weil ich wie alle guten Republikaner erklärtermaßen antiklerikal bin. Der Hass auf die Priester ist das einzig Gute, das mein Vater mir hinterlassen hat. Meine Mutter hingegen hat mir etwas ganz anderes vermacht. Sie lebte für die Messe, denn das war der einzige Anlass, zu dem sie aus dem Haus gehen durfte. Ich erkannte sie kaum wieder, so wie sie zur Kirche ging – gemessener Schritt, Schleier vor dem Gesicht, das Haar mit einem schwarzen Tuch bedeckt. Im Haus durfte sie nicht Mutter sein, draußen durfte sie nicht Frau sein.

Ich kehrte von der Begräbniszeremonie mit einer Frage zurück, auf die ich keine Antwort wusste. Spricht man Menschen, die nicht an den Tod glauben, sein Beileid aus? Denn für diese trauernde afrikanische Familie gab es einen Toten ohne Tod. Was betrauerten sie dann? Diese Fragen, die mich aber keineswegs quälten, führten dazu, dass ich auf dem Rückweg zum Posten innerlich eine Ruhe empfand wie seit geraumer Zeit nicht mehr.

Zu meiner Überraschung traf ich im Wohnraum Mariano Fragata an, der sich mit einem Briefumschlag Luft zufächelte und mir denselben entgegenstreckte, als er mich sah: »Ich bin soeben angekommen und habe dir das hier mitgebracht«, sagte er mit rätselhafter Miene.

Immer noch auf dem muffigen Sofa sitzend, warnte er mich: »Mach dich auf etwas gefasst, mein guter Germano. Es wird dir nicht gefallen, was da drin ist.«

»Was bringst du mir da?«

»Das sind deine Briefe, die Briefe, die du während dieser Monate geschrieben hast. Sämtliche Briefe.«

Ich schüttelte den Kopf – meine Briefe? Schickte José d'Almeida mir meine Briefe zurück? Und aus welchem Grund schickte er sie mir jetzt zurück?

Was Fragata mir dann offenbarte, war der endgültige Dolchstoß in meine schon verwundete Brust. Kein einziger meiner Briefe war jemals in die Hände des Conselheiro José d'Almeida gelangt. Gelesen und beantwortet hatte sie immer Tenente Ayres de Ornelas.

»Ich verstehe überhaupt nichts, mein guter Fragata. Alles, was ich geschrieben habe …«

Meine Verblüffung wich einem Verdacht. Was hatte den Tenente dazu bewogen, meine Briefe abzufangen und, schlimmer noch, sich als ein anderer auszugeben? Welche Geheimnisse hatte Ornelas sich angeeignet? Und welchen Gebrauch hatte er von den vertraulichen Worten gemacht, die ich dem gegenüber geäußert hatte, der für mich wie mein eigener Vater war? Auf keine dieser Fragen gab es eine passende Antwort. Mir blieb einfach nur zu seufzen: »Ich bin verloren! Das ist jetzt mein Ende …«

»Vielleicht ist es aber nicht so, wie du denkst«, erklärte Fragata.

»Wieso das? Vergiss nicht, Fragata, dass ich in Afrika auf Bewährung bin. Wenn meine vertraulichen Worte jetzt öffentlich bekannt werden, dann werden sie mich doch erschießen. Dann ergeht es mir wie Sardinha …«

Ich gab ihm zu bedenken, wie offen ich mich in diesem langen Briefwechsel geäußert hatte. Wie oft hatte ich das monarchistische Regime verflucht, wie oft über meine Vorgesetzten schlecht gesprochen? Warum, um Himmels willen, hatte ich mich nicht auf übliche Berichte beschränkt, wie sie von einem namenlosen Sargento erwartet wurden?

»Dramatisier nicht, Germano. Dazu besteht kein Anlass.«

»Leider kann ich nur das Schlimmste befürchten. Sieh dir das hier an …«

Ich zeigte Fragata ein Dokument, das mir versehentlich in die Hände gefallen war. Es war ein Untersuchungsbericht über die Unterschlagung von Telegrammen, die der Königliche Kommissar an die militärische Führung von Inhambane geschickt hatte. Ayres de Ornelas hatte zugegeben, dass er selbst für die Unterschlagung verantwortlich war. Ich las laut aus dem von Ornelas eigenhändig geschriebenen Schuldeingeständnis vor:

»… ich bitte Gott um Vergebung, wenn ich ungewollt zum Anlass für Schwierigkeiten im Hinblick auf die Pläne Ihrer Exzellenz Königlicher Kommissar geworden bin. Und ich bitte Ihre Exzellenz, mir meine Verfehlung nachzusehen …«

Fragata unterbrach mich, um mich zu beruhigen. Ornelas mochte arrogant und ehrgeizig sein, er mochte unter Verfolgungswahn leiden. Aber er sei nicht so bösartig, dass er mir schaden wolle. Und es gebe noch etwas, was ich nicht wisse. Ornelas sei derjenige, der die gesamte an den Conselheiro gerichtete Korrespondenz in Empfang nehme und beantworte. Und das tue er mit Duldung des Conselheiro José d'Almeida persönlich, für den er anschließend die Nachrichten aus den diversen Schreiben und Telegrammen zusammenfasse.

Ich hörte mir die Trostworte nicht sehr überzeugt an. Ich öffnete den Umschlag und las die Briefe noch einmal, die ich in den letzten Monaten verfasst hatte. Unterdessen schlief Fragata erschöpft ein. Ich trat ihm mein Bett ab, denn ich wusste, in dieser Nacht würde ich nicht in den Schlaf finden. Ich glaube, ich werde nie wieder in den Schlaf finden.

Länder, Kriege, Begräbnisse und Ausgrabungen

Der Soldat erhält seine Uniform; der Mensch verliert seine Seele.

Nach dem Tod unserer Mutter quartierte Mwanatu sich wieder bei uns ein. Unser Vater nahm ihn auf, als wäre er niemals fortgegangen. Ohne ein Wort und ohne ihn zu beachten. Der da zurückkehrte, war ein Fremder, nur ein Besucher, dem man eine Schlafmatte leiht. Mwanatu wirkte weniger schwerfällig, aber immer noch mit sich selbst beschäftigt. Er saß draußen im Schatten, wurde wieder heimisch. Wir beobachteten ihn besorgt. Denn sein Arm hatte die Form des Gewehrs angenommen, das er monatelang gehalten hatte.

Doch an diesem Morgen fasste Mwanatu einen Entschluss. Er nahm eine Schaufel und machte sich auf den Weg zum Friedhof.

Wer von weit her kam, hätte das Gestrüpp am Flussufer nördlich der Siedlung nicht als Friedhof bezeichnet. Doch hier, in diesem heiligen Buschwerk, wurden die Verstorbenen der ältesten Familie von Nkokolani – die »Herren des Ortes« – zur Ruhe gebettet. Die Weißen sagen »beerdigen«. Wir sagen »die Toten säen«. Wir sind auf ewig Kinder des Erdbodens, wir gewähren den Verstorbenen, was die Erde der Saat bietet: Schlaf für die Wiedergeburt.

Außer der Schaufel über der Schulter trug Mwanatu auch noch feierlich wie bei einer Militärparade am rechten Arm sein Gewehr, eine *Martini-Henry*. In diesem Fall hätte mein Bruder nicht von »säen« sprechen können. Denn tatsächlich ging er das Gewehr beerdigen, das ihn bei imaginären Schlachten gegen die Nguni-Invasoren begleitet hatte. Damit beerdigte er einen Teil von sich selbst. Der andere Teil war schon seit langer Zeit am äußersten Rand des Verstands begraben.

Mit seinem Gang zum Friedhof befolgte Mwanatu einen Befehl. Seit seiner Rückkehr zu uns suchte ihn jede Nacht ein Traum heim. In diesem Traum geschah Folgendes: Von dem Baum herab, an dem sie sich erhängt hatte, befahl unsere Mutter ihm, sein Gewehr abzulegen. Und er solle sich nie wieder zu einem *cipaio* der Portugiesen machen.

»Leg die Waffe ab, mein Sohn! Nimm die Flinte und begrab sie am Fluss.«

»Flinte? Etwas Respekt, Mutter, das ist eine *Martini-Henry*«, und er sprach den Namen aus, als malte er ihr jede Silbe auf.

So ausgesprochen, bekam der Name für ihn den Glanz einer Medaille. Unsere Mutter wusste nicht, dass er die Waffe wie ein Lebewesen pflegte: ein Tuch für die äußere Hygiene, das Öl für die intimen Teile, der Filzbezug für den Lauf. All diese Fürsorge zeigte, dass es sich um weit mehr als eine einfache Waffe handelte.

»Dies ist keine Bitte«, sagte die Mutter. »Und ich spreche auch nicht allein zu dir. Hier gibt es viele Stimmen, und alle sagen das Gleiche: Leg das Gewehr weg.«

Der Befehl war klar, und es war keine persönliche Laune. Indem er das Gewehr begrub, würde er auch den Krieg begraben.

Auf dem Weg zum Friedhof spürte mein Bruder, wie schwer das Gewehr tatsächlich war. Auf seinen Märschen als imaginärer Soldat hatte er es nie als Gewicht betrachtet. Im Gegenteil, er hatte immer das Gefühl gehabt, die Waffe sei ein Teil von ihm, eine Verlängerung seines eigenen Körpers.

»Die Waffe ist mir angeboren«, argumentierte er gegenüber unserer Mutter.

Sie müsse das verstehen. Es gebe viele Menschen in ihm, die gegeneinander kämpften: ein Soldat und ein *kabweni,* ein Schwarzer und ein Weißer, ein Christ und ein Heide. Wie sollte er da zu einem Einzigen werden? Wie wieder nichts anderes als ihr Sohn werden?

Während mein Bruder ins Tal des Inharrime hinunterging, war sein Schritt unsicher und wankend und verriet, dass ihn dies alles beschäftigte. Plötzlich aber schlug er eine andere Richtung ein und ging zum Posten. Er wollte mit dem Sargento Germano sprechen, bevor er sein Versprechen ausführte. Zwar hatte er den Dienst als Wachposten quittiert, doch die militärische Disziplin hatte er nicht abgelegt. Und für derartigen Ungehorsam brauchte er einen Segen.

Zuerst tat der Portugiese nur so, als wäre er befremdet, doch gleich darauf legte er seine ganze Befremdung in die Stimme: »Du willst was tun? Dein Gewehr beerdigen?«

»Ja, das habe ich vor, Senhor Sargento.«

»Und ich soll was tun? Mitkommen und die Beerdigung segnen?«

So tollkühn war Mwanatu doch nicht. Er wollte nur den Segen für seine verrückte Tat bekommen. Denn er, der tapfere Soldat Mwanatu, Christ und ordentlich getauft, war so verwirrt wie hilflos.

Zum Beispiel hatte ihn schon immer gewundert, dass ein Gewehr einen Menschennamen hatte. *Martini-Henry?* Bei allem Respekt und ohne Gott zu beleidigen, niemals würde ein Schwarzer einer Waffe den Namen eines Menschen geben.

»Entschuldigen Sie, Senhor Sargento. Ich wollte nur um einen Rat bitten.«

»Du willst einen Rat? Dann sag mir eins: Diese Waffe, die hast doch nicht du gekauft, oder? Weißt du noch, wer sie dir gegeben hat?«

»Sie haben sie mir gegeben. Die Waffe und die Uniform.«

»Hast du schon vergessen, dass du diese Waffe dafür bekommen hast, Gottes und Portugals Feinde zu töten?«

»Ich glaube nicht.«

»Glaubst du? Ich an deiner Stelle würde das Gewehr zurückgeben. Das hättest du übrigens gleich machen müssen, als du die Stelle als Wachposten aufgegeben hast. Du wirst jetzt die Waffe zurückgeben und die Uniform, die du noch auf dem Körper trägst. Waffen, Munition und du selbst gehören der portugiesischen Krone.«

»Wenn ich die Waffe nicht beerdige, was soll ich dann meiner Mutter sagen, wenn sie im Traum zu mir kommt?«

»Erzähl ihr, was du willst. Lüg einfach, sag, du hättest das verdammte Gewehr beerdigt. Das wird sie nie überprüfen.«

»Sprechen Sie nicht so von meiner Mutter! Nein …«

Mwanatu wollte gehen, er knetete die Hände, als wränge er ein Tuch aus. Und zum ersten Mal hatte der Portugiese Angst vor dem geistig Zurückgebliebenen. Ihm ging durch den Kopf, dass Mwanatu einen schlimmen Abstieg erlebt hatte. Er war wieder ein Schwarzer geworden. Und dem Schwarzen, der er nun wieder war, durfte er nicht vertrauen. Der Sargento wurde noch misstrauischer: Was, wenn er mit der Waffe tatsächlich töten könnte? Dann wäre es also besser, wenn er das Gewehr loswürde. Also gestattete er mit gespieltem Bedenken die Beerdigung der *Martini-Henry.* Bevor Mwanatu verschwand, rief er noch: »Und was ist mit deiner Schwester? Die lässt sich hier gar nicht mehr sehen …«

»Imani ist traurig. Das ist alles …«

»Sag ihr, ich habe neue Stoffe ausgepackt, wenn sie die haben will, soll sie herkommen. Und du, Mwanatu, komm auch vorbei, du fehlst mir.«

Mwanatu verabschiedete sich mit angedeutetem Winken. Und einem traurigen Lächeln – wie konnte der Portugiese ihn vermissen, wenn er in all diesen Monaten niemals das Wort an ihn gerichtet hatte? Immer wenn ein Weißer zu Besuch kam und sich nach seinem Befinden erkundigte, fiel der Sargento ihm ins Wort: »Fragt niemals einen Kaffern, wie es ihm geht, denn im nächsten Augenblick will er etwas haben.«

Wegen dieser Erinnerungen hätte er am liebsten der Henne des Sargento einen Tritt versetzt. Er trat nicht nach ihr, spuckte aber auf sie. Die Spucke blieb in ihrem Kamm hängen, doch ihr Blick blieb gleichgültig und leer. So wollte Mwanatu auch gern sein, weder innen noch außen, kein Gewissen und kein Ermüden.

Was ihn am meisten quälte, waren nicht die Erinnerungen, sondern der Rat des Portugiesen. Die Verstorbene belügen? Der Sargento mochte ein mächtiger Mann sein. Doch er wusste nicht, dass hier andere Götter herrschten, Götter so alt wie die Erde. Mwanatu schlug wieder den Weg zum Friedhof ein.

Es war Mittag, die regungslose Stunde, zu der die Schatten vom Erdboden geschluckt werden. Im heiligen Wald trat mein Bruder behutsam wie ein Leopard auf die Schatten, bis er schließlich einen großen Baum wählte, dessen Wurzeln wie dunkle Ellbogen aus dem Boden ragten. Dort wollte er das Grab ausheben. Er kniete sich hin und gab eine eintönige Litanei von sich. Betete er? Nein. Er nannte die Namen all derer, die im Krieg gefallen waren.

Die Stimme erklang in leisem Murmeln, doch jeder einzelne Name wurde mit der gleichen Sorgfalt ausgesprochen, die man Alten und Kindern zuteilwerden lässt. Irgendwann blieb er in langem Schweigen stecken, dann beklagte er sich: »Ich kann mich an keinen anderen mehr erinnern. Verfluchter Krieg …«

Das ist die Grausamkeit derer, die im Kampf gefallen sind: Sie fallen niemals endgültig, sie krallen sich in der Zeit fest, wie tote Fledermäuse. Trotzdem holte Mwanatu tief Luft und beendete die Andacht: »Ich bin hier und rufe euch, ihr Krieger der Chope-Nation!«

Bevor er mit dem Graben begann, streichelte er die Waffe. »Chope-Nation?«, fragte er laut. Und wunderte sich über die eigenen Worte.

Mit Kraft stieß Mwanatu die Schaufel in die warme Erde. Da hörte er einen Metallklang, Eisen traf auf Eisen. Wieder trieb er die Schaufel in die Erde, so wütend, als wollte er eine Schlange erschlagen. Und nun stoben Funken auf, so als blitzte der Erdboden. Schlimmes ahnend, hob er den Blick Hilfe suchend gen Himmel. Die Sonne drang ihm in die Pupillen und ließ ihn erblinden. Das war seine Absicht: Die Toten sollten sich für einen Moment entfernen. Und die Götter, ob lebend oder tot, sollten ihn vergessen.

Als Mwanatu die Augen wieder öffnete, erblickte er einen Wurfspeer. Das also war der Grund für die Geräusche und Funken. Er durchgrub die Erde rings um den Fund und stellte fest, dass Lanzen, Bogen und Pfeile zum Vorschein kamen. Es waren weit mehr Waffen, als er aufzählen konnte. Die Überreste aller Kriege tauchten unter seinen Füßen auf.

Mwanatu machte sein Vorhaben nicht wahr. Taumelnd lief er nach Hause. Er schleifte das Gewehr wie eine nutzlose Hacke hinter sich her. Und fragte sich nach dem Sinn des merkwürdigen Zufalls: Als er seine Waffe begraben wollte, grub er ein ganzes altes Waffenlager aus.

Nachdem er seine Stiefel vor der Tür abgestellt hatte, versteckte er schnell das Gewehr hinter dem Schrank. Dann suchte er nach unserem Vater, um ihm zu berichten, was geschehen war. Oder vielmehr, was nicht geschehen war.

Er fand den Vater damit beschäftigt, den Hof hinter dem Haus zu fegen. Fegen, behauptete er, sei wie Angeln: eine Betätigung, ohne etwas zu tun. Nach dem Tod unserer Mutter hatte unser Vater sich selbst aufgegeben. »Je weniger ich lebendig bin, desto weniger wird man mich töten wollen.« Das sagte er. Wäre nicht ich da, seine einzige Tochter, hätte er schon sein Hab und Gut, sein Haus, seine Existenz aufgegeben. Etwas länger hätte es sicherlich gedauert, bis er den Destillierapparat und die Marimbas aufgegeben hätte.

Fegen war jetzt seine einzige Beschäftigung. Auch während Mwanatu erzählte, was im Wald geschehen war, ließ er den Besen nicht ruhen. Vor den Blicken der Nachbarn durfte er nicht zeigen, dass er betroffen war. Irgendwann stützte er sich auf den Besen, zog den Hut in die Stirn und flüsterte: »Über manche Dinge spricht man nicht in der Öffentlichkeit. Lass uns hineingehen.«

In einer Zimmerecke ließ Katini sich, von Befürchtungen übermannt, auf einen Stuhl sinken. Er entblößte den Kopf, legte den Hut auf die Knie, und nach einer langen Pause öffnete er sich: »Was du da im Wald gefunden hast, das ist nicht zu erklären und nicht zu begreifen …«

»Mach mir keine Angst, Vater. Was ist geschehen?«

»Was geschehen ist, das ist das, was noch geschehen wird.« Er rollte sich langsam eine Zigarette, als brauchte er eine Atempause. »Niemand mag Blätter oder Rauch«, sagte er immer. Das Vergnügen des Rauchers sei, von der Zeit geraucht zu werden. Er hustete eine Weile, dann, noch halb erstickt, stammelte er: »Etwas will ich sagen: Dieses Loch, das ist von mir.«

»Wie bitte, Vater?«

»Du hast gegraben, wo ich schon vorher gegraben hatte. Das ist der Platz, wo ich meinen Wurfspeer versteckt habe.«

»Du hast auch deine Waffe vergraben, Vater?«

»Eine Waffe wird nicht vergraben. Sie wird versteckt, bis zum nächsten Krieg. Und jetzt komm, jetzt sehen wir uns das Grab an.«

Auf den Besen wie auf einen Stock gestützt, stieß er die Tür zu und machte sich auf den Weg. Sie folgten dem Seitenpfad, Mwanatu in tiefem Schweigen, der Vater schlurfte in seinen Schuhen. Es war sehr großherzig, die beiden über den Fußrücken festgebundenen Sohlen Schuhe zu nennen.

Sie blieben vor dem Baum stehen, bei dem Mwanatu gegraben hatte. Die Wurzeln schienen nun noch weiter frei zu liegen, sie umspannten den Erdboden, als wollten sie ihn für sich allein beanspruchen.

Über die Grube gebeugt, zog unser Vater den Wurfspeer heraus und schnalzte anerkennend mit der Zunge. »Es ist dieselbe Grube. Und das ist mein Wurfspeer, hier ist die Markierung.«

»Und wie sind die anderen Waffen hierhergekommen?«

»Die sind nicht gekommen.«

»Was soll das heißen?«

»Die sind hier entstanden. Die sind lebendig.«

Er forderte seinen Sohn auf, ihm zu helfen, alles herauszuholen und zu sortieren. Sie stapelten die Wurfspeere auf der einen Seite, die Lanzen auf der anderen und die Schilde auf einem dritten Stapel. Der alte Katini schritt die einzelnen Stapel ganz in Ruhe ab, wie ein General, der sein Arsenal mustert. Zum Schluss sagte er: »Wir lassen das jetzt so, die Waffen weit weg von dem Grab. Und nun verlassen wir diesen Ort so schnell wie möglich. Und du siehst dich nicht um, wenn wir weggehen.«

Als er zu mir in den Hof kam, wo ich gerade Feuer machte, sah Mwanatu niedergeschlagen wie ein Verurteilter aus. Er erzählte, was bei der missglückten Beerdigung geschehen war.

»Hat der Sargento nach mir gefragt?«

»Er sagt, er hat Sehnsucht nach dir. Ich muss irgendetwas sagen, wenn ich die Uniform zurückbringe. Die Waffe gebe ich nicht zurück, aber die Uniform. Wenn die Truppen von Ngungunyane kommen, sollen sie mich nicht verwechseln.« Dann drängte er, ich solle ihm sagen, was ich dem Portugiesen mitteilen lassen wolle.

Ich sagte eine Weile nichts, dann richtete ich mich so heftig auf, dass ich den armen Mwanatu erschreckte: »Zieh dich aus, Bruder. Das befehle ich dir, ich bin älter. Zieh diese verfluchte Uniform aus.«

»Jetzt?«

»Ja, jetzt sofort.«

Hosen, Hemd und Jacke sanken wie ein Seufzer zu Boden. Ich hob sie auf und warf sie ins Feuer. In wenigen Sekunden hatten die Flammen vor Mwanatus entsetzten Blicken die Uniform vernichtet. Bevor er zu jammern begann, erklärte ich wütend: »Es waren Männer in Uniform, die die Frauen in unserem Dorf vergewaltigt haben.«

Das war es, was die Männer taten, wenn sie den Gesetzen des Krieges gehorchten. Sie schufen eine Welt ohne Mütter, ohne Schwestern, ohne Töchter. Es war so eine Welt, eine Welt ohne Frauen, die der Krieg zum Leben brauchte.

Beschämt verzog sich mein Bruder, als er merkte, dass unser Vater ins Haus kam. Damit beschäftigt, die alten Sohlen loszubinden, brummelte Katini, als spräche er zum Fußboden: »Ich nehme an, dass sie das Essen fertig hat.«

Mir ging durch den Kopf, welche Last ein ganzes Leben bedeutete: Mehr noch als Liebe verlangen die Männer von

Nkokolani von den Frauen, dass sie das Essen pünktlich auf den Tisch bringen. Mein Vater war darin nicht anders als alle Männer in Nkokolani. Er hatte bedient zu werden. Diese uralte Pflicht der Frauen galt auch für mich.

Vater und Sohn setzten sich draußen unter dem Mangobaum an den Tisch. Ich tat, was ich schon immer getan hatte, als Mutter noch am Leben war – ich brachte einen Krug mit Wasser und ein Handtuch, und die Männer wuschen sich die Hände. Ich servierte schweigend das Essen, so als lauschten wir der Abwesenheit unserer Mutter. Katini war durcheinander, er trank reichlich *nsope.* Seine Stimme war schwer, als er erklärte: »Du hast vorhin deinem Bruder befohlen, sich auszuziehen? Und jetzt befehle ich: Steh auf, Tochter. Steh auf und leg dein Hüfttuch ab.«

Mwanatu wagte es noch, sich zu empören, doch unser Vater wiederholte die Anweisung. Ich zögerte. Unser Vater war betrunken, seine Worte gehorchten seinen Gedanken nicht.

»Du bist sehr schlau, meine Tochter, du träumst dich weit weg. Sag mir eins, Imani: Hat der Weiße ein Auge auf dich? Hat er dich schon angefasst?«

»Vater, bitte …«

»Still. Hab ich nicht gesagt, du sollst dich ausziehen?«, befahl er erneut.

Ich löste das Tuch, das ich um die Taille gebunden trug, und stand vollkommen entblößt da, die Arme angelegt wie ein Soldat in strammer Haltung. Das Haar ungeordnet, die schlanken Beine nebeneinander, der Körper leichter als das Licht des Feuers, das neben mir knisterte.

»Du bist dünn, siehst aus wie ein Geschoss«, bemerkte mein Vater.

Katini Nsambe war erstaunt, mich so zu sehen, so erfüllt von der tiefen Stille der Ehefrauen, die, wenn sie schweigen, die ganze Welt ringsum verstummen lassen. Er blickte auf die tanzenden Schatten auf dem Erdboden und forderte mich auf, mich wieder anzukleiden. Dann sagte er: »Geschosse sind lebendig. Und deshalb töten sie, deshalb sind sie lebendig. Aber du, meine Tochter, du siehst aus, als wärst du tot.«

Dann schloss er: »Kein Weißer wird dich so haben wollen, so ohne Fleisch, nur Haut und Knochen.« Jetzt, da meine Mutter nicht mehr bei uns sei, solle ich nie wieder sagen, ich sei von Geburt an so dünn.

»Dass du so dünn bist, hört jetzt auf. Wo doch die Ziernarben bei dir so deutlich auf der Taille und den Beinen sind. Hast du das gesehen, Mwanatu?«

»Ich kann nicht hinsehen, Vater.«

»Aber du hast ihren Körper doch schon richtig gesehen«, entgegnete Katini Nsambe. »Und du weißt, dass kein Mann diesen Narben widerstehen kann. Der Portugiese weiß deshalb, dass du keinen Fehltritt tust, wenn er …«

»Die Portugiesen haben andere Bräuche …«

»Es reicht, Imani. Jetzt komm her, komm trinken, damit du vergisst, wer du bist, eine arme Schwarze, die nach Erde riecht … Morgen gehst du wieder zu dem Portugiesen und verdrehst dem Mann den Kopf, dass er schwankt wie die Flammen hier im Feuer.«

Während er mein Glas füllte, dachte ich: Ja, ich bin ein Geschoss mit Ziernarben. Ich werde mich in das Herz dieses Mannes schießen. Und für immer aus diesem verfluchten Dorf fortgehen.

Der Tag war grau angebrochen, und Tante Rosi, die seit dem Tod unserer Mutter bei uns aushalf, zog sich warm an, bevor sie zur Feldarbeit ging. In Nkokolani genügt es, dass der Tag grau beginnt, und wir bereiten uns auf die Strenge des Winters vor. Es kann noch so heiß sein, an bewölkten Tagen tragen wir alle warme Kleider. Für die Bewohner von Nkokolani hat der Himmel mehr Macht als die Temperatur. Die Farben besitzen eine so große Macht, dass wir nicht einmal Namen für sie haben.

Und so ging Tante Rosi an diesem grauen Morgen warm angezogen auf das Feld. Sie führte alle Traurigkeit der Welt mit sich. Auf der Pflanzung angekommen, stellte sie sich breitbeinig hin und beugte sich langsam vor, so langsam, wie ein Stern erlischt. Die Hacke hob und senkte sich in ihren Händen, als federte sie auf dem Hals eines Verurteilten. Dieser Verurteilte war sie selbst, weil sie es nicht vermochte, ihrem Schicksal eine Wende zu geben.

Nach einer Weile brach sie hemmungslos in Tränen aus, doch sie hörte nicht auf zu jäten, ihr Körper vollführte einen tellurischen Tanz. Bald schon hörte sie ein hartes Geräusch, als hätte die Hacke einen Stein oder einen Knochen getroffen. Sie durchkämmte die Erde mit den Fingern und stellte fest, dass dort eine Pistole vergraben war. Sie lief die Nachbarinnen holen. Die Frauen hielten es für besser, die Waffe nicht anzufassen und lediglich die aufgewühlte Erde zu glätten. Sie wollten so tun, als hätten sie nichts gesehen, als wäre nichts geschehen. Doch als sie die Erde zusammenscharrten, um den Fund zu bedecken, kamen Hunderte von Kugeln zum Vorschein, allesamt gleich, wie Kaulquappen in einer schlammigen Regenpfütze. Hastig sammelten sie ihre Hacken ein und machten sich auf den Heimweg.

Im Haus angekommen, berichtete die Tante sofort, was geschehen war. Die beiden Männer sagten nichts. Ihr Schweigen deutete auf böse Vorahnungen hin. Schließlich sprach Onkel Musisi: »Morgen gehst du woanders jäten. Aber geh nicht allein. Nimm die anderen Frauen mit.«

Mwanatu schreckte mitten in der Nacht aus dem Schlaf hoch. Unsere Mutter war ihm wieder einmal erschienen. Sie erinnerte ihn daran, dass er ihre Anweisung noch nicht befolgt hatte. Und er solle nicht nur seine eigene Waffe vergraben.

»Alle Waffen?«, fragte Mwanatu.

»Ja. Alle. Auch die Waffen der Portugiesen.«

»Die Waffen der Portugiesen können wir nicht vergraben, Mutter.«

»Eine Sache hast du noch nicht verstanden, mein Sohn. Es ist nicht der Krieg, der nach Waffen verlangt. Das Gegenteil ist der Fall, die Waffen sorgen dafür, dass es Krieg gibt.«

Am nächsten Morgen, noch fast in der Nacht, lief Tante Rosi aufgeregt durch das Haus. Sie rüttelte an ihrem Mann auf seiner Schlafmatte: »Der Krieg, Mann …«

»Was ist? Werden wir überfallen?«

Sie nickte. Onkel Musisi stand hastig auf, ging vollkommen nackt durch das Zimmer und zog einen Vorderlader aus einem Lederbeutel. Brüllend rief er nach Mwanatu. Im Nu erschien sein Neffe, mit funkelnden Augen, das Gewehr in der Hand.

»Was ist los?«, fragte er. »Greift Ngungunyane uns an?«

»Ich weiß nicht, ich habe keine Schüsse gehört«, erklärte Onkel Musisi. »Von wo greifen sie an?«

Tante Rosi stand regungslos da, als spürte sie eine unsichtbare Gestalt im Haus. Nach einer Weile wies sie wortlos auf den Fußboden.

»Ich verstehe nicht«, sagte Onkel Musisi. »Ist jemand unter dem Haus?«

Sie nickte. »Sie sind überall«, sagte sie dann. Ein knappes Wedeln der Hand beschuldigte abermals den Fußboden.

»Aber wer?«

»Sie.«

Irgendetwas knarrte im Gerüst des Hauses. Da versuchte ich, die Spannung ein wenig abzuschwächen, und sagte fest überzeugt: »Das ist Tsangatelo. Großvater kommt uns holen.«

»Sei still, Imani. Ich frage dich noch einmal, Frau: Ist jemand unter dem Fußboden?«

»Ja, sie, die Waffen.«

Flüsternd berichtete Tante Rosi dann, was gerade geschehen war. Sie hatte sich wieder auf den Weg gemacht, um ein neues Feld anzulegen, dieses Mal weiter weg, in der Nähe vom Flussufer. Doch es dauerte nicht lange, da stieß sie abermals auf so einen unseligen Fund. Auf dem neuen Feld erblickte sie einen Pferdeschädel. Und dazu noch einen Sattel und ein Paar Steigbügel. Vor ihr lag eines der Pferde, die durch ihre Träume galoppierten. Womöglich war es sogar das Pferd von Mouzinho de Albuquerque persönlich?

Rings um den Schädel lagen unzählige Patronenhülsen, und Tante Rosi schwor hoch und heilig, dass diese Hülsen nun mit Füßen versehen waren und gleich gefräßigen Insekten alles fraßen, was auf ihrem Weg lag. Die unterirdische Armee grub Tunnel, die sich über die ganze Welt erstreckten, und selbst von Weitem hatte sie, während sie weglief, noch das Geräusch ihrer kratzenden Krallen gehört. Die Frauen hatten schreiend die Flucht ergriffen.

»Wir sind verloren«, sagte sie zum Schluss und stand beherrscht und würdevoll da. »Wir werden verhungern, denn wir können keine Felder mehr bestellen.«

Das war in Nkokolani geschehen: Der Krieg hatte aus dem Land einen Friedhof gemacht. Einen Friedhof, auf dem nun für keinen Toten mehr Platz war.

Dreizehnter Brief des Sargento

Nkokolani, 11. August 1895

Sehr geehrter Senhor
Conselheiro José d'Almeida

Nie hätte ich mir vorstellen können, wie sehr ich jemanden vermissen würde, der nahezu nie anwesend war. Ein stumpfsinniger, wortkarger und geistesabwesender Bursche hat, als er ging, in meinem Herzen einen Riss hinterlassen. Seit Mwanatu in sein Elternhaus zurückgekehrt ist, sind die Einsamkeit und Hoffnungslosigkeit – die schon vorher so groß waren – nun trostlos geworden. Ich habe immer geglaubt, Gott wäre auf ewig bei einem Christen, wo immer der sich gerade aufhalte. Aber entweder bin ich kein guter Christ, oder Nkokolani liegt außerhalb der göttlichen Wahrnehmung.

Ich weiß nicht, ob ich den Menschen Mwanatu mehr vermisse oder den Kurier Mwanatu. Keine Korrespondenz zu erhalten, empfinde ich im Grunde als die größere Entbehrung. In diesen Tagen überfällt mich gelegentlich die Wahnvorstellung, dass der Fußboden mit Papieren bedeckt ist. Wenn ich das Fenster öffne, wirbelt ein Windstoß die Blätter durcheinander, und sie flattern davon. Ich blicke zu den Feldern, und auf allen liegt ein Teppich aus Blättern. Es sind Tausende von Briefen, eine einzige Decke, Briefe, so weit das Auge reicht. Und mitten auf diesen Feldern liegt ein toter junger Mann, und auf einem Arm hat er eine Tätowierung: »Mutterliebe«. Aus der Nähe sieht man, dass sein ganzer Körper tätowiert ist. In winzigen Lettern hat er ein ganzes Buch in seine Haut gestochen. Der Tote wird auferweckt und bleibt wach sitzen. Dann überträgt er das auf die Haut Geschriebene auf das Papier. Doch schon bald stellt er fest, dass ihm ein Leben nicht ausreicht, um die Buchstaben zu übertragen, denn es sind mehr, als seine Haut Poren zählt.

Ob ich verrückt geworden bin? So lautet gewiss Ihr Urteil. Und auch meines. Wegen dieser Wahnvorstellungen habe ich mich gefreut, als mein ehemaliger Wachposten vor Tagen zu mir kam. Wollte er an seinen Arbeitsplatz zurückkehren? Ein Irrtum. Der Junge kam nicht, um zu bleiben. Er suchte nur einen Rat für ein abwegiges Unterfangen. Er wollte die Waffe begraben, die ihm zugeteilt worden war. Ich nutzte die Gelegenheit und erkundigte mich nach seiner Schwester, der schönen Imani. Er antwortete, er wisse nichts. Das war gelogen. Es ist offensichtlich, dass sie mich nicht sehen will. Und ich respektiere ihren Wunsch. So wie ich die unsinnige Absicht ihres Bruders Mwanatu respektierte, indem ich vorgab, ihm zuzuhören und Ratschläge zu geben.

Doch geschah es in dieser Woche, dass ich Imani begegnete, als ich im Dorf Fisch kaufte. Sie sah mich nicht an. Was nichts anderes war als ihr übliches Verhalten. Mit gesenktem Blick, so spricht eine Frau mit einem Mann. Sie sah mich nicht an, aber sie sprach mit mir. Und sie stellte mir die eigenartigste Frage der Welt: »Finden Sie, ich bin ein Geschoss?«

Angesichts meiner Verständnislosigkeit wiederholte sie die Frage. Ich forderte sie auf, gemeinsam zum Grab ihrer Mutter zu gehen. Sie willigte stumm ein. Hinter ihrem Haus setzten wir uns und schwiegen.

»Früher sind hier Elefanten vorbeigekommen«, sagte sie und wies auf den Wald. »Jetzt gibt es keine mehr. Ihr habt sie alle getötet.«

»Wir?«

»Wer tötet denn, der, der schießt, oder der, der den Befehl zum Töten gibt? Und ich frage Sie: Hat das viele Elfenbein Sie reicher gemacht?«

»Mich nicht, Imani. Mich nicht.«

Sie sprach weiter: »So wird es sein, wenn ihr der Erde den Leib ausgeweidet und ihre Erze gestohlen habt. Dann werdet ihr den Schwarzen befehlen, übereinanderzuklettern, bis sie den Mond erreichen. Und die Chope-Bergarbeiter werden anfangen, das Mondsilber zu schürfen.«

In ihren Worten klang unverhohlener Groll an. Ich hatte gelogen, ja. Aber es gab noch andere Gründe, die weit älter waren.

»Ist es, weil ich ein Weißer bin? Gehst du mir deshalb aus dem Weg?«

»Das Leben ist Ebbe und Flut.«

Ich muss gestehen, ich bin nicht in der Lage, die metaphorischen Anspielungen zu verstehen, von denen die Äußerungen dieser Schwarzen voll sind. Imani hat eine fast weiße Seele, doch mit ihrer Sprache überrascht sie mich immer noch.

»Jetzt«, sagte ich als Friedensangebot, »verstehe ich die Bitterkeit der Schwarzen gegenüber Menschen meiner Rasse besser.«

Dann berichtete ich ihr von einem Erlebnis in Lissabon. Es war das einzige Mal, dass ich einen Stierkampf besuchte, mein Vater hatte mich mitgenommen. Irgendwann, als der Stier schon müde und friedfertig war, wurde ein halbes Dutzend mit Federn geschmückte, auf lächerlichen Papppferden reitende Schwarze in die Arena geschickt. Die Kostümierung minderte ihre Beweglichkeit, verstärkte aber den Karikatureffekt, und die Menge johlte. Der Stier stürzte sich auf die armen Teufel, und sie alle wurden fürchterlich zugerichtet, zum großen Vergnügen des Publikums, das sich zuvor über das langweilige Spektakel beschwert hatte.

Ich blickte Imani an, um zu sehen, wie die Geschichte auf sie gewirkt hatte. Ihre Miene zeigte keine Regung.

»Es war nicht Rassismus. Oder vielleicht auch. Tatsache ist, dass auch Galicier in die Arena geschickt wurden.«

»Sind Galicier schwarz?«

»Nein. Die sind wie wir.«

»Wer, wir, Senhor Sargento Germano?«

Ich weiß nicht, ob ich gelächelt habe, und auch nicht, ob ich es beabsichtigt hatte. Ich weiß nur, dass Imani aufstand und mich aufforderte, mich am Grab ihrer Mutter still zu ihr zu setzen.

»Lebt Ihre Mutter noch, Senhor Sargento?«

Ich antwortete, das wisse ich nicht. Imani sah mir lange in die Augen und schüttelte den Kopf. Dann sagte sie, das sei die traurigste Antwort, die sie je gehört habe.

Für den Schluss dieses Schreibens bewahre ich das auf, was mich in den letzten Tagen am stärksten bewegt hat. Denn bei mir ist ein fremder Kurier erschienen, ein schlanker Mulatte mit schmalen blauen Augen wie ein Fisch. Er kam aus Inhambane, und außer der üblichen Korrespondenz brachte er mir, stellen Sie sich das vor, einen Brief von meiner Mutter. Als er mir den Umschlag reichte, erstarrte ich verwirrt: »Ein Brief von meiner Mutter?«

Der Kurier musste mir fast die Finger aufbiegen, damit ich den Umschlag entgegennahm. Und er entschuldigte sich – die Papiere seien beim Überqueren des Flusses nass geworden. Ich suchte in meinem Schlafraum Zuflucht, um den Brief in Ruhe und mit Genuss zu lesen. Die Feuchtigkeit hatte die Schrift verwischt. Aber meine vor Rührung tränennassen Augen überwanden die scheinbare Unleserlichkeit. Es waren wenige Zeilen mit einer vagen Botschaft – der Dank einer Mutter dafür, dass ihr

Sohn sie mit ständigen Sehnsuchtsgrüßen beschenke. Am Ende der Lektüre hatte ich die absolute Gewissheit – dieser Brief war nicht an mich gerichtet.

Ich ging zu dem Kurier. Ich hatte ihm Mwanatus Raum angeboten, damit er ausruhen konnte. Ich weckte ihn aus dem Schlaf. »Dieser Brief ist nicht für mich!«

Er öffnete halb die Augen, dann rollte er sich wieder auf der Matte zusammen. Da erst wurde mir bewusst, dass ich diese winzige Kammer nie zuvor aufgesucht hatte. Ich bekam eine Art schlechtes Gewissen. Ich hatte es nicht getan, sage ich zu meiner Entschuldigung, um nicht in die Intimsphäre eines anderen einzudringen. Aber innerlich wusste ich, dass es dafür einen anderen Grund gab.

Ich kehrte in meinen Raum zurück, weil ich es eilig hatte, Ihnen zu schreiben. Ich setzte mich und schrieb, wie ich es immer tue, oben auf das Blatt den Namen des Absenders. Ihren Namen, mein verehrter José d'Almeida. Und dann hielt ich inne. Und dachte an die wiederholten Missverständnisse in unserer Korrespondenz.

Zum Beispiel habe ich nicht verstanden, aus welchem Grund Sie mir Abschriften der Briefe geschickt haben, die Tenente Ayres de Ornelas an seine geliebte Mutter geschrieben hatte. Ich habe sogar gedacht, wie ich gestehen muss, dass Sie die Grenzen der Scham und Rücksichtnahme gegenüber der Privatsphäre eines anderen überschritten hatten. Doch nun verstehe ich Ihre geschickte Einfühlsamkeit und danke Ihnen dafür. Sie haben erahnt, wem seit jeher meine Sorge gilt, wer mir uneingestanden am meisten gefehlt hat.

Und nun, da ich beim Schreiben Ihres Namens auf den Kopf des Briefbogens innehalte, komme ich zu dem Schluss: Ich kann das Verstellen nicht beibehalten. Denn ich weiß jetzt, dass Sie nicht der Conselheiro Almeida sind, der meine Schreiben liest und beantwortet. Ich müsste den Namen des Adressaten tilgen und statt seiner den Namen Ayres de Ornelas schreiben. Denn Sie sind es, werter Tenente Ornelas, zu dem ich spreche und letztlich immer gesprochen habe.

Ich empfinde dieses Missverständnis nicht als Kränkung. Im Gegenteil. Ich bitte Sie sogar, verehrter Tenente, dem Conselheiro Almeida meinen aufrichtigen Dank zu übermitteln. Sagen Sie ihm, wie glücklich ich über die Täuschung bin. Wie dankbar dafür, dass er immer Ayres de Ornelas gewesen ist. Und Ihnen, mein verehrter Tenente, sage ich: Danke dafür, dass Sie sich als ein anderer ausgegeben haben. Vor allem danke ich Ihnen dafür, dass Sie so liebenswürdig waren, mir Briefe zu schicken, die an Ihre geliebte Mutter gerichtet waren. Sie können sich nicht vorstellen, wie gut mir diese Briefe hier im fernen Busch getan haben. Imani hatte recht mit der Anmerkung, es gebe nichts Traurigeres, als nicht zu wissen, ob die eigene Mutter noch unter den Lebenden weilt. Ihre Briefe haben mir die Illusion bereitet, mit meiner Mutter zu sprechen, als könnte sie das Leiden in meiner Verbannungshölle lindern.

Jetzt bin ich mir sicher, dass ich in diesem afrikanischen Busch nur dank der gütigen Frau überlebt habe, die mich zur Welt gebracht hat. Alles, was ich getan habe und worauf ich stolz sein kann, habe ich der Inspiration durch sie zu verdanken. Für sie habe ich mich der republikanischen Revolte am 31. Januar angeschlossen. So als wollte ich mich mit dem Wunsch, den König zu töten, an meinem fernen, strengen Erzeuger rächen.

An meine Mutter habe ich gedacht, als auf der Praça da Batalha die Kugeln wie winzige flinke Vögel um uns herumschwirrten. Eine seltsame traurige Ironie wollte, dass die Schüsse auf uns von den Treppen der Kirche Santo Ildefonso abgegeben wurden, wo die Guarda Municipal, die Polizei, Posten bezogen hatte. Zwar sah sie anders aus, dennoch schien mir diese Kirche jener zu gleichen, in der meine Mutter verschwand, um mit der Leichtigkeit eines Engels aufzuerstehen.

Neben mir, auf den Stufen der Kirchentreppe, fiel mein Stubenkamerad. Mit ihm fiel die grün-rote Fahne, die er in den Armen hielt. Ich beugte mich über den Unglücklichen, um ihm Hilfe zu leisten. Kein Tropfen Blut war zu sehen, weder auf seinem Körper noch auf der Uniform. Als wäre er nur gestolpert, stammelte er Unverständliches, schloss kein einziges Mal den Mund, bis sein Blick erstarrte, gefesselt von einem dunklen Strick. Da starb nicht nur ein Kamerad aus der Kaserne. Ich selbst verlöschte dort. Die Tränen, die ich in diesem Augenblick vergoss, waren nur echt, weil sie mich in das Zimmer meiner Kindheit zurückversetzten.

Diese ganze lange Reise, die mich von meinem Zuhause fortführte, war letztlich eine langsame, unmerkliche Heimkehr. An dem Tag, als ich vor dem Eingang zur Militärschule abgesetzt wurde, zögerte ich lange, bevor ich hineinging. Ich wusste, wenn ich einträte, würde ein Teil von mir für immer sterben. Ich stand vor dem Eingang und blickte die Straße hinunter, um zu sehen, ob meine Mutter, von schlechtem Gewissen geleitet, vielleicht umkehrte. Doch sie kam nicht zurück.

Jahre später, als ich in Handschellen vom Gerichtsverfahren gegen die Aufständischen hinauskam, glaubte ich noch, ich würde am Kai, wo die Angehörigen der Angeklagten warteten, mit einer mütterlichen Umarmung empfangen. Doch meine Mutter befand sich nicht unter den Wartenden.

Hier, in so weiter Ferne, weiß ich nicht, ob sie noch am Leben ist. Innerlich höre ich noch die sanfte, heisere Stimme, mit der sie mich in den Schlaf sang. Ich höre sie im Wohlklang der Marimbas, in der weiten Stille der Savanne. Vielleicht ist nur dies seit jeher meine Mutter gewesen: eine sanfte Stimme, ein dünner Seidenfaden, an dem das ganze Gewicht des Universums hängt. Das ist es, was ich Imani hätte antworten sollen, als sie fragte, ob ich Nachricht von zu Hause in Portugal habe.

Ich musste erst unter Schwarzen und Fremden leben, um mich selbst zu verstehen. Ich musste erst an einem dunklen, fernen Ort darben, um zu begreifen, wie sehr ich noch zu dem kleinen Dorf gehöre, in dem ich geboren wurde.

Vielleicht hat Imani recht, wenn sie sagt, dass die Spinnen und ihre Netze die Welt heilen und die Risse in unserer Seele kitten. Vielleicht habe ich in dieser Zeit in der Verbannung gelernt, Freude am Erfinden von Krankheiten zu haben. Doch das, woran ich leide, ist kein medizinisches Problem. In Wirklichkeit bin ich nicht, so wie alle anderen, in Afrika erkrankt. Ich bin an Portugal erkrankt. Meine Krankheit ist nichts anderes als der Niedergang und die Verderbnis meines Landes. Eça de Queiroz hat geschrieben: »Portugal ist am Ende.« Und er sagt, als er diese Worte schrieb, seien ihm die Tränen gekommen. Das ist meine und auch Ihre Krankheit: Unser Vaterland ohne Zukunft, dank der Gier einiger weniger ausgeblutet, von Englands Launen geknechtet.

Dieser verkommene Posten ist kein Fehler. Und ich darin bin auch kein Fehler. Wie mein Großvater immer so richtig sagte: Du ziehst die Uniform an und legst die Seele ab. Sollte ich jetzt sterben, werden Sie nicht die unangenehme Aufgabe haben, mich dem Vaterland zurückzugeben – die nackte Seele hat kein Gewicht. Ich werde keine Reise benötigen. Denn es wird von mir keine Erinnerung bleiben.

Meine Mutter sagte immer, es gebe Engel. Doch ich, der ich ein Kind war und so naiv wie niemand sonst, glaubte nicht an solche himmlischen Wesen. Sie hatten etwas so Trauriges, dass ich nicht an sie glauben konnte. Es hat all diese Zeit gedauert, bis ich diese Traurigkeit verstehen konnte. Es ist nicht so, dass es keine Engel geben kann. Vielleicht gibt es nicht genug Himmel, um auch nur einen einzigen Engel zu beherbergen.

Der Flug der Hände

Was am Tod schmerzt, ist die Falschheit. Der Tod existiert nur für einen winzigkurzen Austausch von Abwesenheit. Der Tote wird in einem anderen wiederauferstehen. Unser Schmerz ist, nicht zu wissen, dass wir unsterblich sind.

Vielleicht«, sagte Germano, »habe ich meine Mutter mehr verloren als du deine.«

Er umarmte mich teilnahmsvoll. Er war gerade zu uns gekommen. In der Absicht, sein Mitgefühl auszudrücken an dem Tag, an dem wir an unsere Mutter erinnerten. Ich war allein im Hof, als er bedrückt erschien.

»Ich weiß nicht, ob ich Sie sehen will.«

Als hätte er meine Worte nicht gehört, blieben seine Hände auf meinen Schultern liegen. Sekundenlang war ich unsicher – sollten diese Hände, so ganz gewichtslos, Flügel eines Engels sein? Eines war gewiss: Der Portugiese umarmte mich lange. Nie zuvor hatte mich jemand so entschieden umarmt. Ich verharrte in der Umarmung, regloser noch als ein Stein. Für einen einzigen Augenblick schmiegten sich meine fünfzehn Jahre in die Arme dieses Mannes.

Ich wunderte mich, dass der Sargento sich gar nicht bewegte, als hätte er plötzlich aufgehört zu existieren. Nach und nach jedoch erwachten seine Hände und wanderten abwärts, erkundeten meinen Rücken, fuhren mir über die Schenkel. Ich war so abwesend, dass ich nicht reagierte. Als ich mich beschweren wollte, brachte ich keinen Ton heraus. Ich stieß den Portugiesen heftig weg. In dem Augenblick war ich ein Geschoss, ein Geschoss, das die Flügel dieses Engels hätte durchschlagen können. Den Blick gesenkt, wandte er sich ab, so verletzlich, dass ich ihn fast zurückgerufen hätte.

An diesem Abend legte ich mich früh schlafen, in der Hoffnung auf einen Traum so sanft wie eine Liebkosung. Doch wurde mir so etwas nicht zuteil. Im Traum gab es ein riesiges Feuer, das die ganze Nacht in Brand setzte. Meine Mutter tanzte barfüßig über die Flammen, mein Vater spielte dazu auf einer Marimba. Wenn er eine Taste anschlug, stieg eine Fledermaus von der Marimba auf und kreiste über unseren Köpfen. Irgendwann ergriff meine Mutter ein glühendes Stück Kohle, führte es zum Mund und schluckte es ganz hinunter. Und so, mit feuerroter Zunge und glühenden Lippen, rief sie ihrem Mann zu: »Das Feuer tut mir nicht weh. Mein Körper kennt keinen Schmerz. Und damit du es weißt: Wenn du mich geschlagen hast, habe ich niemals etwas gespürt.«

Katini spielte weiter, als hätte er nichts gehört. Und sie wirbelte um das Feuer und die Marimba herum. Mit erhobenem Kopf und in stolzem Ton verkündete sie: »Jetzt, Mann, tanze ich. Ich tanze jetzt und nicht, wenn du es verlangst.«

Dann wurde sie müde, schwitzend und zitternd schmiegte sie sich an mich. Ich wischte ihr den Schweiß ab, gab ihr Wasser zu trinken. Und erzählte ihr, dass mein Vater jeden Tag frühmorgens etwas Tabak und Maniokmehl zu dem Baum brachte, an dem sie sich erhängt hatte. Und dann stundenlang dort ausharrte und ins Leere starrte.

»Ich weiß, mein Kind. So oft hat dein Vater mir nie Gesellschaft geleistet.«

Ich gestand ihr meine inneren Widersprüche. Ich sprach von dem portugiesischen Sargento, der mich faszinierte und gleichzeitig abstieß. Wie konnte ich einen Mann begehren, der uns so sehr betrogen hatte?

»Du willst einen Mann, der nicht lügt und nicht betrügt? Dann wirst du dein Leben lang allein bleiben, mein Kind.«

Am frühen Morgen warf ich meine Kleider auf den Fußboden und band mir ein einfaches Hüfttuch um den verschwitzten Körper. Mit flinken Schritten begab ich mich zum Posten. Als ich ankam, erblickte ich den Portugiesen mit nacktem Oberkörper, seine alte Henne streichelnd. Überrascht und verlegen, wollte Germano ins Haus laufen, um sich ordentlich anzukleiden. Ich stellte mich ihm in den Weg, er stieß mit mir zusammen. Ich flüsterte lüstern: »Nimm mich in die Arme, Sargento. Ganz fest und lange.«

Der Portugiese blieb stumm stehen. Gleich darauf sah er sich besorgt um, ob jemand in der Nähe war und uns sah. »Bitte, Mädchen ...«

Wortlos nahm ich ihn an der Hand und führte ihn ins Haus. Er bewegte sich wie ein Blinder, und vielleicht war das der Grund, warum er nicht gemerkt hatte, dass ich das Hüfttuch hatte fallen lassen. Als er meine Blöße sah, zitterte er am ganzen Körper.

»Sargento Germano, ich möchte zur Frau werden«, sagte ich und drückte meine Lippen auf sein schweißnasses Gesicht.

Ich erwartete eine Liebkosung. Doch der Portugiese war wie gelähmt und blickte sich verzweifelt in alle Richtungen um.

»Ich bin eine Marimba«, flüsterte ich ihm ins Ohr. »Der Mann, der mich berührt, wird Musik hören, wie sie noch kein Mensch je gehört hat.«

»Ich kann nicht, Imani. Ich bin nicht allein.«

Ein Schatten schlängelte sich über den Boden. Zunächst war es nicht mehr als das Geräusch eines wogenden

Rocks. Dann trat aus dem Halbdunkel eine weiße Frau, die hellen Haare offen über dem Rücken. Als hätte ich einen Schlag bekommen, löste der Anblick bei mir Schwindel aus. Dann wurde mir klar: Ich hatte noch nie eine Frau einer anderen Rasse gesehen. Die Weißen, denen ich begegnet war, waren alles Männer. Verlegen wickelte ich mir das Hüfttuch wieder um. Ich wollte zur Tür gehen, doch die Frau versperrte mir den Weg. Sie war groß und bleich wie die Gipsfigur der Jungfrau Maria in der ehemaligen Kirche am Strand. Ihr bodenlanges Kleid machte sie noch größer.

»Wer ist das?«, fragte sie den Portugiesen.

»Die? Also, das ist ein … ein Mädchen, die erledigt gewisse Aufträge.«

»Was für Aufträge das sind, das sehe ich …«

»Mach keine Witze, Bianca.«

Die Fremde ging um mich herum und taxierte meinen Körper, wie es nur ein Mann hätte machen können. »Glaub nicht, dass du einfach so davonkommst«, sagte sie in strengem Ton zu mir. »Setz dich hierher, ich bin gleich wieder da!«

Sie verschwand im Flur und hinterließ eine Duftwolke von süßem Parfum. Mit eingezogenen Schultern flüsterte der Portugiese mir zu, sie sei eine italienische Freundin, gerade aus Lourenço Marques gekommen. Sie heiße Bianca Vanzini Marini. Sie war bekannt als die »Weiße mit den goldenen Händen«.

»Sprich sie mit Dona Bianca an«, sagte er.

Die Italienerin kam mit einem zur Hälfte in ein Tuch gewickelten Dolch zurück. Ich zuckte entsetzt zusammen. Wegen Eifersucht würde ich hier mein Leben beenden.

»Bitte tun Sie mir nichts«, flehte ich fast unhörbar.

Die Italienerin zog einen Hocker heran und setzte sich hinter meinen Stuhl. Dann wickelte sie den Dolch aus, wies mich an, den Kopf gerade zu halten, und drückte ihre Finger an meinen Hals. Ich brach in Tränen aus. Die wenigen Sekunden kamen für mich einer Ewigkeit gleich. Dann begann die Frau, mir über das Haar zu streichen. Und plötzlich kam aus den Tüchern ein Metallkamm zum Vorschein. Ich lachte erleichtert auf, was ich für einen tödlichen Dolch gehalten hatte, war letztlich ein harmloser Gegenstand.

Die weiße Frau murmelte mit merkwürdigem Akzent: »So, jetzt bringen wir doch mal diese hübschen Haare in Form.«

Noch nie hatte man meine Haare gelobt. Im Gegenteil, mein Vater fand, ich müsse ein Kopftuch tragen, um die Sünde zu verbergen, die mein gelocktes Haar war.

Während sie mich kämmte, sagte die Italienerin: »Deine Mutter hat sich an einem Baum erhängt. Ich bin zum Sterben nach Afrika gekommen.« Sie stand auf, damit sie besser arbeiten konnte. Ihre Finger durchschlangen das Gewirr der krausen Haare. Mein Hals blieb weiterhin angespannt, während sie redete. »Ich will dir meine Geschichte erzählen. Deshalb frisiere ich dich. Das habe ich von den schwarzen Frauen gelernt, so kann man sich am besten unterhalten.«

Die Italienerin hatte wirklich recht. Die Männer sehen, wie die Frauen ihre Zöpfchen flechten, und denken, es geht ihnen nur um ihre Schönheit. Tatsächlich versüßen sie sich die Zeit.

Als sie das erste Mal in Mosambik war, wurde Dona Bianca schwanger, und ihr Mann verschwand, angeblich in Richtung Südafrika. Sie kehrte nach Italien zurück, um dort das Kind zur Welt zu bringen. Doch das Kind starb gleich nach der Geburt. Es gab nur einen Weg, auf den Verlust zu reagieren: Selbstmord.

»Ich hatte nicht den Mut, Schluss zu machen. Mir fehlte die Größe, die deine Mutter hatte.«

Da fiel ihr ein, dass es einen Ort auf der Welt gab, wo man leicht und schnell stirbt: Lourenço Marques. Das Ende würde ohne Drama, ohne eine Entscheidung kommen. Die Hitze, der Gestank, das Sumpffieber, die schmutzigen, morastigen Straßen, das alles würde zu einem von niemandem herbeigeführten Ende verhelfen.

Also kehrte sie zum Sterben nach Afrika zurück. In dem Haus, in dem sie untergebracht wurde, entdeckte sie ein Album mit Fotografien von herausragenden portugiesischen Militärs. Ein Bild zeigte einen attraktiven Mann in Uniform mit männlichem Schneid, auf seiner Miene lag eine eigenartige Melancholie. Es war Mouzinho de Albuquerque. Für den Bruchteil einer Sekunde sah die Italienerin im Blick des Militärs den Tod. Sie sah in seinen Augen das tragische Schicksal, das sie so sehr in sich selbst suchte. Man hatte ihr gesagt, der schneidige Offizier werde bestimmt nach Mosambik versetzt werden. Dann warte ich auf diesen Tag, seufzte sie im Stillen. Seltsamerweise hatte dieser Mann, den sie nur von einer vergilbten Fotografie kannte, ihren Lebenswillen neu geweckt. »Ich habe die Hoffnung, ihm auf dieser Reise zu begegnen. Damit ich ihm das Leben zurückgeben kann, das er mir geschenkt hat.«

In Lourenço Marques machte Bianca viele verschiedene Dinge: Sie war Hutmacherin, Schneiderin, Händlerin für Alkoholika. Wenn es nichts mehr zu verkaufen gab, verkaufte sie sich selbst. Doch im Glücksspiel gewann sie ein Vermögen. Sie legte so viel Geld zurück, bis sie nicht mehr arbeiten musste, und begab sich auf die Reise nach Inhambane, wo sie die Fornasini besuchen wollte, Italiener wie sie.

Als Bianca ihren Bericht beendet hatte, durchströmte mich ein tiefer Seufzer der Erleichterung. Die Italienerin war nicht Germanos Ehefrau, sie war einfach nur zu Besuch gekommen. Ich versank in der Benommenheit, die ihre bleichen Hände in mir ausgelöst hatten.

Fernab vom Posten war die Unordnung in allgemeines Chaos umgeschlagen. Die Waffenfunde vermittelten den Eindruck, Nkokolani werde aus den tiefsten Tiefen der Erde umzingelt. Man sprach von Verwünschungen, Rachezügen und Zaubereien. Angst ist der mächtigste General. Dem Leib dieses Befehlshabers entstiegen nun die Soldaten, begierig, eine Befehlsstimme zu hören.

Während Dona Bianca mich kämmte, versammelten sich die Dorfbewohner auf dem Platz. Sie verlangten nach einem *chidilo,* einem großen Blutopfer, einer an alle Vorfahren gerichteten Zeremonie. Es wurden die Männer bestimmt, die sich zu den höchsten Erhebungen begeben sollten, auf den Kamm der Dünen am Meer. Sie befanden sich jenseits der ersten Befestigungsanlagen zum Schutz der Siedlung. Bei diesen *kokholos* sollten sie das Zicklein töten und zu den Geistern der »Herren des Landes« sprechen.

»In der Umgebung dort kann es kein Waffenversteck geben«, versicherte Tante Rosi. »Da darf niemand graben, denn da sind die ersten Herren unseres Landes beerdigt.«

Musisi ging neben seiner Ehefrau, und beide führten die große, verängstigte Menge an. Bewaffnet mit der alten *Martini-Henry,* die ihrer Beerdigung entkommen war, marschierte der *cipaio* Mwanatu auf einer Seite. Er stellte fest, dass alle ohne Ausnahme Waffen bei sich trugen: Macheten, Messer, Wurfspeere, Bogen und Pfeile, Pistolen, Flinten. Aufgeregt fragte Mwanatu: »Warum sind wir alle bewaffnet? Man könnte meinen, wir ziehen in den Krieg …«

Niemand antwortete. Mwanatu blieb zurück, als hätte er Zweifel am Sinn des Ganzen. Dann merkte er, dass am Ende des Zuges unser Vater ging. Mwanatu hätte sich nie vorstellen können, dass Katini Nsambe sich dieser lärmenden Horde anschließen würde. Er grüßte seinen Erzeuger mit einer verhaltenen Handbewegung.

Als er schneller gehen wollte, um sich von dem beunruhigenden Anblick zu entfernen, näherte sich Onkel Musisi und erkundigte sich erregt: »Hast du die Anweisung erhalten, alle Waffen zu begraben?«

Mwanatu ging weiter, während er mit einem Nicken bejahte. »Die Tote hat es angeordnet«, sagte er.

»Dann müssen wir auch die Waffen der Portugiesen beseitigen«, bemerkte Onkel Musisi.

Wie eine militärische Kolonne überquerte die Karawane der Dorfbewohner den Fluss und schlug sich auf dem anderen Ufer in den Busch. Die Wolken hingen an diesem Tag so tief, dass die Krieger sich bücken mussten, um nicht die Orientierung zu verlieren.

Schließlich blieben sie am Eingang zu einem kleinen Wald stehen. Bevor sie die Grube aushoben, banden sie ein weißes Tuch um den Stamm eines Mahagonibaums und spritzten ein paar Tropfen Schnaps auf den hellen Sand. So wussten die Verstorbenen, dass man ihrer gedachte.

Dann richteten sie sich mit einem Schlag auf und begannen im Rhythmus eines kräftigen Gesangs, den Boden aufzureißen. Der Leib der Erde gab plötzlich einen erstaunlichen Anblick frei – ein riesiges Waffenlager glänzte in der Sonne, worauf die Männer erschrocken zurückwichen und Schaufeln und Hacken weit wegwarfen. Mit ausgebreiteten Armen rief Tante Rosi die Ahnen an und bat, sie gegen Racheakte und Zaubereien immun zu machen.

Nachdem sie sich vom ersten Schreck erholt hatten, blickten die Männer in die Grube. Darin häufte sich Kriegsmaterial von nie gesehener Vielfalt: Kanonen, Maschinengewehre, Schusswaffen und Munition aller Art, der größte Teil noch in verrotteten Kisten.

Onkel Musisi stieg auf einen Termitenhügel und

blickte von oben herab auf die Menge. Seine heisere Stimme erhob sich über die Stille: »Es ist traurig, was mit uns geschieht, meine Brüder. Fürchten wir uns vor den Fremden, die von weit her kommen, um über uns zu herrschen? Wir sollten uns mehr vor uns selbst fürchten, denn wir sind dabei, unsere Seele zu verlieren.«

Da löste sich unser Vater aus der Menge und sprach zu Musisi: »Schwager, die Menschen wollen Frieden.«

»Ihr wollt Frieden? Dann lasst diese Verstecke in Frieden. Wenn die Erde voller Waffen ist, umso besser. Gewehre geben mehr Halt als Hacken.«

»Lasst uns zurückgehen nach Nkokolani, meine Brüder …«

»Nkokolani gehört uns nicht mehr.«

»Bruder …«

»Sag nicht mehr Bruder zu mir, du bist ein Bruder der Weißen …«

Mein Vater senkte den Kopf, zog sich aber nicht zurück. Er hatte noch etwas zu sagen. Und er verkündete laut und deutlich: »Ich habe die Erklärung für all das, was hier geschieht.«

Es war eine einfache Erklärung: Die Erde ist ein Leib. Was sich in ihr einnistet, will gezeugt und vermehrt werden. Und wenn in den Erdboden Waffen abgelegt wurden, hat die Erde geglaubt, es sei Saat, und dafür gesorgt, dass sie keimten und gediehen, als wären es Pflanzen. So sprach Katini Nsambe, auf einem abgehackten Baumstamm um Gleichgewicht ringend.

»Die Erde ist verwirrt, meine Brüder«, fuhr er fort. »Ich bin in ihr gewesen, und ich weiß, wovon ich spreche. Die Verstorbene hat gesagt, wir sollten sämtliche Waffen ausgraben? Dann müssen wir das jetzt tun.« Ohne die Reaktion seiner Zuhörer abzuwarten, stieg er von der improvisierten Tribüne herunter und mischte sich unter die Menge.

Der Onkel genoss den Rückzug seines Widersachers und schwieg eine Weile. Dann erst sprach er weiter, um deutlich zu machen, dass ihm das letzte Wort zustand: »Hört auf meine Anweisungen: Niemand soll mehr eine Grube graben. Und niemand soll eine Waffe aus den Gruben nehmen, die hier ausgehoben wurden.« Denn er, Musisi, sei der Einzige, dem die Verstorbenen vertrauten. Sie klagten ihm ihren Kummer darüber, wie sehr sie sich vergessen und schutzlos fühlten. Und bäten eindringlich darum, nicht entwaffnet zu werden. »Wir müssen ihnen die Waffen lassen«, sprach Musisi weiter. »Darum bitten sie uns, dass diese Gruben mit allem, was sich darin befand, wieder zugeschüttet werden. Habt ihr gehört?«

Die Anwesenden blickten respektvoll und andächtig zu Boden. Von den anderen unbemerkt, ging mein Bruder Mwanatu um die Menge herum und stellte sich neben den Termitenhügel. Da wurde allen klar, dass Musisis Neffe nun sein Leibwächter war.

»Wenn der nächste Krieg kommt, werden die Toten meine einzige Armee sein. Ist es das, was ihr wollt?«

Alle antworteten einstimmig mit Nein. Da hob unser Onkel begeistert die Arme, als schwenkte er eine Fahne, und verkündete: »Dann, meine Brüder, lasst uns zum Posten des Portugiesen gehen und von dort sämtliche Waffen mitnehmen. Diese Waffen gehören in unsere Hand. Wenn die uns nicht verteidigen, dann müssen wir es selbst tun.«

Bei der Rückkehr ins Dorf wurden die Bauern von den Frauen empfangen, die sich auf dem Platz versammelt hatten. Protestgeschrei drang aus der Menge. Eine Frau, die dickste, erhob als Erste ihre Stimme: »Es gibt kein Land mehr, wo wir säen könnten. Wir müssen fort von hier, sonst verhungern wir.«

»Es sind so viele Waffen gepflanzt, dass der Regen und der Fluss voll von Rost sind«, sagte eine andere.

»Und noch schlimmer ist«, rief eine Dritte, »dass wir nicht mal sterben dürfen. Wo würde man uns denn beerdigen?«

Die göttliche Botschaft war ihrer Meinung nach ganz klar – ihnen blieb nur, fortzuziehen. Es gebe Orte, da hätten die Menschen das Land verlassen müssen. In Nkokolani habe das Land die Menschen verlassen.

Onkel Musisi, der sich das alles schweigend angehört hatte, schob die Frauen beiseite und spornte seine Kameraden an: »Sind wir etwa Frauen? Lassen wir uns von diesem Wehklagen, diesem Gejammer zum Steinerweichen aufhalten? Kommt, meine Brüder, kommt, wir marschieren auf den Posten und sichern uns endlich die Waffen, die uns zustehen.«

Sargento Germano de Melo schaute zum Platz und erlebte den für jeden Europäer größten Schrecken: Als wären sie gleich dunklen Ameisen aus dem Boden gekrochen, kamen, rasend wie ein plötzlicher Sturm, Tausende von bewaffneten Schwarzen näher. Und ebendies geschah vor seinen blauen, vor Angst jählings grünen Augen. Noch befand sich der Trupp in einiger Entfernung, doch der Sargento beeilte sich, seine Verteidigung zu organisieren. Er lief zu der ehemaligen Waffenkammer und holte die einzige Waffe, die noch funktionierte, ein Maschinengewehr und ein paar Munitionsgurte. Er verbarrikadierte die Türen und Fenster mit schweren Munitionskisten.

Dann lief er zurück zu seinem Haus. Verwundert stellte er fest, dass die Tür offen stand, und erschrak, als er die Italienerin und mich im Wohnraum antraf, wo wir durch die hölzernen Fensterläden hinausspähten.

»Habt ihr gesehen, was da kommt? Ich bin verloren.«

»Ich bin hergekommen, um Sie zu warnen«, erklärte ich.

»Dafür ist es zu spät, jetzt kann nur Gott mich beschützen. Wartet hier auf mich, rührt euch nicht vom Fleck. Ich hole nur von hinten die Bibel …«

Er lief wie von Sinnen in seinen Schlafraum, wobei er fast auf die Henne trat, und ich hörte noch das dumpfe Geräusch, als er auf den Fußboden fiel. Ich ging hin, um zu helfen. Der Sargento war über eine Ziege gestolpert, die sich im Haus herumtrieb. Er kroch auf allen vieren und stieß mit der Nase an das Maul der Ziege. Da merkte er, dass aus ihrem Maul eine weißliche Masse quoll. Er zwängte der Ziege das Maul auseinander, und dann hielt er die verklebten Reste eines Buches in der Hand. »Das war die Bibel«, jammerte er. »Die verdammte Ziege hat die Bibel gefressen.«

Sie hatte die Bibel zerkaut. Mehr noch, sie hatte sie wiedergekäut. Das göttliche Wort, nach dem er in seiner großen Not gesucht hatte, war von einer Ziege zerkleinert worden. Ich suchte auf dem Fußboden nach eventuell noch vorhandenen Resten der Heiligen Schrift, während Germano de Melo nervös aus dem Fenster spähte. Ich konnte ein paar Seiten sicherstellen und präsentierte sie dem entsetzten Sargento. »Das ist noch übrig«, sagte ich ängstlich.

Durchweichte Seiten fielen zu Boden. Der Portugiese fasste sie noch mit Fingerspitzen an. Doch dann richtete er sich auf und jagte die Ziege mit Fußtritten hinaus. Gleich vor der Tür zerfetzte er ihr mit einem Schuss den Schädel. Ein Horn wurde in den Wohnraum geschleudert und drehte sich wie ein Kreisel auf dem Fußboden, als wäre es lebendig.

Dann beschäftigte der Sargento sich damit, das Maschinengewehr, das er aus der Waffenkammer geholt hatte, am Fenster aufzustellen. »Geht beiseite, geht alle beide in den Schlafraum«, befahl er uns mit nicht wiederzuerkennender Stimme. Ich gehorchte nicht. Ich sah, dass er mit bereits geladener Waffe auf die Horde zielte, die sich lärmend näherte. Und ich sah, dass an der Spitze der Menge mein Bruder Mwanatu marschierte. Ich schrie: »Sargento Germano! Tun Sie das nicht!«

Er antwortete nicht. Er zielte mit dem Lauf der Waffe auf mich, und in seinem Blick stand seine Absicht. Sollte ich ihn von seinem Wahnsinnsvorhaben abhalten, würde er auf mich schießen. Da nahm ich die *Martini-Henry* von der Wand, wo sie immer gehangen hatte. Als ich wieder seinen Namen rief, hatte er schon den ersten Schuss abgefeuert. Zuerst sah er mich halb von der Seite an. Dann erstarrte sein Blick in grenzenloser Fassungslosigkeit. Er konnte gerade noch die Hände vor das Gesicht schlagen, und als der Schuss knallte, wurde mein Körper nach hinten geworfen, und ich wurde taub.

Letzter Brief des Sargento

Inharrime, 26. August 1895

Sehr geehrter Senhor
Tenente Ayres de Ornelas

Sie werden sich über die Schrift wundern. Doch es ist Ihr bescheidener Sklave Sargento Germano de Melo, der Ihnen schreibt oder vielmehr schreiben lässt. Es ist die Schrift von Imani, und sollte es noch weitere Briefe geben, wird sie es sein, die diese, dem Diktat meiner Stimme gehorchend, schreibt. Der Grund dafür ist ein einfacher – die panische Angst, die mich so oft heimsuchte, ist nun Wirklichkeit geworden. Ich habe keine Hände mehr, sie haben sich beide gleich Engelsflügeln davongemacht, zerfetzt von einer Kugel, aus nächster Nähe abgefeuert von der Frau, die in meinem Herzen wohnt, jener Frau, die mir unzählige Male die Hände zurückgab, die ich im Wahn glaubte, nicht mehr zu besitzen. Falls ich diese schwere Verletzung überlebe, werde ich Silva Maneta Konkurrenz machen, dem einarmigen Deserteur, der zum Helden wurde. Vielleicht erlässt man mir meine Strafen, und ich kann schneidig durch die Straßen von Lourenço Marques reiten. Vielleicht errichtet man auf dem Terreiro do Paço in Lissabon ein Denkmal für mich. Eine Statue, jedoch anders als alle anderen, die ja unversehrte Körper darstellen, ohne jede Verstümmelung.

Als der verhängnisvolle Schuss mich traf, verlor ich die Besinnung. Und als ich wieder zu mir kam, wurde ich gerade zu einem geräumigen Boot getragen. Imanis Vater Katini und ihr getreuer Bruder Mwanatu lenkten das Boot fort von Nkokolani. Sie ruderten gegen die Zeit, sie ruderten gegen die Strömung. Im Heck saßen Bianca und Imani und versorgten die Wunden.

Wir waren auf dem Weg zu dem einzigen Arzt der Gegend, einem Schweizer namens Liengme. Der Arzt unterhielt an der Quelle des Rio Inharrime ein Lazarett. Er war zwar ein Gegner Portugals, aber meine letzte Hoffnung. Ich lag auf dem Boden des Bootes, über mir zeichneten sich gegen das helle Mondlicht Gesichter ab, während ich Stimmen hörte, zunächst gedämpft, dann deutlicher. In Abständen beugte sich eine Gestalt über mich, es war Bianca, die mir die provisorischen Verbände wechselte und die Wunden säuberte, zu denen ich nicht wagte hinzusehen. Der Fluss glich einem silbernen Spiegel, und zu dieser Stunde waren die Flusspferde schon aus dem Wasser an Land gestiegen, um an den Ufern zu grasen.

Auf einmal leuchtete am Horizont ein roter Schein auf. Irgendwo im Leib der Dunkelheit war ein riesiges Feuer entzündet worden.

»Sie haben uns schon gesehen«, sagte Katini.

Das Feuer sei das Zeichen, mit dem eine Siedlung die nächste benachrichtigt, dass sich Weiße nähern.

»Und diese Weißen sind wir?«, fragte ich.

»Ja. Sie glauben, es sei ein Boot vom Militär und dass wir Waffen transportieren.«

Dann stellte sich heraus, dass es kein Warnfeuer war. Denn anschließend erfolgte aus dem leuchtend roten Herzen des Feuers eine gewaltige Detonation. Die Flammen schossen so hoch, dass sie das gesamte Grasland beleuchteten. Das Boot legte am Ufer an, geschützt durch dichtes Gebüsch. Da sprang Bianca unvermittelt an Land und rannte los über die beleuchtete Einöde, wie ein von den flackernden Lichtern angelockter Falter. Ich setzte mich im Boot auf, um das erstaunliche Geschehen besser sehen zu können und zu beobachten, wie die Italienerin dem furchterregenden Feuer entgegenlief. Wir riefen, sie solle nicht fortlaufen, flehten sie an, umzukehren. Aber sie lief wie von Sinnen weiter. Brüllend befahl Katini seiner Tochter, die Italienerin zurückzuholen.

Nach kurzem Zögern lief Imani hinter der Italienerin her. Bis plötzlich ein Donnerkrachen ertönte und ein Wirbel aus Staub und Qualm uns umhüllte. Da tauchten wie Gespenster aus dem Leib der Dunkelheit die Pferde auf. Sie galoppierten wild durcheinander, in ihren Mähnen glühten Funken, die Augen vom Feuerschein geblendet. Sie galoppierten an uns vorbei wie geflügelte Geschöpfe der Apokalypse. Und verschwanden. Eine ganze Weile hörten wir noch das Geräusch der Hufe, die sich in der Dunkelheit verloren.

Dann hörten wir die ersten Stimmen von Menschen. Jemand rief etwas auf Portugiesisch. Aus dem Dunkel tauchte die Gestalt eines Militärs auf, doch er nahm uns gar nicht wahr und blickte suchend in die Dunkelheit, in der die aufgeschreckten Pferde verschwunden waren. Mit leuchtenden Augen starrte Dona Bianca auf den Fremden, dann fiel sie jählings vor ihm auf die Knie, die Hände zusammengelegt wie angesichts eines himmlischen Wesens: »Hauptmann Mouzinho! Ich kann es nicht glauben!«

»Und Sie, wer sind Sie?«

»Ich bin Bianca, die geboren wurde, um Ihnen zu begegnen.«

»Das hier ist kein Ort für eine Frau. Was hat Sie hierher verschlagen?«, fragte der Hauptmann.

Wir lauschten von Weitem dem erstaunlichen Dialog, und noch heute kommt er mir sehr unwirklich vor. Tatsache ist, dass Mouzinho – oder wer immer mein Landsmann war – für einen Moment den Blick auf Imani ruhen ließ, vielleicht auf der Suche nach einer Erklärung für die

Anwesenheit der weißen Frau. Das Gesicht des Hauptmanns war eine Maske – kein einziger Muskel bewegte sich. Er wirkte ruhig, doch sein Blick glich, wie Imani sagte, dem eines Tieres angesichts des Feuers. Gleich darauf wandte er sich von den beiden Frauen ab und erteilte den Soldaten, die ihn nun umringten, Befehle: »Aufgepasst, in der Nähe können sich Feinde versteckt halten. Das Feuer kann eine Falle sein, ein Hinterhalt der verdammten Vátuas.«

Das grellrote Licht ließ die weißen Soldaten noch bleicher aussehen, die in der Dunkelheit nach einer Bestätigung für ihre größten Befürchtungen suchten. Dann zogen sie eilig ab. Zusammen mit ihrem Kommandanten verschwanden sie in der pechschwarzen Nacht.

Bianca kehrte an Imanis Hand zurück, als hätte sie eine Katharsis erlebt. Imani hatte gehört, wie ein Soldat erklärt hatte, was geschehen war. Ein Feuer hatte das Lager der Portugiesen zerstört, die Munition zur Detonation gebracht und die Pferde in die Flucht gejagt. Dieses schlimme Feuer, sagte Imani, war nichts gegen die Angst, die den Soldaten in den Augen stand. Es war eine jahrhundertealte Angst. Und diese Angst sah in jeder Gestalt ein uraltes Ungeheuer. Das Feuer erlosch allmählich. Doch die Ungeheuer fraßen noch immer an der Seele der jungen Soldaten.

Bianca war stumm, wie versteinert. Sie gehorchte unserer Anweisung, sich wie wir alle im Bauch des Bootes zu verstecken. So fuhren wir weiter, ruderten still, damit wir nicht von den verängstigten Soldaten aufs Korn genommen wurden. In ihrer Panik hätten sie unser armes Boot mit Kugeln durchsiebt.

Zitternd vor Schmerzen und Aufregung, legte ich mich wieder auf den kalten Boden des Bootes. Ich hatte mich in den vor Angst aufgerissenen Augen der Pferde gesehen. In mir galoppierte ein Fluss, und nach und nach versank ich in der trüben Tiefe, wo aller Grund Wasser ist.

Die Straße des Wassers

Ich kannte Ströme:
Ich kannte Ströme, uralt wie die Welt und älter
als das Blut in Menschenadern.
Meine Seele ward tief wie die Ströme.
[...]
Ich kannte Ströme:
Uralte, schwarze Ströme.
Meine Seele ward tief wie die Ströme

Aus dem Gedicht »Der Neger spricht
von Strömen« von Langston Hughes

Im Bug unseres Bootes ruderten mein Vater und mein Bruder abwechselnd mit aller Kraft gegen die Strömung an. Im Bauch des Bootes lag der Sargento. Was er noch an Armen besaß, war mit blutdurchtränkten Tüchern umwickelt. Der Verlust der Hände – zuvor eine Wahnvorstellung – war nun Wirklichkeit geworden. Der Sargento würde nie mehr auf seine eigenen Finger blicken.

Das Blut sammelte sich in einer Lache, jeder neue Tropfen vermehrte meine Schuld. Ich, die ihm so viele Male den Körper unversehrt zurückgegeben hatte, hatte nun die Schuld daran auf mich geladen, dass ihm die Hände davongeflogen waren.

Mit uns im Boot saß die Italienerin Bianca. Ab und zu löste sie die Tücher von den Armen des klagenden Sargento und tauchte sie ins Flusswasser. Ein roter Fleck färbte den Inharrime.

»Kennst du die Geschichte dieses Flusses?«, fragte mich die Italienerin. Ohne meine Antwort abzuwarten, erzählte sie, Vasco da Gama habe ihm einen Namen gegeben, ihn Rio do Cobre genannt, den Kupferfluss. Und man hatte ihr im Vertrauen gesagt, der König von Gaza habe am Südufer einen Goldmünzenschatz vergraben. »Aber weder Kupfer noch Gold, hier gibt es nichts als Gras und Steine.« Das sagte Bianca, und dann überlegte sie: »Warum müssen wir immer allem, was niemandem gehört, einen Namen geben? Und jetzt sag mir, Mädchen: Wieso um alles in der Welt sind die Leute auf die Idee gekommen, mich die ›Frau mit den goldenen Händen‹ zu nennen?«

Ich hörte ihr nicht weiter zu. Ich ließ mich ganz von dem Gefühl übermannen, das mir den Atem raubt, seit ich vor wenigen Stunden auf den Sargento Germano geschossen habe. Ich weiß, dass ich es getan habe, um meinen Bruder zu retten. Doch das ist nicht Grund genug, um das Leiden mit anzusehen, das in seinem Gesicht steht. Seit ich in das Boot gestiegen bin, habe ich ihn ohne Unterlass betrachtet, so als könnte mein Blick sein furchtbares Leiden auf zwei Seelen verteilen und ihm etwas Erleichterung verschaffen.

Die Arme des Sargento wurden immer stärker lilarot. Eine merkwürdige Färbung, gesprenkelt von dem Pulver, das sie verbrannt hat. Sein Gesicht hingegen hat sich bläulich verfärbt. Als ginge alles ineinander über, das Blau seiner Augen, das Blau der Haut und das Blau des Flusses. Der Sargento stöhnte mit offenem Mund. Die Italienerin sagte, er rufe nach mir. Ich gab mir Mühe, es zu überhören. Ich fürchtete, er könnte mich bitten, ihm zu bestätigen, dass er Hände habe, nun, da er sie endgültig verloren hatte. Irgendwann jedoch musste ich mich über sein von Schmerzen gequältes Gesicht beugen. Ich glaubte zu hören, dass er mir einen Brief diktieren wolle, einen wichtigen Brief an den »Sehr geehrten Senhor«.

Die Fahrt wurde durch ein sehr merkwürdiges Ereignis unterbrochen. Ein gigantisches Feuer am linken Ufer verbreitete so viel Licht, dass die Nacht taghell wurde. Die Italienerin stieg aus dem Boot und lief wie von Sinnen davon. Als ich sie zurückholen wollte, stießen wir auf portugiesische Soldaten, die versuchten, kopflos geflohene Pferde einzufangen.

Als wir zum Boot zurückkehrten, war die Italienerin ganz verwirrt und sagte immer wieder: »Ich hab ihn gesehen, ich hab ihn gesehen!« Mein Vater befahl ihr, still zu sein, weil er fürchtete, die Soldaten könnten uns in ihrer Aufregung für Feinde halten.

Und so ruderten wir weiter, bis der Tag anbrach. Das merkwürdige Ereignis hatte mich abgelenkt. Doch sobald die Sonne aufging, überkam mich wieder mein Schuldgefühl, und dicke Tränen liefen mir über die Wangen.

»Wein nicht, Imani«, sagte Bianca.

»Lassen Sie sie weinen, Senhora«, warf mein Vater ein. »Das sind nicht ihre Tränen, die sie weint.«

Bianca lächelte nachsichtig. Sie war wieder zu sich gekommen, als könnte sie sich an die Ereignisse der vergangenen Nacht nicht mehr erinnern. Aber sie war bedrückter, verhielt sich reservierter. Seit sie wieder im Boot saß und sich von ihrer Wahnvorstellung erholt hatte, wurde sie dem Spitznamen gerecht, mit dem man ihre Hände belegt hatte. Sie betätigte sich perfekt als Krankenschwester. Und bemühte sich um Sachlichkeit, als sie tröstend zum Sargento sagte: »Zwei oder drei Finger bleiben wohl erhalten.«

»Zum Teufel mit den Fingern«, knurrte Germano. »Ich bin tot, meine gute Freundin. Ich bin schon tot.«

»Unsinn, Germano, du wirst noch mich überleben.«

»Ich mag deinen Akzent, Bianca, sprich weiter, erzähl mir noch mehr.«

Es gibt vieles, was Bianca nicht kennt. Sie versteht meinen Vater nicht, wenn er sagt, dass meine Tränen nicht zu mir gehören. Diese Tränen gehören zu einem inneren Fluss, der durch unsere Augen über die Ufer tritt. Wir in Nkokolani wissen Dinge, die man in einer anderen Sprache nicht ausdrücken kann. Wir wissen zum Beispiel, wie meine kleinen Schwestern vom Hochwasser mitgerissen wurden. Unsere Mutter weinte, jede Nacht weinte sie. Keine Träne brachte sie zurück. Vom Weinen erschöpft, reiste unsere Mutter zur Quelle aller Flüsse. Diese Quelle ist kein Ort, den man benennen kann. Sie ist der Urleib, in dem sich all jene zusammenfinden, die kommen, und jene, die gehen. All das weiß die Italienerin nicht.

Wenn Dona Bianca auf einem Fluss unterwegs ist, sieht sie die Zeit. In der vorüberziehenden Strömung betrachtet sie das, was niemals zurückkehrt. Für uns jedoch ist die Zeit ein Wassertropfen. Sie entsteht in den Wolken, gelangt in die Flüsse und Meere und kehrt mit dem nächsten Regen zurück. Die Mündung des Flusses ist die Quelle des Meeres.

Die Italienerin sprach über die Namen, die der Fluss hatte. Als sie die Namen aussprach, war mir das unangenehm. Denn sie sprach so, als gehörte ihr das Wasser des Inharrime. In Wirklichkeit hat Bianca nicht die geringste Kenntnis davon, wie die Flüsse entstanden sind. Während sie sich damit beschäftigt hat, ihnen Namen zu geben, hat sie nichts über ihre Geschichte erfahren. Die Italienerin weiß nicht, dass am Anfang von allem, als das Land noch keine Herren hatte, die Flüsse und Wolken unter dem Erdboden rannen. Dann kam der Dämon und bohrte seine Finger in die Erde. Seine langen Krallen stocherten in den Tiefen. Er suchte nach Steinen, die im Sonnenlicht funkeln. Unsere Mütter flehten die Götter an, die Sterne zu verschonen, die sie unter der Erde versteckt hatten. Sie baten den Teufel, er möge darauf verzichten, die funkelnden Gesteine auszugraben und sie der Gier derer zu überlassen, die sich bereichern wollten. Doch der Teufel ließ nicht davon ab. Denn unter den Mächtigen gab es einige, die zu ihm beteten. Dann brachen seine Krallen ab, und seine langen, dünnen Finger bluteten. Zum ersten Mal sammelte sich im Leib der Erde das verderbte Blut des Dämons. Die Reichtümer des Untergrunds waren verflucht. Die Wolken und die Flüsse verließen den Leib des Planeten, um dem Fluch zu entrinnen. Und sie verwandelten sich in die Adern und Haare der Erde.

Das ist die Geschichte der Flüsse. Man kann ihnen ihr Wasser rauben, bis sie austrocknen. Aber ihre Geschichte kann man ihnen nicht nehmen. Jetzt verstehe ich: Ich habe schreiben gelernt, damit ich besser davon berichten kann, was ich erlebt habe. Und mit diesem Bericht erzähle ich die Geschichte derer, die keine Schrift kennen. Ich mache es wie mein Vater: In den Staub und in die Asche schreibe ich die Namen derer, die schon gestorben sind. Damit sie wiedergeboren werden aus den Spuren, die wir hinterlassen.

Es ist merkwürdig, wie Abschiede die Zeit verkürzen. Meine fünfzehn Jahre gehen an mir im Aufblitzen eines Augenblicks vorüber. Meine Mutter hat jetzt den Körper eines Kindes. Sie wird immer kleiner, bis sie die Größe einer Frucht hat. Sie sagt zu mir: Bevor du geboren wurdest, bevor du das Licht der Welt erblickt hast, hattest du schon Flüsse und Meere gesehen. Und etwas in mir reißt auf, als wüsste ich, dass ich niemals nach Nkokolani zurückkehren werde.

Unter dem Frangipanibaum

In einem Altersheim in der Provinz Mosambiks versucht Inspektor Izidine Naíta, einen Todesfall aufzuklären. Dabei taucht er immer tiefer in die fantastische Welt der Bewohner ein. Mia Coutos sprachgewaltiger und poetischer Roman über Afrikas Mythen und deren Bedrohung in einer modernen Welt nimmt den Leser in faszinierende Bilderwelten mit.

Das schlafwandelnde Land

In einem ausgebrannten Autobus richten sich der alte Tuahir und der junge Muidinga ein. Die beiden erzählen einander ihre Erlebnisse, und Muidinga liest dem Alten aus dem Tagebuch vor, das sie im Gepäck eines Toten fanden. Zwischen Tuahir, Muidinga und dem Schreiber entfaltet sich ein Geschichtenzyklus voller Wunder und Überraschungen.

Das Geständnis der Löwin

Arcanjo, der letzte Sohn einer berühmten Dynastie von Großwildjägern Mosambiks, macht sich auf in ein Dorf, das von menschenfressenden Löwen heimgesucht wird. Nach und nach entdeckt er die dunklen Geheimnisse der Dorfgemeinschaft: Die Frauen sind Opfer brutaler Traditionen. Eines Nachts wird das Dorf erneut von Löwen angegriffen.

Imani

Das Mädchen Imani muss einen portugiesischen Offizier unterstützen, der den Vormarsch des großen Herrschers Ngungunyane in Mosambik gegen die Kolonialherren aufhalten soll. Ihr Dorf wird vom Krieg der Männer heimgesucht, zu einer Zeit, in der das Wort einer Frau nicht zählt. Doch die Frauen nutzen eigene Mächte, um die Pfade der Männer zu lenken.